福建省社会科学规划博士文库项目

Study on the Insurance
Behaviors of the
Forestry Managers

森林保险投保行为研究

冯祥锦　著

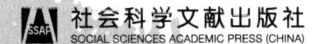

社会科学文献出版社
SOCIAL SCIENCES ACADEMIC PRESS (CHINA)

出版说明

为了鼓励福建省青年博士在学术和科研领域勇于进取，积极创新，促进学术水平进一步提高，更好地发挥青年社科人才的作用，进而提升福建省社会科学研究总体实力和发展后劲，经福建省哲学社会科学规划领导小组同意，在2010年实施福建省社会科学规划博士文库项目计划（博士文库第一辑）的基础上，2014年继续实施福建省社会科学规划博士文库项目计划，资助出版福建省社会科学类45岁以下青年学者的博士论文，推出一批高质量、高水平的社科研究成果。该项目面向全省自由申报，在收到近百部博士论文的基础上，经同行专家学者通讯匿名评审和评审委员会全体会议审议，择优资助出版其中的25部博士论文，作为博士文库第二辑。

福建省社会科学界联合会拟与社会科学文献出版社继续联手出版博士文库，力争把这一项目打造成为福建省哲学社会科学的特色品牌。

2014年度福建省社科规划博士文库项目
编辑委员会

主　任：张　帆
副主任：林　辉　冯潮华　王日根
委　员：（按姓氏笔画排列）
　　　　刘小新　陈　飞　唐振鹏
　　　　黄茂兴　黄新宪

序 言

　　本书的选题是在咖啡厅里完成的。当时我准备了近 10 个略为感兴趣的关于林业经济的选题，如生物质能源、生物多样性、生态补偿、林业投融资、林权抵押贷款、碳汇、集体林权改革、森林保险等，去咨询黄和亮教授。他建议我选择森林保险，"虽是个旧题，但可以新做"。我也利用课堂机会，请教了张建国教授，张教授也表示森林保险从 20 世纪 80 年代开始就有讨论和研究，但许多问题还没有解决，可以尝试。张教授与黄教授的分析让我信心大增。虽然现在论文已成稿，但写作过程之艰辛与曲折，却也完全出乎我的意料，也让我实现从一个科研门外汉到"开始入门"（黄教授语）的转变。最为关键的是，博士论文的写作，激发了我对学习与科研的兴趣与激情，尽管仍处在入门阶段。

　　第一次开题以《森林保险市场主体行为研究》为题，拟研究森林经营者的保险需求选择行为、保险公司森林保险供给行为和政府对森林保险供需诱导行为，以及森林经营者、保险公司、政府三主体相互关系。但在论文开题会上，专家组成员一致认为选题过大，不利于问题的深入研究，建议缩小范围。我开始冷静、认真地思考论文的写作视角与框架，考虑到搜集保险公司数据的难度，结合自身的知识结构，选择森林保险需求方的行为进行分析，最终将论文落脚点定在森林经营者身上。但在研究论证中碰到了很大的障碍，我能隐约地感觉到投保主体存在特征与行为的差异性，如果不进行分类，将会导致后续论证的混乱。但我没有能力将其进行较好的分类与界限厘定。一筹莫展之际，黄和亮教授的点拨就显得格外有分量。正是在他的分析和建议下，我将森林经营者分为森林培育企业、森林培育专业户与兼业农户。

本书研究总目标就是在对森林经营者进行科学分类的基础上,通过问卷调查采集样本数据,运用计量经济学模型分别研究三类森林经营主体的风险态度、购买意愿、支付意愿、对财政补贴政策的态度及其差异性,同时运用经济博弈论与信息经济学知识,探讨森林经营主体在有限理性和信息不对称条件下的行为规律及其投保策略选择的演化,为森林保险政策的制定奠定坚实的科学基础。全书共分十章。主要研究内容为森林经营主体的科学分类、森林经营主体风险态度研究、森林保险购买意愿和支付意愿研究、财政补贴政策对森林保险投保行为的影响、有限理性条件下的投保行为研究、不对称信息条件下的投保行为研究等,其中森林经营主体的科学分类最为关键,对其深入的剖析,奠定了本书研究框架。

本书有些地方的分析仍然显得比较粗糙与干瘪,没有行家的精细与饱满。在写作过程中,也深感自己对国内外森林保险的历史和现实缺乏充分的了解。但通过选题的"折腾"、文献的搜索与综述的写作、调查方案的设计、数据的整理与分析等,我已经看清自身的诸多不足,明白自身的努力方向,我想这是我读博期间的一大收获。

我的另一收获就是得到众多良师益友的无私帮助。杨建州教授长期以来严厉有加,正是他不断地过问论文事宜,才使我的论文得以及时成稿。黄和亮教授平易近人,一直都像大哥哥般地关照我,他的精心修改使论文增色不少,他的为人、为学永远是我学习的榜样。刘伟平教授幽默风趣,但对学生历来严厉,往往学生被批评得无地自容,但是逆耳忠言,终生受用。在调查过程中,还得到了刘一闽、张昌桂、蓝祖福、陈志峰、龚骅、陈光水、冯伯康、戴小廷、陈永平等的无私帮助,正是他们的大力支持,才使得调查工作得以顺利开展。教研室的同事如彭建平、李婷等也给予了很大的帮助和鼓励……要谢的人太多了。如果说本书还有可取之处的话,那一定是你们无私帮助的结果。谢谢你们!

当然,文责自负!

冯祥锦

2015 年 1 月 1 日

摘　要

保护和发展森林资源不仅关系生态文明的建设和全球气候变化的应对，也关系着林区经济的发展。但森林经营过程面临巨大风险。森林保险作为一种风险管理行为，具有规避和分散风险的优势，是森林经营者分散风险的重要手段之一。开展森林保险有利于降低森林经营风险，平滑森林经营者年度收入曲线。2003年启动新一轮集体林产权制度改革后，森林保险还被视为深化集体林产权制度改革的重要配套制度，有利于增强林业产业的资源配置能力。但因森林保险的特殊性、复杂性和艰巨性，长期以来都未走出低自主参保率与保险公司低承保率的困境。

本书拟从森林保险市场需求者的视角考察我国森林保险市场陷入困境的内在经济机理，集中思考保险需求者的风险态度、购买意愿、支付意愿、对财政补贴政策的态度以及在有限理性与信息不对称条件下的行动规律。为了更为深入地探讨这些问题，笔者考虑了不同森林经营主体特征差异性导致投保行为差异性的可能性，将在对森林经营主体经济特征和行为特征差异性进行分析的基础上，对森林经营主体进行科学分类，将其分为森林培育企业、森林培育专业户和兼业农户三类，分别研究各类经营主体的投保行为规律，并对其投保行为的差异性进行比较静态分析。森林保险投保行为研究将为更加准确理解我国森林保险市场提供一个新的视角，并为保险公司业务设计奠定微观分析基础，界定政府对森林保险市场的最优干预边界，提高政府对森林保险市场的干预效率。

本书总目标为在对森林经营者进行科学分类的基础上，通过问卷调查采集样本数据，运用计量经济学模型分别研究三类森林经营主体的风险态度、购买意愿、支付意愿、对财政补贴政策的态度及其差异性，同时运用经济博弈论与信息经济学相关知识，探讨森林经营主体在有限理性和信息不对称条件下的行为规律及其投保策略选择的演化，为森林保险政策的制定奠定坚实的科学基础。全文共分十章，研究的主要内容如下。

研究内容一：森林经营主体的科学分类

本书运用经济学原理、组织行为学理论和农户行为学理论，结合林业生产实际，根据森林经营主体在种植规模、经营管理能力、风险态度、理性程度、劳动力雇佣情况、对林业收入的依赖程度等方面的差异，将森林保险投保主体分为森林培育企业、森林培育专业户、兼业农户三类。

研究内容二：森林经营主体风险态度研究

本书在对森林经营主体科学分类的基础上，根据风险态度测定方法和理论，分别测定各类森林经营主体对风险的规避程度，得出结论：森林培育企业和森林培育专业户的风险态度属于风险厌恶，但森林培育企业对风险的厌恶程度大于森林培育专业户，而兼业农户的风险态度则属于风险偏好。运用 Logit 模型对风险态度影响因素进行实证分析发现森林培育企业的风险态度主要受年龄、文化程度、所有制性质以及是否了解森林保险等变量影响，森林培育专业户的风险态度主要受年龄、需负担的老人和学生数、林业收入占家庭年度总收入比重等因素的影响，而兼业农户的风险态度主要受年龄、从事森林培育活动年限、受周围群体投保情况影响等变量的影响。

研究内容三：森林保险购买意愿和支付意愿研究

购买意愿衡量在当前保费条件下森林经营主体是否愿意购买森林保险，而支付意愿衡量在货币收入等各种约束条件下森林经营主体愿意以什么价格购买森林保险。前者衡量意愿程度，后者衡量有效支付水平。

通过问卷调查可知，79.1%的森林培育企业表示愿意购买森林保险，76.14%的森林培育专业户表示愿意购买森林保险，11.17%的兼业农户表示愿意购买森林保险。森林培育企业和森林培育专业户的购买意愿程度接近，但均大大高于兼业农户的购买意愿程度。Logit 模型分析表明，森林培育企业的购买意愿主要受保费、风险态度两个解释变量影响；森林培育专业户和兼业农户的购买意愿主要受保费、风险态度、风险意识三个解释变量影响。森林培育企业和森林培育专业户不购买森林保险的主要原因为保费太高、保额太低、理赔困难、信不过保险公司和自己承担风险等；兼业农户除了保费太高、保额太低、理赔困难、信不过保险公司等原因外，还有 88.36% 的受访者表示从来没有听说过森林保险。

　　本书采用了开放式出价法与三分选择法相结合的办法来引导森林经营主体的森林保险最大支付意愿。调查表明，森林培育企业的平均支付意愿水平为 2.09 元/亩，森林培育专业户的平均支付意愿水平为 1.64 元/亩，兼业农户的平均支付意愿水平为 0.28 元/亩，森林培育企业的支付意愿水平最高，而兼业农户的支付意愿水平最低。Logit 模型分析表明，三类森林经营主体的森林保险支付意愿的主要影响因素存在差异。森林培育企业支付意愿水平主要受风险态度因子影响；森林培育专业户的支付意愿水平主要受是否了解森林保险这个解释变量影响；而兼业农户的森林保险支付意愿水平则主要受风险态度、是否了解森林保险这两个解释变量联合影响。

　　研究内容四：财政补贴政策对森林保险投保行为的影响

　　森林保险市场的信息不对称、森林保险的特殊性、森林保险的复杂性和艰巨性等是造成森林保险市场失灵的主要原因。财政补贴政策与森林保险投保行为的博弈分析进一步证实了森林保险的政策性保险属性，需要政府的实质性支持。问卷调查表明，森林培育企业、森林培育专业户对现阶段森林保险费认可度较高，而兼业农户则最不认可现阶段森林保险费；同时三类森林经营主体均认为目前的补贴比例偏低，应该上调。

　　研究内容五：有限理性条件下的投保行为研究

　　本书根据各类森林经营主体的理性程度的差异，将其分为理性程度较高的森林培育企业、森林培育专业户和理性程度较低的兼业农户，并对其采取不同的调整策略和决策行为演化机制。对于森林培育企业和森林培育专业户，运用最优反应动态机制对其森林保险投保行为进行博弈分析；对于兼业农户，则运用生物进化复制动态机制来对其投保行为进行博弈分析。分析表明，森林经营主体的理性层次高低程度差异将影响投保行为，如果任由森林经营主体自主选择森林保险的制度安排将缺乏效率，需要政府的干预。该结论从另一个侧面论证了森林保险的政策性保险属性。

研究内容六：不对称信息条件下的投保行为研究

信息不对称现象的存在抑制了森林经营主体的投保意愿，也抑制了森林保险的供给意愿。本书运用博弈理论和信息经济学相关知识，对森林保险市场的逆向选择问题进行分析，证明了森林保险补贴是减少逆向选择、提高参保率的一个好办法。同时，对道德风险问题也提出了推出免赔额和共保条款的建议。

contents
目录

第一章 导言 ·· 001

    第一节　研究背景和意义 ··· 001

    第二节　研究对象 ··· 005

    第三节　研究目标和拟解决的关键问题 ··· 008

    第四节　研究方法、步骤及技术路线 ··· 010

    第五节　论文框架与结构安排 ·· 013

    第六节　主要创新点 ··· 015

第二章 文献综述 ··· 016

    第一节　保险需求思想及保险理论发展 ··· 016

    第二节　农业保险（森林保险）属性问题 ······································· 018

    第三节　森林保险市场失灵及其原因 ··· 018

    第四节　风险态度及其度量方法 ·· 019

    第五节　支付意愿引导技术 ··· 025

    第六节　农业保险（森林保险）财政补贴 ······································· 028

    第七节　保险市场信息不对称 ·· 031

    第八节　已有研究对本研究的启发及其可借鉴之处 ························ 033

第三章 森林保险市场投保主体与行为差异性的理论分析 ············· 035

    第一节　森林保险市场投保主体分类 ·· 036

第二节　森林保险市场投保主体的特征差异……………………038

　　第三节　森林保险市场投保主体的特征差异对森林保险投保
　　　　　　行为的影响………………………………………………040

　　第四节　小结………………………………………………………042

第四章　森林经营主体的风险态度及其测定……………………………043

　　第一节　风险态度因子的引入……………………………………043

　　第二节　森林经营者风险态度的度量……………………………045

　　第三节　森林经营者风险态度影响因素理论分析………………051

　　第四节　基于 Logit 模型的森林培育企业风险态度影响因素
　　　　　　经验分析——以福建省为例……………………………058

　　第五节　基于 Logit 模型的森林培育专业户风险态度影响因素
　　　　　　经验分析——以福建省为例……………………………066

　　第六节　基于 Logit 模型的兼业农户风险态度影响因素
　　　　　　经验分析——以福建省为例……………………………072

　　第七节　小结………………………………………………………078

第五章　森林保险购买意愿研究…………………………………………080

　　第一节　购买意愿…………………………………………………080

　　第二节　森林保险购买意愿影响因素理论分析…………………082

　　第三节　森林培育企业森林保险购买意愿的 Logit 模型
　　　　　　分析——以福建省为例…………………………………087

　　第四节　森林培育专业户森林保险购买意愿的 Logit 模型
　　　　　　分析——以福建省为例…………………………………094

　　第五节　兼业农户森林保险购买意愿的 Logit 模型
　　　　　　分析——以福建省为例…………………………………102

　　第六节　小结………………………………………………………108

第六章　森林保险支付意愿研究 …………………………………… 110

第一节　支付意愿 …………………………………………………… 110
第二节　森林保险支付意愿影响因素理论分析 …………………… 112
第三节　基于条件价值评估法的森林保险支付意愿引导
　　　　技术选择和问卷设计 …………………………………… 116
第四节　森林培育企业森林保险支付意愿经验
　　　　分析——以福建省为例 ………………………………… 118
第五节　森林培育专业户森林保险支付意愿经验
　　　　分析——以福建省为例 ………………………………… 127
第六节　兼业农户森林保险支付意愿经验
　　　　分析——以福建省为例 ………………………………… 138
第七节　小结 ………………………………………………………… 147

第七章　财政补贴政策与森林保险投保行为研究 …………………… 148

第一节　财政补贴是解决森林保险市场失灵的有效途径 ………… 148
第二节　财政补贴政策与森林保险投保行为的博弈分析 ………… 153
第三节　我国森林保险财政补贴政策 ……………………………… 159
第四节　财政补贴政策与森林保险投保行为的实证
　　　　分析——以福建省为例 ………………………………… 164

第八章　有限理性条件下森林保险投保行为机理研究 ……………… 174

第一节　完全理性与有限理性 ……………………………………… 174
第二节　森林经营者森林保险投保行为有限理性的
　　　　表现形式 ………………………………………………… 176
第三节　森林经营者森林保险有限理性行为的原因分析 ………… 177
第四节　有限理性条件下进化博弈理论分析框架 ………………… 180
第五节　基于最优反应动态机制的森林保险投保行为
　　　　博弈分析 ………………………………………………… 183

第六节 基于生物进化复制动态机制的森林保险投保行为
博弈分析⋯⋯⋯⋯⋯⋯⋯⋯⋯⋯⋯⋯⋯⋯⋯⋯⋯⋯⋯⋯ 192

第九章 信息不对称条件下森林保险投保行为研究⋯⋯⋯⋯⋯⋯ 199

第一节 森林保险信息不对称的表现形式⋯⋯⋯⋯⋯⋯⋯⋯⋯ 199
第二节 森林保险市场信息不对称的原因⋯⋯⋯⋯⋯⋯⋯⋯⋯ 201
第三节 信息不对称对森林保险市场的影响⋯⋯⋯⋯⋯⋯⋯⋯ 203
第四节 基于信号传递模型的森林保险逆向选择行为
博弈分析⋯⋯⋯⋯⋯⋯⋯⋯⋯⋯⋯⋯⋯⋯⋯⋯⋯⋯⋯⋯ 207
第五节 森林保险市场信息不对称问题的解决对策⋯⋯⋯⋯⋯ 213
第六节 小结与讨论⋯⋯⋯⋯⋯⋯⋯⋯⋯⋯⋯⋯⋯⋯⋯⋯⋯⋯ 215

第十章 总结与展望⋯⋯⋯⋯⋯⋯⋯⋯⋯⋯⋯⋯⋯⋯⋯⋯⋯⋯⋯⋯ 217

第一节 总结⋯⋯⋯⋯⋯⋯⋯⋯⋯⋯⋯⋯⋯⋯⋯⋯⋯⋯⋯⋯⋯ 217
第二节 研究的不足及进一步研究的方向⋯⋯⋯⋯⋯⋯⋯⋯⋯ 222

参考文献⋯⋯⋯⋯⋯⋯⋯⋯⋯⋯⋯⋯⋯⋯⋯⋯⋯⋯⋯⋯⋯⋯⋯⋯⋯⋯ 224

附录1 调查问卷（适合森林培育企业）⋯⋯⋯⋯⋯⋯⋯⋯⋯⋯ 241

附录2 调查问卷（适合森林培育专业户、兼业农户）⋯⋯⋯ 247

附录3 2009年福建省森林火灾保险方案⋯⋯⋯⋯⋯⋯⋯⋯⋯⋯ 254

附录4 2010年福建省森林综合保险方案⋯⋯⋯⋯⋯⋯⋯⋯⋯⋯ 256

第一章

导　言

第一节　研究背景和意义

森林作为陆地生态系统主体，对生态环境的改善、生态文明建设具有重要意义，保护和发展森林资源还被国际社会公认为应对全球气候变化的重要措施之一。同时森林经营对于发展山区经济具有重要作用，是促进林区居民就业、农民增收的重要途径。但是从整个国民经济情况来看，林业产业的资源配置能力弱，森林经营者所融得的社会资本较少，其中一个重要原因就是森林经营风险大、收益不稳定。这是由于森林分布广、内部结构复杂、生长周期长等独有的特性，使得森林经营者面临巨大风险，容易受到火、病虫鼠害、风、雪、水等自然灾害的侵袭以及人为的破坏，据统计，2000年至2009年，全国共发生森林火灾94298起，森林受灾面积共达到1385397公顷，直接经济损失共达到131225万元。此外，我国森林生物灾害也很严重，2000年到2009年间，我国森林发生病虫鼠害的面积共约9920.89万公顷。这些灾害给我国造成了重大的经济损失，也在一定程度上妨碍了我国林业产业的快速发展。灾害具体情况，如表1-1、表1-2所示。

表 1－1　我国森林遭受火灾情况（2000～2009）

年份	森林火灾次数（次）	火场总面积（公顷）	受灾森林面积（公顷）	直接经济损失（万元）
2000	5934	167088	88390	3069
2001	4933	192734	46181	7408.9
2002	7527	131823	47631	3609.8
2003	10463	1123751	451020	36999.8
2004	13466	344211	142238	20213
2005	11542	290633	73701	15028.8
2006	8170	562304	408255	5374.9
2007	9260	125128	29286	12415.5
2008	14144	184495	52539	12593.9
2009	8859	213636	46156	14511.4
合计	94298	3335803	1385397	131225

数据来源：《中国统计年鉴》（2009、2010）。

表 1－2　我国森林遭受病虫鼠害情况（2000～2008）[①]

年份＼项目	森林病害发生面积（万公顷）	森林虫害发生面积（万公顷）	森林鼠害发生面积（万公顷）	合计发生面积（万公顷）
2000	93.45	669.28	89.12	851.85
2001	80.50	668.38	90.15	839.03
2002	74.50	679.23	87.52	841.25
2003	75.75	718.46	94.53	888.74
2004	75.79	744.03	125.02	944.84
2005	101.20	726.09	133.73	961.02
2006	103.87	829.87	166.93	1100.67
2007	110.95	887.72	211.02	1209.69
2008	116.83	843.19	181.81	1141.83
合计	832.84	6766.25	1179.83	8778.92

数据来源：《中国统计年鉴》（2009）。

---

① 因《中国统计年鉴》（2010）只列出 2009 年遭受病虫鼠害的森林总面积为 1141.97 万公顷，没有进行细分，故该表只列出 2000～2008 年的数据。

如上所述，森林经营受人为、自然灾害等影响较大，一旦遭遇灾害，森林经营者损失惨重，往往出现"多年致富，一灾致贫、返贫"的现象。虽然森林经营者可以采取多树种经营、寻求非林业收入、自己承担风险和政府救济等风险管理手段，这与森林保险之间存在一定的替代性，但随着林业生产的市场化，相对于其他风险管理行为，森林保险在规避和分散风险方面有其优势，是森林经营者规避风险的最重要手段。森林保险作为一种风险管理手段，其最本质和最基本的功能就是规避和分散风险，降低因风险造成的经济损失。Serra, Goodwin 和 Featherstone（2003），Wright 和 Hewitt（1990）的研究表明，保险可以缓解自然灾害所造成的资源分配的混乱，可以在年度间平滑投保人的收入曲线。开展森林保险，积极规避和分散森林经营中出现的风险，不仅有利于稳定森林经营主体的经济收入，安定林区生活，维护社会稳定局面，而且有利于森林经营者迅速恢复生产，维护森林资源，保障生态安全；有利于巩固集体林权制度改革成果，并引导更多的信贷资金进入林业生产领域，提升林业资金使用效果，促进林业产业更快地发展。因此，大力开展森林保险，发挥保险的功能与作用，分散森林经营风险，不仅是经济政策的问题，也是维护林区稳定、确保民生的社会问题，更是促进林业持续健康快速发展的重要保障。

客观的巨大风险使得森林保险的潜在需求巨大，但现实中，由于种种原因，森林保险一直都存在低自主参保率与保险公司的低承保意愿的困境。从中国森林保险市场的实际运行看，早在 1984~1986 年在国家林业局、中国人民保险公司主导下先后在广西灵川县、吉林汪清林业局、福建邵武市、辽宁本溪市进行森林保险试点，但效果均不理想。2003 年启动新一轮集体林产权制度改革后，森林保险得到前所未有的重视，但一直都未走出自主参保率低和承保意愿低的困境。森林保险实践与研究的滞后很大程度上制约了我国林业的发展，其尴尬局面与林业处于"可持续发展重要地位、生态建设首要地位和西部大开发基础地位"极不相称。然而林木的生长特性、损失分布情况及森林风险的特殊性决定了森林保险相对复杂、技术性强、经营成本高，这是现代保险中最尖端的课题之一。世界各国的实践也证明，森林保险是一项高难度的险种。我国现阶段森林保险存在一系列的深刻矛盾：潜在的巨大需求与参保率低的矛盾，潜在的巨大的保险市场与保险公司承保率低的矛盾，发展森林保险意义重大与森林保险政策法规和相关配套措施滞后的矛盾。森林这一财产形式与其他的财产不同，它是会不断生长的有机生物体，属于一类特殊的流动资产，具有以下几个特性：①分布极其广阔，易受人为或自然灾害干扰，安全隐患巨大；②林分类型多样、功能各异、内部结构复杂，受各种环境和人为因素综合影响；③森林具有可再生能力，能自我恢复；④生长周期长，短则十几年，多则几十年，甚至上百年。同时森林风险也具有不同于一般财产风险的特殊性：①风险单位的非独立性，即风险单位遭遇风险的相关度高；②风险损失难以确定；③风险损失波动很大；④保险标的是活立木，是不断可以增值的财产，而且成材林遭受灾害后仍然存在价值，可以利用；等等。森林的特性与森林风险的特殊性，决定了森林保险不同于一般的财产保险，也决定了森林保险的复杂性和开展的艰巨性。因此，对森林保险的研究就显得更加具有现实意义。

我国对森林保险理论研究和实践经验均很有限，对森林保险缺乏深入认识，例如对其运行机制认识不够深入，对采取何种组织形式仍有很大争议，对不同森林经营者投保行为差异，不同森林经营者的保险购买意愿、支付意愿、风险态度、理性程度以及财政补贴的激励作用和效果等均缺乏深入研究，对保险公司的供给意愿缺乏认识，政府对森林保险的供需诱导政策不明确，国家也没有专门的关于森林保险的法律法规，缺乏相应的法律保障。

正是在这种背景下，笔者以《森林保险投保行为研究》作为自己的博士学位论文题目，尝试着从森林保险市场的微观层面上，选取森林保险投保人（即森林经营者）的投保行为为研究对象，对投保行为进行理论和实证方面的分析，这对深化对森林保险的认识及研究有重要的现实和理论意义，具体如下。

第一，通过对森林经营者投保行为进行较为深刻的研究，可以较好地把握森林保险运行的内在机制和规律。在森林保险中，森林经营者、保险公司、政府等不同利益主体的行为均有自己的行为选择规律，而且对森林保险市场的影响各不相同。本书针对森林保险投保人行为选择进行深入理论分析和实证研究，有助于深入理解当前森林保险市场发展中面临的问题和困境，促进保险公司、政府等主体对有关森林保险政策和措施的调整，有利于推动森林保险市场的健康稳定发展。

第二，通过对森林经营者风险态度、购买意愿、支付意愿、理性程度等的分析以及对在信息不对称条件下森林经营者的逆向选择和道德风险进行研究，揭示森林保险市场有效需求和有效供给双向不足的深刻原因，为森林保险险种的设计、保费的确定、保险组织形式的选择以及森林保险的财政支持政策的制定奠定微观分析的基础。

第三，通过分析政府补贴政策对森林保险投保行为的影响，确定政府进行补贴的方式、方法以及水平，为政府制定合理有效的旨在促进森林保险健康发展的政策措施提供理论上的决策依据。

第四，为森林保险理论研究开拓新的思路。我国对森林保险的研究较晚，国内在这方面开展的理论研究和实证分析不多。本书在以往有关森林保险研究和实践的基础上，总结以往研究和实践的经验和教训，将森林经营者分为森林培育企业、森林培育专业户和兼业农户三种类型，研究其在森林保险投保行为方面的差异，为进一步深入研究森林保险理论建立一个新的分析框架，为后续研究提供新的借鉴。

所以，本书的研究，不仅对建立有效的森林保障体系、加快我国林业的发展有现实的意义，也可以为我国森林保险的后续研究开拓新思路，具有一定的理论和现实意义。

第二节　研究对象

一　森林保险与林业保险的区别

最早对森林保险下定义的是孔繁文和刘东生（1985），他们认为森林保险是森林经营者按照一定标准缴纳保险费以获得保险部门在森林遭受灾害时提供经济补偿的合同行为，这种行为以契约的形式固定下来，并受到法律保护。李祖贻（1989）认为，森林保险是以森林（在未被采伐转化为木材或其他林副产品以前）为保护对象所开展的保险业务。刘畅、曹玉昆（2005）认为，森林保险是以防护林、用材林、经济林等林木及砍伐后尚未集中存放的原木和竹林等为保险标的，对整个成长过程中可能遭受的自然灾害或意外事故所造成的经济损失提供经济保障的一种保险。

实际上，森林保险与林业保险并不是同一个概念，从其所包含的内涵来看，林业保险要广泛得多，包含森林保险，但有的学者直接将它们等同，并混用，如刘红梅、周小寒、王克让（2007），樊毅、张宁（2008），鄢和平等（2008）；还有的就直接使用林业保险的概念，如陈盛伟、薛兴利（2006）。更多的学者使用森林保险的称谓，如孔繁文、刘东生（1985），刘畅、曹玉昆（2005），马菁蕴、王珺、宋逢明（2007），李丹、曹玉昆（2008），潘家坪、常继锋（2010）等森林保险方面的知名学者。

森林保险是从保险标的的角度定义的，指对生长和管理正常的森林（包括生态公益林和商品林）进行保险。而林业是个产业的概念，它包括林木的造、育、保护、采伐、更新以及林副产品的采集、加工等。林业保险是指对整个林业产业生产环节进行保险，内涵比森林保险要广得多。本书论述的是森林保险。

二 保险市场的主体

保险市场包括多个主体，从保险交易过程看，包括保险人、投保人（被保险人）和代理人（中介人）；从保险监管角度看包括监管人和被监管人；从保险运作过程看包括原保险人和再保险人；从保险经营模式看包括保险公司和银行；从保险行业对外开放看还有内资保险人、合资保险人和外资保险人（任韬，2009）。

在森林保险过程中，还有一个保险主体不可忽视，那就是政府。从严格意义上讲，政府因不参加生产和经营，不是真正意义上的利益主体，它只能称为利益分配的相关主体，是森林保险制度的提供者和监督者。由于森林保险具有政策性保险属性，所以政府在森林保险的推广过程中作用相当大，其为森林保险的发展提供了政策支持和法律法规保障，同时也获得了一些社会效益和经济效益，故其可称为森林保险中的利益主体。

本书主要研究投保人主体，研究作为投保人的森林经营者在各种情况下的投保行为选择。当然，在整个论述分析过程中，仍然离不开保险公司和政府主体的影响。在整个分析中，将会分析保险公司对森林保险投保人的影响，以及政府财政补贴政策对森林保险投保人行为选择的影响。

三 商品林森林保险与公益林森林保险

按照我国的《森林法》，森林可划分为用材林、防护林、经济林、薪炭林、特种用途林五大林种。将用材林、经济林、薪炭林纳入商品林类，而将防护林和特种用途林纳入公益林类。由于公益林事关我国森林的生态效益，不以经济利益为目的，而且对集体林权改革不彻底的地区，公益林的权属不清，所以本书只研究经营商品林的林主的投保行为，而不研究经营公益林的林主的投保行为。

四 森林火灾保险与森林综合保险

森林所遭遇的风险决定了森林保险险种的多样性，如森林火灾险、森林重大损失险、森林综合险和森林附加险等。森林火灾险只承担森林遭受火灾损失的单一责任，森林重大损失险承担森林遭受大面积损失限额以上的赔偿责任，森林综合险承担森林遭受火灾、气象灾害和病虫害的责任，森林附加险扩大承担森林遭受啮齿动物兽害、真菌和洪水损失责任等（刘畅、曹玉昆，2005）。但由于森林保险的复杂性和特殊性，目前不具备大量开展针对性很强的森林保险的条件。目前，所开展的森林保险主要有森林火灾险和森林综合险。在保险期间内，因森林火灾和扑救火灾造成保险林木的损毁，保险公司遵照保险合约的保险额进行赔付,则为森林火灾保险。而在保险期间内,发生火灾、虫灾、暴雨、暴风、洪水、泥石流、冰雹、霜冻、台风、暴雪、雨凇等导致保险林木受害,保险公司按照保险合约的赔偿标准负责赔偿,则为森林综合险。

第三节 研究目标和拟解决的关键问题

一 研究目标

(1)根据森林经营者在种植规模、经营管理能力、风险态度、理性程度、劳动力雇佣情况、对林业收入的依赖程度等方面的差异,通过实地调查,对作为森林保险投保人的森林经营者进行合理分类,将森林保险投保主体分为森林培育企业、森林培育专业户、兼业农户三类,并对这三类森林保险投保主体的投保行为进行理论和实证分析。

(2)在对森林经营者进行分类的基础上,分别探讨不同类型森林经营者的风险态度的主要影响因素,并对这些主要因素进行详细的分析。根据风险态度的测定方法和理论,设计出合理的调查问卷和调查方法,组织本课题组成员,以福建省的商品林经营者为调查对象,进行实地调查,根据一定的标准,测定不同类型森林经营者的风险态度。然后运用一定的经济计量模型和相应的调查数据,分析不同森林经营者风险态度的影响因素及其影响程度差异,为后续研究购买意愿、支付意愿奠定基础。

(3)通过问卷调查,对三类森林经营主体的森林保险购买意愿进行实证分析,并比较三类森林经营主体购买意愿的差异性及影响购买意愿的主要因素。

(4)通过调查问卷方法,运用最大支付意愿引导技术——开放的二分选择法,以福建省的商品林经营者为调查对象,进行实地调查,根据一定标准,测定不同类型森林经营者的森林保险支付意愿,根据调查数据,运用计量经济模型,着重分析不同森林经营者支付意愿差异对森林保险投保行为的影响程度。对不同森林经营者的支付意愿进行理论和实证研究,为进一步证实并解释现阶段森林保险开展陷入困境并提出好的对策建议奠定理论基础，同时也为政府补贴标准的厘定提供较好的参考资料，并进一步了解投保人的投保行为，进一步调动森林经营者经营森林的积极性，促进我国林业的健康快速发展。

（5）政府财税补贴行为肯定会影响林农对森林保险的投保行为，通过博弈理论，对政府补贴行为、森林经营者投保行为进行分析，从而提出比较可行的政府对森林保险的财税补贴制度。

（6）分析不同森林经营者的理性程度差异的表现形式及其原因，运用进化博弈理论，构建最优反应动态模型、生物进化复制动态模型，对基于有限理性的兼业农户投保行为进行分析，然后与完全理性假设下的结论进行比较静态分析。

（7）分析森林保险市场信息不对称的表现形式、原因以及这些信息不对称现象对森林保险市场的影响。运用信息经济学模型对森林保险逆向选择行为进行博弈分析，并提出解决森林保险市场信息不对称问题的对策。

总之，通过定量与定性相结合、规范与实证相结合的研究方法，对森林经营者森林保险的投保行为进行系统的分析，筛选出制约我国森林保险市场发展的有关需求方面的关键性因素，并提出一些具有可操作性的合理有效的对策和建议。

二 拟解决的关键问题

（1）当前对森林保险的研究不多，实证方面的研究则更少，本书的目的之一在于建立森林保险研究的分析框架，并为后续的进一步研究奠定基础。

（2）区分不同森林经营者的特征差异。这需要对大量的森林经营者进行调查分析，筛选出他们之间的特征差异，并恰当地对他们进行分类。

（3）调查方法的选择、调查样本的选取以及调查问卷的设计。运用科学的方法，完成对不同森林保险经营者关于森林保险的问卷调查是本书的重点和难点之一。由于实地调查的地域跨度和规模较大，所以不仅需要设计科学的调查问卷，运用有效的数据采集方法和丰富的访谈经验与高超的技巧，同时还需要不同部门的协助以及调查过程中的信息反馈。本书以福建省商品林经营者为调查对象，对福建省各县市的商品林经营者采取分层随机抽样的方法进行样本选择。在研究中，设计出合理的调查问卷，使其能甄别出不同类型森林经营者的风险态度、对森林保险的购买意愿程度和支付意愿水平。

（4）运用经济学理论和方法，深入挖掘不同森林经营者对森林保险的购买意愿、支付意愿与风险态度及其差异。这是研究森林保险投保需求的一个很重要的方面。当前森林保险市场陷入了供给与需求双萎缩的困境，要破解这个困境，就必须了解不同森林经营者对森林保险的购买意愿和支付意愿，了解不同森林经营者的风险态度及其差异对森林保险投保行为的影响。这是政府制定扶持森林保险政策措施的前提和依据，也是欲开展森林保险业务的保险公司进行森林保险市场调查和开拓的第一步，是本书的另一个难点，也是一个重点。

（5）通过对财政补贴行为与林农森林保险投保行为的博弈分析，确定政府补贴的方式和水平，并设计出比较合理有效的对森林保险的财政补贴制度。

（6）在有限理性假设的情况下，对森林保险投保人的行为进行博弈分析，与理性行为假设下的投保人选择行为进行比较静态分析，以便得出投保人的理性程度对森林保险需求的影响程度。

第四节　研究方法、步骤及技术路线

一　研究方法

本书运用规范分析和实证分析相结合、归纳分析与演绎分析相结合、系统分析与比较分析相结合的方法进行综合研究。

第一，采用文献研究法，广泛收集国内外有关森林保险方面的文献资料并吸取前人的重要研究成果以及使用的分析方法，对森林保险市场现状、森林保险购买意愿、支付意愿水平的引导技术、风险态度的度量理论和方法以及有限理性情况下的博弈机制等方面进行理论上的前期分析和论证。

第二，采用典型抽样和分层随机抽样相结合的方法、访谈问卷调查法，从不同森林经营者风险态度、购买意愿、支付意愿等方面进行样本数据的采集。

第三，采用计量经济学 Logit 模型对不同森林经营者风险态度、购买意愿、支付意愿等方面进行实证分析，对运用理论逻辑分析得出的假设进行进一步的检验，对三种类型经营者的风险态度、购买意愿、支付意愿等方面的差异性进行比较静态分析。

第四，充分利用经济博弈理论这个强大的分析工具，对政府补贴行为、森林经营者投保行为与在有限理性条件下森林经营者投保行为等方面进行博弈分析，使得问题得到更加清晰的阐述。

二 研究步骤

第一，文献收集整理和文献资料的阅读消化。收集并阅读国内外有关森林保险、支付意愿的测定、风险态度的测定、行为博弈理论等方面的文献资料，以及相关的实践资料和统计资料。

第二，提出论题。森林保险市场行为主体有很多，如森林经营者、保险公司、保监会、政府，如果所有方面都进行分析，很有可能论述不清楚、不深刻。所以，在选择和提出论题时，在导师的建议下，选取了森林经营者这个市场主体进行研究，从森林经营者这一森林保险需求者的角度，对其森林保险投保行为进行分析。

第三，分析问题。对森林经营者风险态度、购买意愿、支付意愿、财政补贴政策对投保行为的影响以及有限理性条件下与不对称信息条件下的投保行为等方面进行研究。特别地，通过对福建省商品林经营者的问卷调查，对三类森林经营者的风险态度、购买意愿和支付意愿以及财政补贴政策对投保行为的影响等方面进行实证分析和论证。

第四，解决问题。结合对森林保险投保行为的系统分析，从需求的角度，得出影响森林保险发展的关键因素，并对政府、森林经营者提出合理有效的对策和建议。

三 技术路线

本书采用的技术路线如图 1-1 所示。

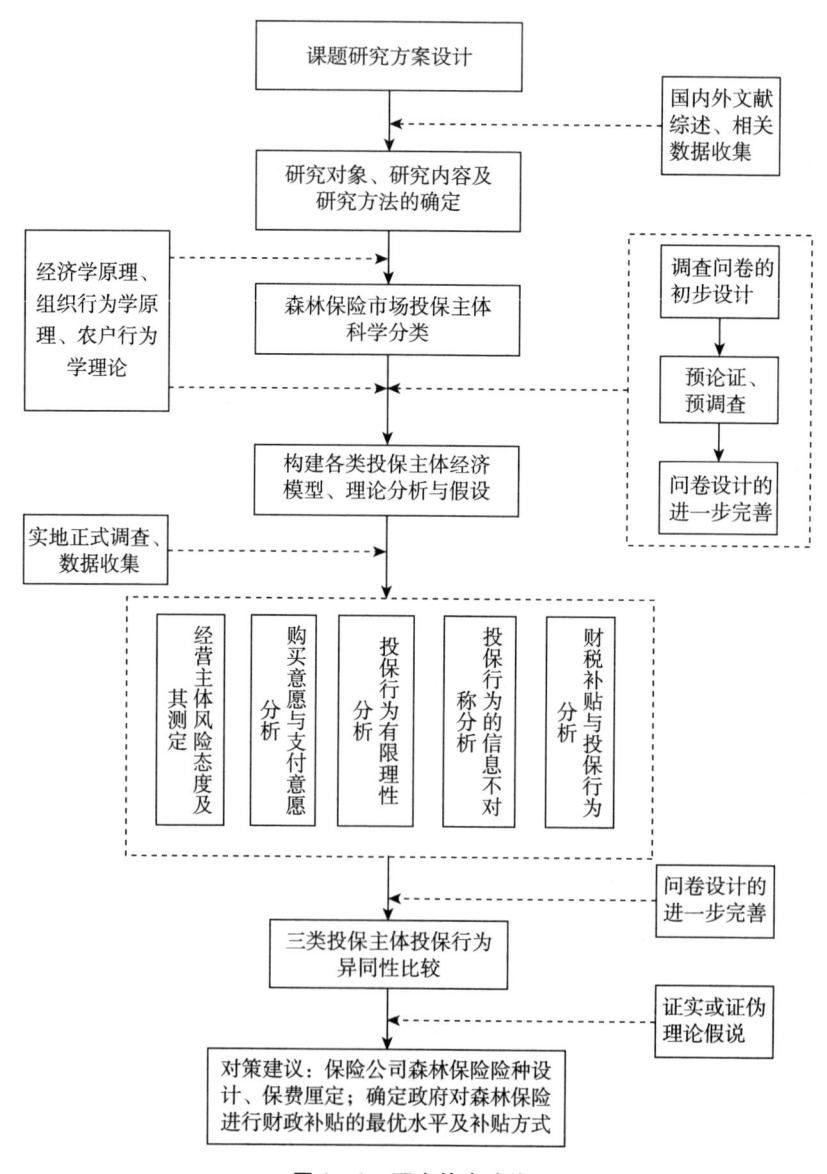

```
课题研究方案设计
        │
        │ ←-------- 国内外文献综述、相关数据收集
        ↓
研究对象、研究内容及研究方法的确定
        │
经济学原理、组织行为学原理、农户行为学理论 ---→ 森林保险市场投保主体科学分类
        │                                              ↑
        ↓                                              │
构建各类投保主体经济模型、理论分析与假设  ←-- 调查问卷的初步设计 → 预论证、预调查 → 问卷设计的进一步完善
        │
实地正式调查、数据收集
        ↓
┌─────────────────────────────────────────────┐
│ 经营主体风险态度及其测定 │ 购买意愿与支付意愿分析 │ 投保行为有限理性分析 │ 投保行为的信息不对称分析 │ 财税补贴与投保行为分析 │
└─────────────────────────────────────────────┘
        │
        ↓                          ←-------- 问卷设计的进一步完善
三类投保主体投保行为异同性比较
        │                          ←-------- 证实或证伪理论假说
        ↓
对策建议：保险公司森林保险险种设计、保费厘定；确定政府对森林保险进行财政补贴的最优水平及补贴方式
```

图 1-1 研究技术路线

第五节 论文框架与结构安排

本书是以森林保险投保人的行为选择为研究对象，主要分析种植商品林的森林经营者作为森林保险投保人的购买意愿、支付意愿、风险态度、有限理性程度等方面的差异及其对投保行为的影响程度和方式，信息不对称情况下的投保行为，以及森林保险补贴政策对投保行为的影响等。全文共分十章，具体结构安排如下。

第一章 导言。交代了本书的研究背景、意义及研究对象，同时对研究内容、方法、步骤、实现的技术路线及文章的结构安排等内容进行介绍。

第二章 文献综述。对国内外有关森林保险行为的研究进行总结归纳，主要涉及保险需求思想的研究、风险态度及其测量方法的研究、支付意愿及其测量方法的研究、森林保险市场失灵的研究、保险市场信息不对称的研究、农业保险（森林保险）财政补贴的研究等方面，同时介绍这些研究对本研究的启发及其可借鉴之处。

第三章 森林保险市场投保主体与行为差异性的理论分析。投保主体不同，其主要特征也不同，导致其在森林保险市场中的投保行为也不同。为深入研究森林保险投保行为，根据不同森林经营者的风险态度、支付意愿、理性程度等方面的差异，将投保主体分为森林培育企业、森林培育专业户和兼业农户三类。对投保主体及其行为特征的差异性进行分析，为深入研究森林保险投保行为提供一个新的分析思路和分析框架。

第四章 森林经营主体的风险态度及其测定。根据有关风险态度测定的基本理论和方法，设计调查问卷，对各种类型的森林保险投保人的风险态度进行实地抽样调查，同时对不同森林保险投保人的风险态度对其投保行为的影响进行机理分析。

第五章 森林保险购买意愿研究。对福建省各县市的各类森林经营主体进行实地问卷调查和电子邮件问卷调查。对他们的森林保险购买意愿进行数据采集，同时建立 Logit 计量模型对森林经营主体购买意愿进行计量分析。

第六章　森林保险支付意愿研究。根据支付意愿测定的理论和方法，设计调查问卷，对福建省各县市的森林经营者进行实地调查。对他们的支付意愿进行数据采集，同时建立 Logit 计量模型对森林经营者的支付意愿进行计量分析，得出各种类型森林经营者的森林保险支付意愿。

第七章　财政补贴政策与森林保险投保行为研究。森林保险市场失灵，决定了政府必须对森林保险市场进行某种形式和程度的干预。财政补贴是解决森林保险市场失灵问题的有效途径。本章构建博弈模型对财政补贴政策与森林保险投保行为进行分析，梳理我国有关森林保险补贴的政策，同时以福建省为例，通过调查问卷采集数据，对财政补贴政策与森林保险投保行为进行实证分析。

第八章　有限理性条件下森林保险投保行为机理研究。完全理性和有限理性条件下的行为选择是不一样的。传统经济学都假定投保人是完全理性的行为人。但现实中，森林经营者作为森林保险投保人，其表现出来的是典型的有限理性。本章对森林保险投保人的有限理性的表现形式及其原因进行分析，并运用进化博弈理论对森林保险投保人的投保行为进行研究，主要有了两个动态调整过程：最优反应动态和生物进化复制动态。

第九章　信息不对称条件下森林保险投保行为研究。保险市场的信息不完全和不对称是客观存在的，森林保险同样如此。本章主要分析森林保险信息不对称对森林经营者投保行为的影响，主要介绍森林保险信息不对称的表现形式，并对信息不对称对森林保险市场的影响及其原因进行分析，同时构建信号传递博弈模型对森林保险逆向选择行为进行分析，提出森林保险市场信息不对称问题的解决之策。

第十章　总结与展望。本章对全书进行一个总结，同时指出研究的不足以及进一步研究的方向。

第六节　主要创新点

本书首次对森林保险的投保行为进行系统分析，运用组织行为学理论、农户行为学理论、条件价值评估法、博弈论与信息经济学相关理论、计量经济学模型等分析不同森林经营者对森林保险的投保行为，其创新点主要体现在如下三个方面。

（1）首次对森林经营者进行分类。为了更深入地研究，根据不同森林经营者的特征差异，将森林经营者分为森林培育企业、森林培育专业户和兼业农户。这三类森林经营者经济特征和行为特征等方面存在差异，使得其在风险态度、购买意愿、支付意愿、理性程度等方面均可能存在差异，这种分类有利于进一步研究他们在支付意愿、风险态度和理性程度等方面的差异对森林保险投保行为的影响。

（2）首次从风险态度差异这个角度去研究森林经营主体的投保行为。不同的森林经营主体存在经济特性的差异，因此其对森林经营风险的态度也存在差异。以往研究文献没有对森林经营主体风险态度的差异性进行分析，均假设其风险态度为风险厌恶型，不利于深入研究森林经营主体的投保行为。本书在这方面做了一些尝试。

（3）首次从支付意愿这个角度去研究森林保险的投保行为。以往研究文献将对森林保险的研究重点放在对森林保险市场失灵的解释上，而缺乏从森林经营主体作为森林保险投保人的角度分析投保行为的微观层面分析。本书在这个方面做了一些尝试。

第二章

文献综述

本章通过外文数据库（如 ScienceDirect、SpringerLink、ProQuest、AGRICOLA 等）、google 学术搜索、经常刊发有关林业经济论文的三个主要期刊（*Forest Ecology and Management*、*Forest Policy and Economics* 和 *Journal of Forest Economics*）及中文电子资源信息检索库等对有关保险需求、森林保险、风险态度、购买意愿、支付意愿等内容进行检索，现将国内外学者对这些领域的研究综述如下。

第一节 保险需求思想及保险理论发展

对保险行为的研究，更多的是从对保险需求的研究这个角度出发的。古典经济学家亚当·斯密（1776）指出，许多人不愿意支付低廉的保费进行投保的原因是轻视危险。如果人们不轻率和不鲁莽，那么就会通过购买保险来规避风险，减少损失。阿尔弗雷德·马歇尔（1890）指出，人们之所以愿意购买保险，是因为保险能弥补可能发生的严重损失。Knight（1921）认为，人们购买保险的目的是转移风险。由于分析方法和分析工具的缺乏，古典、新古典经济学家的保险需求理论缺乏严密的假设前提和逻辑推理论证。20世纪60年代后，随着期望效用分析方法的运用以及风险和不确定性经济学与现代消费行为理论的发展，保险需求理论过渡到微观视角的最优保险理论，所谓最优保险理论，即人们购买保险的最优保障水平。挪威经济学家 Borch（1960，1961，1962）研究最优保险合同、再保险保费附加、再保险市场均衡等内容，为最优保险的研究提供了新的分析方法。最优保险理论的创建者是美国经济学家 Arrow（1963）、挪威的经济学家 Mossin（1968）和美国的经济学家 Smith（1968）。Arrow（1963）指出，保险可以增加投保人和保险人双方的福利，实现保险市场的帕累托改进。Mossin（1968）和 Smith（1968）共同提出了 M–S 定理，即风险由投保人和保险人共同承担是最优的。Mossin（1968）认为，风险厌恶型的人必然会购买保险。Mossin（1968）在《理性保险购买状况》一文中还提出了莫森定理，即绝对风险厌恶度递减时，财富对于保障水平的效用是负的，该负的财富效用体现为：最大可接受保费变小、最优保险保障额变小、最优免赔额变大、最优再保险分摊额变低。Smith（1968）认为，附加保费因子对最优保险保障水平存在影响。Moffet（1977）证明，在个人属于风险厌恶型，且绝对风险厌恶度递减的前提下，购买保险会减少消费，保险与储蓄可以替代，此时部分保险最优。Turnbull（1983）认为，保险资产价值的变化会影响人们的保险购买行为，当保险资产价值的不确定性增加时，人们会减少最大可接受保费，反之，增加最大可接受保费。Mayers 和 Smith（1983）认为，保险只是众多风险规避方式的一种，而且能与资本市场的金融产品相互替代。Briys 和 Louberge（1985）认为，心理因素在保险购买中起着很重要的作用，悲观的人或者更加重视风险后果的人，会选择更高的保险保障水平。宏观经济视角的保险需求理论为人寿保险需求理论，它与本书内容关系不大，在此不予评述。最优保险理论的一些研究结论以及影响保险购买的一些因素，均对森林保险投保行为的研究有重大借鉴意义。必须注意的是，在考察保险需求影响中，不同国家国情不同，即使在同一个国家，不同的人状况不同，影响因素也不一样，因此必须结合具体情况进行分析。而且，有些影响关系必须通过实证的研究才能下结论。

第二节　农业保险（森林保险）属性问题

关于农业保险属性问题，学者们在理论上尚未达成共识，大部分学者把农业保险视为准公共物品，并以此为依据论证对农业保险实行补贴的合理性；而一些学者，特别是许多西方学者对此并不认同，他们认为政府对农业保险补贴并非基于农业保险的属性，而是基于农业保险普遍失败的现实，不得不介入农业保险市场。此外，政府的介入是基于政府的投入成本小于获得的社会效益（Skees，Hazell 和 Miranda，1999）。官兵（2008）对农业保险公共物品的属性提出质疑，其理由一是粮食等农产品不是公共物品，因而农业保险不应该是公共物品；二是农业保险对农业生产扩大和农产品产量增加的影响不明确。与农业不同，森林经营的生态效益、社会效益和正外部性被广泛认同。李周、许勤（2009）认为，随着社会经济的发展和环境问题的突出，保护环境成为森林经营的主要目标。中国林业改革的过程是产业发展生态化和生态建设产业化的过程。因此，森林保险是一种准公共物品，是一种政策性保险，应给予补贴的观点已获高度认可。

第三节　森林保险市场失灵及其原因

Rothschild 和 Stiglitz（1976）证明，如果关于消费者风险程度的信息是非对称的，帕累托最优保险合同是不可能达到的。Knight 和 Coble（1997）也认为，保险市场失灵是由保险人和被保险人之间的信息不对称所引起的逆向选择和道德风险。石焱等（2008）、崔文迁等（2008）也从信息经济学的"逆向选择"和"道德风险"两个方面解释目前森林保险市场失灵的原因。Wright 和 Hewitt（1990）发现，历史上由私人来承担农业多重险和一切险的尝试无一幸存。但究其原因，除了保险市场普遍存在的"逆向选择"和"道德风险"外还有其他原因。吴希熙、刘颖（2008）认为，这些原因为森林保险的双重外部效应、森林保险的公共性以及财政补贴对森林保险的效应等。周式飞、黄和亮等（2010）从供给角度分析森林保险成本构成，认为保险赔付率较高和较高的损失计量成本，造成森林保险可变成本占比较高，难以通过一定规模的扩大快速降低保险价格，这在一定程度上制约了森林保险的购买，导致森林保险市场难以形成。陈玲芳（2005）、刘红梅等（2007）则认为造成森林保险市场失灵的原因有：①森林保险供需双向不足；②林权制度不完善；③森林保险政策不明，法律法规不健全；④林业竞争力薄弱，森林保险技术要求高；⑤承保险种单一；⑥政府支持不够。在这些分析中，存在因果逻辑颠倒问题，如："森林保险供需双向不足"并不是造成市场失灵的原因，而是森林保险市场失灵的结果和表征现象；"政府支持不够"也不是市场失灵的原因，而是因为市场失灵，才需要政府的干预。森林保险中的"道德风险"和"逆向选择"不足以解释有效需求和有效供给双向不足的困境，因为保险市场普遍存在"道德风险"和"逆向选择"问题，可以通过保险制度的设计加以克服，如对投保人只进行部分保险。为深入认识森林保险市场失灵的原因，必须认识到森林保险的特殊性、复杂性和艰巨性，从森林保险投保主体这一微观层面入手，深入剖析各类森林经营者的风险态度、购买意愿、支付意愿及其差异性，只有如此，才能为走出森林保险双向不足的困境提供切实可行的对策与措施。

第四节　风险态度及其度量方法

人们面对不确定性情境所表现出来的态度和偏好，就称为风险态度（Risk Attitude）。Pratt（1964）和 Arrow（1974）在 John Von Neumann 和 Morgenstern（1944）的期望效用（Expected Utility）理论的基础上，提出了风险态度理论，将风险态度分为三种类型：风险厌恶（Risk Aversion）、风险中性（Risk Neutral）与风险偏好（Risk Seeking）。他们还提出了绝对风险厌恶和相对风险厌恶的概念。风险态度可以用效用函数或效用曲线来描述。下面以消费者面临的一张彩票 $L=[p; W_1, W_2]$ 来说明风险态度。假定消费者在无风险条件下可以获得的确定性财富为 W，则如果满足 $U(W) > p*U(W_1) + (1-p)*U(W_2)$，则该消费的风险态度为风险厌恶，风险厌恶的效用函数是严格向上凸的，满足 $U'(W) > 0$，且 $U''(W) < 0$；如果满足 $U(W) = p*U(W_1) + (1-p)*U(W_2)$，则消费者为风险中性，风险中性的效用函数为线性的，满足 $U'(W) > 0$，且 $U''(W) = 0$；如果满足 $U(W) < p*U(W_1) + (1-p)*U(W_2)$，则消费者为风险偏好，风险偏好的效用函数为严格向下凹的，满足 $U'(W) > 0$，且 $U''(W) > 0$。相应的效用函数曲线如图2-1所示。

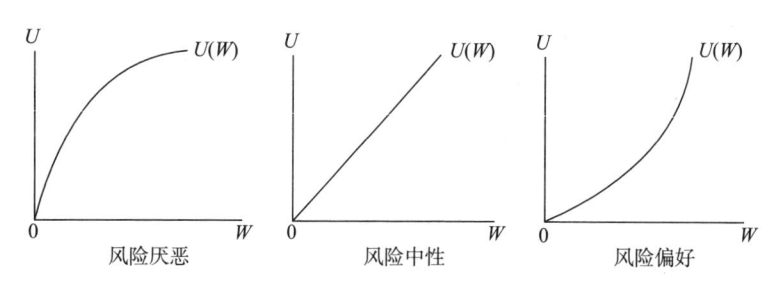

图2-1 风险态度效用函数曲线

Joop（2002）和Berg等（2003）的研究表明，大多数投资者是风险厌恶者，只有少数是风险爱好者。李剑峰、徐联仓（1996）通过实证研究也得出，在现实生活中，风险厌恶决策者要多于风险偏好决策者。在许多经验研究中都假定个体的风险态度是没有差异的，即经济学家们一般都假定个体属于风险厌恶型，这种假定在理论研究上有很多方便之处，而且与大多数实际情况相符合。然而风险态度有风险厌恶、风险中性和风险偏好之分，决定风险态度的因素也有很多，它包括个体的个性、拥有财富的多少、消费或投资风险大小等。同时，由于不同个体的经济、行为等特征存在差异，因此其风险态度必然存在差异，不同的个体会在不同时间、不同地点上表现出不同的风险态度，那么假定所有人都具有相同的风险态度，而且都假定为风险厌恶，显然与现实不相符合。尹敬东（2000）就认为投资者是风险偏好者而不是风险厌恶者，"这主要是由于风险厌恶假设并不能完全解释诸多投资者的投资行为，使得现代证券投资组合理论对现实的解释能力受到影响"。但如何准确地区分不同个体的风险态度，一直是学术界的难题，有许多学者从不同的学科（如经济学、心理学等）角度，对此进行探讨。

John Von Neumann 和 Oskar Morgenstern（1944）提出的期望效用理论认为，人们在不确定性情况下的理性选择就是在一系列约束的条件下追求预期效用最大化。期望效用理论仅仅考虑了方案的期望值，却忽视了方案本身的风险程度以及决策者对待风险的态度。由于期望效用理论不能很好地解释"阿莱斯悖论"（Allais Paradox）、埃尔斯伯格悖论（Ellsberg Paradox）以及偏好反转等现象，Kahneman 和 Tversky 创立了前景理论（Prospect Theory），该理论对 Savage（1954）修正主观期望效用的理论模型、对决策者的决策行为进行更为现实的描述。权重函数、两阶段模型、支持理论、价值函数四部分构成前景理论的主要部分，在风险态度研究中，价值函数与权重函数应用非常广泛。Tversky 和 Kahneman（1992）研究证明，在获利的情况下，人们倾向于风险厌恶；但在面临损失的情况下，就倾向于风险偏好。而且，无论在损失还是获利的情况下，人们对结果相对于一个参照水平的偏离更敏感。任郑杰、周锋（2006）认为还可以基于收益均值和方差来构造 E-V 效用函数，用以衡量风险态度，得出风险态度为风险规避的充分必要条件是 E-V 效用函数的一阶和二阶导数均大于零；风险态度为风险中性的充分必要条件是 E-V 效用函数的一阶和二阶导数均等于零；风险态度为风险偏好的充分必要条件是 E-V 效用函数的一阶和二阶导数均小于零。李剑峰、徐联仓（1996）的实证研究得出，决策者在进行个人财产决策时的风险厌恶程度要高于进行企业财产决策时的风险厌恶程度；对同一问题进行决策时，低职位的决策者表现出比高职位决策者更大的风险厌恶。Haimlevy（1994）通过对食品、钢铁、房地产行业的一些公司的实证研究得出，随着资产实力的增强，决策者的风险厌恶倾向会降低。

还有学者从心理学学科的角度来研究人们的风险态度以及其对人们行为和决策的影响，如周龙升（2006）根据马斯洛的需求层次理论，认为决定人们行为的是其相对拥有的资源量。资源拥有量越少，行为越表现出风险偏好；若资源已经获得，则行为表现出风险厌恶。而且认为人们对某件事情的风险态度是一个不断变化的动态过程。风险态度还与资源的稀缺程度相关，面对最稀缺的资源，趋向于风险偏好；而面对相对不稀缺的资源，趋向于风险厌恶。

Lex Borghans 等（2008）在分析风险偏好影响因素时发现，人们在诸如教育程度、失业时间长短、性别因素、父母教育程度、是否长子、年龄等因素对风险态度的影响方面还没有达成共识。Nicholson 和 Soave（2005）认为人格特点、社会背景等因素决定其风险态度，并进一步指出，处于集体主义文化背景下的人与处于个人主义文化背景下的人相比，其风险态度更趋向于风险偏好。Tversky 和 Kahneman（1992）认为参照点影响人们的风险态度，影响人们决策的不是绝对效用值，而是实际损益量与心理参照点的偏离方向和偏离程度，即相对效用值。Tversky 和 Kahneman（1992）还认为决策框架影响决策者的风险态度，即不同的语义描述，形成不同的心理参照点，进而影响决策者的选择行为，这就是 Tversky 和 Kahneman 所说的"框架效应"。

关于如何衡量人们对待风险的态度，有如下几种办法。

第一，风险等值法，也称"标准赌博"衡量法。许谨良（2003）和谢科范（2000）对此作了相类似的阐述。假定抛硬币打赌，若硬币出现正面，可赢得40元，若出现反面，则什么都得不到。这是一个简单的50对50的赌博，即赢得40元和什么都得不到的概率各占50%。假定现在用一笔钱来代替这个赌博，换句话说，要么参与这个赌博，要么获得一笔钱，二者择其一。问题是，要放弃赌博，至少应获得一笔多大数额的钱呢？这对每个人来说都有一个特定的数额，接受这笔数额的钱和参加赌博对他们来说是无差别的。数额为 Z 的这笔钱是赌博的等价物，它通常被称为确定等价物。数额 Z 是由个人决定的。根据不同的人对同一个问题的回答所得出的确定等价物的数额把这些人进行归类。除此之外，还可以估测出每个人在多大程度上背离数学上的合理答案。这个数学上的或者客观的正确答案是以期望值为基础的。上述赌博的期望值为20元，如果一个人愿意接受的数额小于这个期望值，那么他就属于风险厌恶者；而如果一个人要求的数额大于这个期望值，那么他就属于风险偏好者；如果他要求的数额等于这个期望值，则他属于风险中性者。极端的情况是，如果一个人认为保证获得 1 元钱和参与这个赌博对他而言没有差异，那么他属于风险极端厌恶者；如果一个人认为要他放弃这个赌博，他至少应获得 39 元，那么他是极其喜欢冒险的。

第二，李克特量表法。设计调查问卷，考察个人对某个事件发生的可能性的判断，来研究个人对风险的态度。这里有两种情况，第一种情况是，通过人们估计意外事故发生的实际数目来描述他们对风险的认识。第二种情况是，只要求每个人根据各种意外事故发生的可能性大小对风险进行排序，而不需要对具体数值进行估算。这种方法，并不是从经济的角度来衡量，它更注重个人是如何认识风险的。或者设计调查问卷，让被调查者对自己的风险态度进行主观的评价和描述，如高海霞（2010）为了测得消费者在购买产品时的风险态度，设立了 5 个关于风险态度的测量项目来测量个人的风险态度，如表 2-1 所示。

表 2-1 风险态度的测量项目

编号	测量项目
1	我很喜欢尝试新奇的事物
2	当有机会冒险时，我会非常注意安全
3	在决定任何事情之前，我会先仔细想想
4	购物前，我希望能确实了解产品的相关信息
5	我购物前宁愿多花时间比较，也不愿意事后后悔

资料来源：高海霞（2010）。

每个测量项目均用李克特 7 点量表，分别赋予 1 分到 7 分，分数越高意味着表示同意的程度越高。最高分 35 分（5×7）即为完全风险规避型，最低 5 分（5×1）即为完全冒险型。

肖芸茹（2000）用效用值来衡量人们的风险态度。因为效用理论强调的是人们经济行为的目的是从增加的货币量中获得最大的满足，而不是为了得到最大的货币数量，所以可用"效用值"来衡量同一货币对不同的人在主观上的价值。一方面，同一货币，在不同风险情况下对同一个人来讲具有不同的"效用值";另一方面,在同等程度风险的情况下,相同货币量的得失对不同的人而言有不同的"效用值"。效用值的大小描述了人们(决策人)对于风险的态度,反映了决策者的行为和心理。效用值通常采用问卷调查的方法来收集。

第三,经济学实验。谢识予等(2007)认为经济主体的风险态度受知识、心理、决策内容和环境等主客观因素影响,与所处社会经济文化环境也有很大关系,很难准确了解,认为经济学实验是度量经济主体风险态度的最有效的方法。通过实验,进行大样本的风险态度的测量是深入分析风险态度、影响因素以及风险态度对个人选择的影响的基础。许多学者进行过风险态度度量的实验研究,如:Hans P. Binswanger (1980,1978b,1978c)、Dillon 和 Scandizzo(1978)、Kachelmeier 和 Shehata(1992)、Shavit 和 Benzion(2000)、Levy(2001)、Hartog 等(2002)、Cramer 等(2002)、Eichberger 等(2003)、Hiruma 和 Tsustui(2005)等。我国学者在风险态度度量方面的研究文献很少,只有李劲松和王重鸣(1998)、肖芸茹(2000)、马剑鸿和施建锋(2002)、毛华配(2003,2005)、谢识予等(2007)等。一般而言,研究者通常采用对博彩游戏的保留价格问题来测量个体的风险态度。丁小浩、孙毓泽、Joop Hartog(2009)认为这种实验方法的特点是简便易行。但通常人们对这类测量的可靠性和有效性存在质疑,并不确信在虚拟情况下人们的选择行为就是在其真实情景下的选择行为。在我国,除谢识予外,所进行的都是没有实际激励的摸彩实验,谢识予等(2007)通过真实的激励进行了两次风险态度实验。Harrison 和 Lau(2007)认为通过实验经济学的方法采用真实货币测量个体风险态度所得出的结论更能让人信服。但受实验的复杂性、对被调查对象的要求较高以及成本约束等因素影响,采用真实货币的方法较难获得大样本数据,使得其应用范围受限。

谢识予等(2007)得出中奖概率和奖金大小明显影响被调查对象的风险态度,而且证实了风险态度激励效应、禀赋效应和学习效应的存在。Kachelmeier 和 Shehata(1992)在实验中采用的风险规避指标为

"确定性等价比"（Ratio of Certainty Equivalent，CERATIO），谢识予等（2007）采用的风险规避指标为"转换风险规避价格"（Transformed Risk Averse Price，TP），$TP = 1 - \dfrac{P}{\alpha Z}$，其中 Z 是彩票中奖时可以得到的奖金，α 是中奖概率，P 是被调查对象给出的彩票价格。CERATIO 与 TP 之间的关系为 CERATIO = 1 − TP，而 Hans P. Binswanger（1980）和肖芸茹（2000）采用指标 Z 来度量每个人的风险态度，其中 $Z = \dfrac{\Delta E}{\Delta S_E}$，其中 ΔE 是均值的增量，而 ΔS_E 是标准差的增量。

第五节 支付意愿引导技术

衡量某一物品或服务经济价值的方法有三大类。一是市场价值法。它是以市场现行价格作为价格标准确定物品或服务价格的一种评估方法。二是替代性市场法。在现实生活中，有些物品或服务的价格只是部分地、间接地反映了人们对该物品或服务的评价，而用这类物品或服务的价格来替代性地衡量价值的方法就是替代性市场法。替代性市场法的可信度要低于市场价值法，同时替代性市场法所反映的并非消费者相应的支付意愿或受偿意愿，它只是反映有关物品或服务的市场价格，并不能充分衡量该物品或服务的价值。三是条件价值评估法（Contingent Valuation Method，CVM）。作为一种典型的陈述偏好评估法，条件价值评估法是在假想市场中，直接调查和询问人们对某一物品或服务的支付意愿（Willing to Pay，WTP）或者对该物品或服务损失的接受赔偿意愿（Willing to Accept，WTA）来估计该物品或服务的经济价值。某些效益，如选择价值、存在价值、遗赠价值等无法借助市场价值法或替代性市场法加以评估，但 CVM 可以做到。CVM 思想最早由 Ciriacy-Wantrup（1947）提出，Ciriacy-Wantrup 意识到土壤侵蚀防治措施具有公共物品性质，即"正的外部效益"，而这种效益无法直接测定，但是可以通过调查人们对这些效益的支付意愿来评价这些效益。Davis（1963）第一次将CVM应用于研究林地的娱乐价值。由于CVM本身的灵活性和广泛的适用性，CVM已经成为一种特别适用于假想市场价值评估的经典方法。Portney（1994）、Carson等（1994）、Arrow等（1993）的研究一致认为，该方法已经得到众多发达国家以及联合国、世界银行等重要国际组织的认可，被广泛运用于生态保护区、农地、自然灾害、人文古迹、医疗风险、政策绩效等诸多非市场价值评估领域，在政府决策中发挥日益重要的作用。

关于WTP和WTA的计算偏差，一直是CVM未解决的问题，许多学者对此问题做了研究。Willig（1976）认为，从理论上分析，WTP与WTA的结果应相同。但更多学者研究发现，WTP和WTA相差太大，如Hammack和Brown（1974）、王瑞雪、颜廷武（2006）。唐增、徐中民（2008）认为，在实际应用中，WTA通常是WTP的几倍甚至十几倍，所以大部分学者倾向于使用WTP，而不用WTA。因为，第一，WTA太大，显得不够真实；第二，WTA变化很大，而WTP相对稳定；第三，WTA更容易引起一些策略行为。美国国家海洋及大气管理局（NOAA）也支持使用WTP。

张志强（2003）认为可以通过面对面调查、电话调查和邮寄信函等方式获得支付意愿，其中面对面调查是最重要和最常用的调查方式，可以消除受访者的疑虑，真实陈述和评价物品与服务的价值，但缺点是费用高。在有关最大支付意愿的引导技术的总结中，我国学者张志强（2003）、孙香玉（2008）概括得比较全面，现做个简单的罗列。

1. 重复投标博弈（Iterative Bidding Game）

在这种方法中，调查者先提供给受访者一个起始价，若受访者愿意支付起始价，则调查者不断提高报价水平，直到受访者不愿意支付为止。反之，如果受访者不愿意支付起始价，则调查者逐步降低报价水平，直到受访者愿意支付为止。由于考虑到起始价格对最大WTP可能有影响，该技术已不常用。

2. 开放式出价法（Open-ended）

在这种方法中，调查者并未提供参考价格，由被调查者说出自己的最大支付意愿。这种方法有个很大的局限在于，如果受访者没有消费此项产品的经验，或者对这个问题不了解，受访者很难确定自己的最大支付意愿，他们回答的支付数量并不能代表他们的最大支付意愿。

3. 支付卡出价法（Payment Card）

在问卷中，列出一系列的支付价格，由受访者自行圈选出愿付的最高金额。采用这种方法，可能会因为支付卡上的报价范围影响被调查者的支付意愿。

4. 二分选择法（Dichotomous Choice Method）

受访者只有"是"与"不是"或者"愿意"与"不愿意"的选择，这种方法比直接说出最大支付意愿更能够模拟市场行为。该方法由 Bishop（1979）引入，美国国家海洋及大气管理局的 CVM 高级委员会也将二分选择法推荐为 CVM 研究的优先方法。选择二分法分为单界二分选择、双界二分选择、三界二分选择以及多界二分选择等形式。Hanemann、Loomis 和 Kanninen（1991）在理论上证明，同时也实证双界二分选择的估计结果比单界二分选择更有效率。二分选择法的优点是最大程度地模拟了真实的市场定价行为，而且，Hoehn 和 Randall（1987）认为，二分选择法提供给人们讲真话的激励因素。同时由于被调查者只能回答"是"或"不是"，而不是直接说出最大支付意愿，因此二分选择法将降低物品或服务价格被高估的可能性，但二分选择法增加了投标范围的设计难度和估算支付意愿具体数值的难度，需要结合其他方法得到真实的支付意愿水平。

5. 开放式出价法与二分选择法的结合（Dichotomous Choice with Open-ended Followed up Elicitation Method）

二分选择法容易导致起始点偏误，利用二界或三界二分选择法确定出消费者的支付意愿大致区间后，可以用开放式出价法来近似理想地诱导出消费者的最大支付意愿。吴佩瑛、刘哲良、苏明达（2005）的研究表明，结合开放式出价法与二界选择法可以大大降低起始点的偏误。Wu 和 Su（2002）也认为开放式出价法与二分选择法的结合，使得支付意愿的估计更加有效，也更易于操作。孙香玉（2008）用图解的方式

027

给出开放式出价法与二分选择法的结合模式，更加直观。

虽然 CVM 运用广泛，但采用这种方法的评估结果仍存在很多偏差。黄宗煌（1989）、张志强（2003）等对此进行了很好的总结，其中张志强（2003）的概括更为详细和具体，他对可能存在的各种偏差（如假想偏差、投标起点偏差、不反映偏差、抗议反映偏差、问题顺序偏差、调查者偏差、调查方式偏差等）均进行阐述，并提出问卷设计及实施中减少偏差的方法。美国国家海洋及大气管理局认为，使用条件价值估价法虽然会产生这样那样的偏误，但在适当的问卷设计下，是可以评价出资源价值的大小的，且可以将各种可能的偏误降到最低（吴佩瑛、苏明达，2001）。

由于森林保险仍然处在试点阶段，没有大范围推行，而且森林保险的准公共物品与正的外部效应特性，使得森林保险属于政策性保险，因此，森林经营者对森林保险的支付意愿，用传统的方法难以有效厘定。同时，政府对森林保险补贴的高低，也有赖于森林经营者对森林保险的支付意愿的大小。虽然条件价值评估法的使用一直存在争议，也存在种种的偏误，但很多学者认为条件价值评估法在评估非市场化物品或服务价值方面的结果仍然是可以接受的，而且如果对调查问卷进行适当设计，很多的偏误都可以克服。因此，关于森林经营主体对森林保险支付意愿的评估，可以运用条件价值评估法进行引导，由于考虑了林区实际，将森林经营主体对森林保险投保意愿分为"不愿意"、"意愿不明确"和"愿意"三种，所以在运用 CVM 时，应在二分选择法和开放式出价法的基础上，采用开放式的三分选择法，它结合了开放式出价法易于操作和三分选择法易于回答并能有效降低起始点偏误的优点，使得评估结果也更加有效，也更符合林区实际。故本书也采用开放式的三分选择法。

第六节　农业保险（森林保险）财政补贴

20 世纪 80 年代以来，学界兴起了对农业保险财政补贴的研究。而我国于 2004 年以来，随着中央一号文件连续 6 年都强调农业保险的重要性，学者对农业保险补贴的研究也较活跃，主要集中在补贴原因、补贴方式及补贴的社会福利影响等方面。

Wright 和 Hewitt（1990）研究认为，如果缺乏政府的财政补贴支持，商业化经营农业保险必定失败。Ahsan、Ali 和 Kurian（1982），Goodwin 和 Smith（1995），Knight 和 Coble（1997），B. J. Sherrick 等（2004）等诸多学者均认为，政府对农户投保进行保费补贴有利于提高农业保险的参与率。Glauber 和 Collins（2002）和 A. Esuola 等（2007）等认为农业保险供给不足的原因在于严重的系统性风险、逆向选择和道德风险，如果政府不对保险公司进行管理费用补贴，保险公司将退出农业保险市场。而我国学者更多的是从农业保险的准公共物品、生产和消费的双重正外部性角度去论证农业保险补贴的必要性，如李军（1996），刘京生（2000），庹国柱、王国军（2002），冯文丽和林宝清（2003），陈璐（2004）等。陈玲芳（2005）认为，从世界范围看，国外的森林保险已有80多年的历史，但到目前为止，市场化经营的森林保险即使在市场经济最发达的国家也难以真正实现，也要依靠政府直接或间接的财政补贴支持。

Babcock 和 Hart（2000）认为较高的农业保险补贴提高了农业保险的参与率，农户参加农业保险的主要动力来自保费补贴所带来的预期收益，规避风险则是次要的原因。宁满秀、邢鹂、钟甫宁（2005）认为农户投保意愿与政府补贴水平之间存在同方向变动关系。张跃华、顾海英、史清华（2005）通过对山西省和江西省的两组农户灾害与事故保险行为的问卷调查，也发现中国农民在不存在补贴的情况下，倾向于不购买农业保险来分散和规避农业生产经营风险。张跃华、何文炯、施红（2007）的研究发现，保费补贴将提高农户参加农业保险的积极性。曾小波、常亮、贾金荣（2009）也认为政府补贴对农户购买农业保险的意愿有直接的激励作用。施红（2008）认为农户对保费补贴政策的了解程度与保险的购买存在显著关系，保费补贴成为促进农户参保的主要因素之一。但也有学者对保险补贴的作用提出质疑，张晓云（2004）认为补贴对提高保险参与率的作用有限，为保证必要的保险参与率，她建议应当在补贴的同时，采取强制性、区域性投保等措施。

张晓云（2004）通过研究外国政府农业保险补贴的方式和经验，得出各国政府对农业保险的支持主要有保费补贴、经营主体管理费补贴、再保险补贴和税收优惠四种方式。支持这一观点的还有庹国柱、王国军（2002），龙文军（2003），费友海（2005）等。但王海青（2005）认为对保险公司的经营管理费用补贴存在很多缺点，容易产生责任淡化和低效率等问题，他建议应主要采取保费补贴的形式。邢鹂、黄昆（2007）认为应通过再保险、保费补贴等方法来降低保险公司的经营风险，但前提是合理定损及理赔水平的合理确定，不宜采取财政"大兜底"的方式，保险公司也要承担一部分责任。庹国柱、王国军（2002）认为保险纯费率、保险保障水平、政府的政策目标和财力、农民对保险产品的接受或支付能力等因素决定了我国农业保险费补贴额和补贴率，他们认为具体补贴比例和数额要因各地政府财力状况及险种的不同而有所区别。

还有些学者从社会福利角度来研究保险补贴政策的效率。Siamwalla和Valdes（1986）运用消费者剩余理论和生产者剩余理论对农场主的投保行为进行研究发现，政府对农业保险的补贴导致了社会福利的净损失，所以应该取消补贴，对农业保险的研究活动进行补贴。Kaylen、Loehman和Preckel（1989）的研究认为，农业保险补贴作为一种转移支付工具，将部分国民收入以保费补贴的形式转移到农民手中，将在一定程度上实现国民经济与农业部门之间的再分配。Nelson和Loehman（1987）反对对保险进行补贴，他们认为，如果政府在信息收集和保险合约的设计上增加财政投入，那么将比补贴的社会效益更大。而Mishra（1996）的研究则认为，农业保险的补贴不一定会造成社会总福利水平的降低。孙香玉、钟甫宁（2008）认为政府的保险补贴会受到经费管理不善和现阶段政府预算的约束，整个社会福利可能会因此而减少，虽然政府补贴可能会刺激农业保险的发展，但不一定符合社会福利最大化的原则，因此反对进行农业保险补贴。

关于森林保险补贴方面，马菁蕴等（2007）研究西方许多发达国家林业政策后发现，这些国家都对森林保险进行补贴。孙妍、徐晋涛（2011）认为，集体林产权制度改革后，以户为单位的小规模林业经营者增加，政策上必须给予扶持。对森林保险进行补贴源于对森林保险是政策性保险这一属性的认可。

第七节 保险市场信息不对称

在信息经济学中，信息不对称（Asymmetric Information）指对于同一个对象或事件，不同参与人所拥有的信息是不对等的。张维迎（1997）称拥有信息较多的参与人为代理人（Agent），而拥有较少信息的参与人为委托人（Principal）。Stigler（1961）于《信息经济学》一文中，首先对传统经济学理论中的完全信息假设进行批判。Akerlof 于 1970 年发表论文 "The Market for Lemons: Quality Uncertainty and the market Mechanism"，该文正式拉开了信息不对称在商品市场应用的序幕。关于不对称信息的界定有很多种，传统观点是根据信息不对称发生的时间不同分为"逆向选择"和"道德风险"；有的分为"隐蔽信息"（Hidden Information）与"隐蔽行动"（Hidden Action）（Aroow，1984）；Roger B. Myerson（1991）将"道德风险"定义为"由参与人选择错误行动引起的问题"，将"逆向选择"定义为"由参与人选择错误报告信息引起的问题"。本书中所使用的分类方法倾向于传统观点的分类。

最早研究保险市场逆向选择的是 Rothschild 和 Stiglitz（1976），他们根据风险事故发生概率的不同，将投保人分为两类："好风险"（Goog Risks）投保人和"坏风险"（Bad Risks）投保人。"好风险"投保人属于低风险类别，相对应的"坏风险"投保人属于高风险类别。在信息不对称条件下，投保人清楚自己的风险类别，但保险公司不了解投保人所属风险类别。研究表明，不完备信息条件下保险市场可能出现两种均衡：合并均衡和分开均衡。在合并均衡中，不同风险水平的投保人购买相同价格的保险合同；而在分开均衡中，不同风险水平的投保人购买不同价格的保险合同，并且由于逆向选择问题的存在，竞争性保险市场只能存在分开均衡，在某些特殊情况下，分开均衡也可能不存在，即使存在均衡，也可能不是帕累托最优，即在逆向选择条件下，保险市场难以出现较高的经济效率。进行类似研究的还有 Dionne 和 Lasserre (1985)、Cooper 和 Hayes (1987)、Dionne 和 Doherty (1994)、Hoy (1982)、Crocker 和 Snow (1985) 等。Pauly (1974) 研究认为，往往大的损失是投保人不谨慎行为所导致的。Pauly (1974)、Marshal (1976)、Holmstrom (1979) 和 Shavell (1979) 等学者对道德风险进行研究，他们认为如果保险公司缺乏对投保人行为的监视，则保险将减少投保人维护保险标的的动机。Dionne (1982) 认为在存在道德风险的情况下，免赔机制的引入是很有必要的。Winter (1992) 认为，当损失额超过某个阈值时只能得到部分保险，而小损失则可以得到完全保险。总之，西方学者对保险市场不对称信息的研究，主要集中在当期保单、多期保单和风险分类以及道德风险等方面。

在我国，也有众多学者进行保险市场的逆向选择和道德风险问题的研究。王珺、高峰、宋逢明等 (2008) 通过对 Rothschild 和 Stiglitz 保险理论的研究发现，Rothschild 和 Stiglitz 的理论分析的只是一个静态的市场，而且市场上也只假定两种类型的投保人，与现实情况不符。他们创新和发展了精微模拟的方法，考察一个动态的市场。模拟的结果表明，存在逆向选择时，投保人风险厌恶程度较高、损失额不确定性较大是保险市场可以长期平稳运作的必要条件，而通过学习和对投保人出险历史的分析，保险公司能够更加准确地识别投保人的风险类别，从而缓解逆向选择问题。张欢 (2006) 在 Rothschild 和 Stiglitz (1976) 基本模型的基础上，进行比较静态分析，同时构造了一种测量逆向选择程度的指数 ASI，并通过实证分析，得出该指数是个测量社会保险逆向选择的有效方法，同时认为养老保险、失业保险和医疗保险中都存在严重的逆向选择问题。刘亮 (2006) 对我国财产保险市场的逆向选择问题进行研究，提出将投保人分为投保大户、准投保大户和投保小户，分别对这三类投保人的逆向选择问题进行研究。程振源 (2003) 对保险市场不对称信息的研究主要放在风险分类和费率监管的效应、保险欺诈和最大诚信原则等问题上，进一步深化保险市场信息不对称的研究。蔡书凯、周葆生（2005），曹冰玉、詹德平（2009）等研究了农业保险中的逆向选择和道德风险问题，曹冰玉、詹德平（2009）还提出了以相互制保险为基础的"银保合作"是信息不对称条件下农业保险经营主体创新的理想选择，是控制农业保险逆向选择和道德风险的有效保证。杜晓君、徐娴英（2002）对车险市场的信号甄别进行分析，黄祖梅、李萍、孙慧（2006）等对森林保险市场的信号甄别机制进行分析，而杨美琴、龚日朝、刘玲（2008）分析保险市场中基于保费信号的信号传递机制。

第八节 已有研究对本研究的启发及其可借鉴之处

由于各种原因，我国森林保险的理论研究文献有限，而且森林保险的实践经验也欠缺，无论在研究理论还是方法上，都大大落后于其他领域保险的研究，如农业保险、财产保险等。这些领域的研究成果、研究方法，对本研究及以后的研究提供了很好的启发和借鉴，体现在以下几个方面。

1. 研究前景和思路方面

通过对保险选择行为的理论和实证研究等文献进行阅读，为森林保险市场主体行为方面的研究提供了很好的研究视角、思路和前景。保险市场的主体有很多，包括投保人、保险公司、保险公司监管机构（我国为保监会）、政府（政府常常以某种方式介入其中，特别是农业保险、森林保险等）等。这些主体对保险的选择行为所遵循的理论不同，而且对保险市场的影响程度也不一样，如何对其选择行为进行分析非常令人感兴趣。然而对所有的主体同时进行研究，选题太过宽泛，论述容易蜻蜓点水或隔靴搔痒。但这展现了一个很好的研究前景，为自己以后的研究生涯指明了方向。

目前我国学者对于森林保险的研究主要集中于森林保险市场失灵及其原因的解释，而没有对森林保险市场主体行为进行研究。同时对国外以及其他领域的保险消费选择行为的研究，可以极大地开拓对森林保险市场投保行为的研究。

2. 研究理论方面

国内外学者对 CVM 理论、风险态度、有限理性及行为博弈理论的研究已经比较深入，特别是通过 CVM 理论测出不同森林经营者的支付意愿，根据风险态度理论测出不同森林经营者的风险的规避程度等。这些理论和结论可以为本研究提供很好的借鉴。同时，传统经济学家均是在理性假设的前提下论述保险投保行为的。随着人们对"有限理性"的认识，运用进化博弈理论对有限理性森林经营主体的投保行为进行分析，与传统的理性假设前提下的结论进行比较静态分析。

3. 研究方法方面

借鉴相关文献的研究方法，运用组织行为学理论、农户行为学理论分析三类森林经营主体经济特征和行为特征差异，并分析三类主体的风险态度、购买意愿、支付意愿的主要影响因素；运用条件价值评估法引导出森林经营者的森林保险最大支付意愿，并用计量经济学模型等对森林保险投保人的风险态度、购买意愿、支付意愿进行实证分析；运用进化博弈理论的模型，对森林保险投保人的有限理性行为进行研究；运用博弈理论与信息经济学相关知识，分析信息不对称现象的存在对森林保险市场投保行为的影响；运用博弈理论，分析财政税收补贴政策对森林经营者的投保行为的影响。

第三章
森林保险市场投保主体与行为差异性的理论分析

　　森林保险投保主体是指从事森林培育并以所培育的森林为标的进行投保，寻求风险转移的法人或自然人。可以从不同的角度对森林保险投保主体进行分类，如根据所有制形式的不同，投保主体可以划分为公有制（国有、集体）与非公有制；根据风险偏好程度的不同，可以划分为风险偏好型、风险中性型和风险厌恶型；根据是否主动投保，划分为主动型和被动型；根据投保人的理性程度的不同，可以划分为理性型、有限理性型和非理性型等。在已有的森林保险的研究文献中，大部分学者都没有对投保主体进行分类，而用"林农"、"投保林主"或"森林经营者"等词加以概括，如陈玲芳（2005）、王丹等（2005）、马菁蕴等（2007）、崔文迁等（2008）、石焱（2008）等，还有学者将"投保林主"与"林农"混用，如吴希熙、刘颖（2008）等。"投保林主"或"森林经营者"过于笼统和概括，没有考虑到各类型投保主体的异质性，不利于深入研究其投保行为差异。"林农"一词长期以来都不明确，铃木尚夫（1989）曾对作为林业生产主体之一的"林农"进行论述，但没有对其进行明确的界定，更多的学者是从"农户"[①]的角度去理解"林农"

---

① 黄祖辉等（2005）认为，"农户就是指生活在农村的，主要依靠家庭劳动力从事农业生产的，并且家庭拥有剩余控制权的，经济生活和家庭关系紧密结合的多功能的基本的社会经济组织单位"。

的。虽然"农户"和"林农"有共同之处,但"林农"并不要求其家庭收入主要来源于林业,这与"农户"大多要求农业是其家庭收入的主要源泉是不同的(陈亚鹏,2009)。同时,"林农"一词并没有将培育森林的企业包括在内,而森林培育企业却是森林保险的投保主体之一。由于没有对森林保险主体进行科学分类,因此不能科学地说明具有不同特征的投保主体的投保行为,因为不同类型的投保主体,其对森林保险的风险态度、支付意愿、支付能力、理性程度等均不一样,存在这些特征差异将导致其投保行为的差异。因此,为了更好地研究森林保险投保行为,有必要对森林保险投保主体进行恰当的分类,并对其各自的特征差异和投保行为差异进行分析与对照,为进一步深入研究构建一个新的分析框架。

第一节 森林保险市场投保主体分类

为了更加深入研究森林保险市场的投保行为,将投保主体划分为三类:森林培育企业、森林培育专业户和兼业农户。

1. 森林培育企业

森林培育企业是指以森林为经营对象,从事造林、抚育和采伐等林业生产活动的法人,是一个独立的经营实体。经济上独立核算、自负盈亏,追求利润最大化,决策上具有独立的经营决策权,具备较为完善的机构设置和管理制度。根据经营形式的不同,森林培育企业有如下几种类型:股份合作制林业企业、股份制林业企业、林业企业集团、一般林业企业、乡村林场(如村办林场、合作林场等)等。森林培育企业经济基础雄厚、辐射面广、带动能力强,相比于森林培育专业户和兼业农户,它有利于规模经营,可以降低交易成本,获得更大的利润,提高再生产能力。森林培育企业相对于森林培育专业户和兼业农户,其组织结构完善,内部分工明确,专业化生产,具有更强的适应市场的能力和运用科技的能力。

2. 森林培育专业户

森林培育专业户，也称为森林培育大户，是指专门或主要从事森林培育活动的、以家庭为基本经营单位的林业经营主体，其将家庭经济和专业化的林业生产结合起来，有权自主决策经营，经济上自负盈亏。其家庭生产经营活动以林业为主，并且家庭的主要收入来源于林业经营活动，家庭主要成员一般都拥有林业经营的技术和经验，经营面积一般大于 200 亩。随着市场经济的发展、产权制度改革（特别是农村土地制度改革和集体林权制度改革）的深入以及荒山改造力度的加大，以及一系列有关土地流转和鼓励群众治理宜林荒山和稳定林权政策及规定的出台，通过承包、租赁、拍卖等形式，涌现出一大批森林培育专业户。其经营形式主要有承包经营、买断经营权、租赁经营、联合经营等。森林培育专业户一般由以下群体组成：一是植树造林能手；二是一般村民，主要指当地一些具有超前意识，经济头脑较强，且经济实力较强的村民；三是其他社会家庭个体。森林培育专业户为了获取较高的劳动生产率，取得较好的经济效益，必然会采用相对先进的生产工具和技术，有利于林业科技及机械在林区的推广，加快林业现代化的进程。同时，森林培育专业户勤劳致富，会起到示范作用，会吸引更多的生产要素参与到森林培育活动中来。

3. 兼业农户

这里所论述的兼业农户，是指在从事农业生产的同时，也从事林业生产，如农户家庭经营责任山和自留山等，它属于 I 兼型农户[①]，即以农业收入为主、以林业收入为辅的农户。兼业农户所经营的森林面积比较小，一般在 200 亩以下。在某种意义上讲，林业生产上的兼业农户是在外部社会经济因素和农户自身特征约束下为了追求收益最大化的一种理性选择的结果。兼业农户的大量存在可用 Talip Kilic 等（2009）的"推拉模型"来解释。历史上由于种种原因，在农民意识中，农民的天

[①] I 兼型农户指从事农业活动的劳动力（或农业收入）超过从事非农活动的劳动力（或非农业收入）。相反，则称为 II 兼型农户。

职就是种粮，认为唯有种粮才是农民的本色，至今尚有不少农民认为经营林业系不务正业，对林业生产经营意识淡薄，更没有重视通过林业生产商品化来增加自身经济收入。而且受林地地理位置偏僻、林业生产科技落后等影响，长期以来，森林经营基本上都停留在手工劳动层面，依靠自然力或人对自然力稍加干涉，获得较低的森林生产率，同时林地市场、林业投融资体制、林业生产要素市场、森林保险市场等配套改革严重滞后，妨碍农户参与林业生产经营。这一系列的"推拉"合力造成我国林业生产上兼业农户的大量存在。

三类投保主体中，森林培育企业和森林培育专业户所面临的风险种类比兼业农户所面临的风险种类多，除了所有森林经营主体所面临的自然风险、政策风险及林木产品与生产资料价格变动的经济风险以外，还面临着单一树种大规模种植所引发的病虫鼠害风险、经营管理体制变化的风险等。

第二节　森林保险市场投保主体的特征差异

不同的投保主体在种植规模、经营管理能力、风险态度、理性程度、劳动力雇佣情况、对林业收入依赖程度等方面存在差异，同时不同的投保主体在森林保险支付能力、购买意愿、支付意愿等方面的特征也不一样。

（1）森林培育企业虽然企业组织形式不一，但具有许多共性。一是都具有一般企业的共同特征：属于法人组织，追求经济利润，独立承担经济责任，具有相对完善的内部管理机构，有相对独立、专业的经营班子，这些特征使得森林培育企业与森林培育专业户和兼业农户相比，其对森林的经营管理能力更强。二是以林业为主，森林培育是其主要经营业务之一。这使得森林培育企业对林木收益的依赖程度高，面对风险事件，其风险态度趋向于风险厌恶。三是在林业生产经营中，其掌握着现代化林业生产所需资本、技术、经营理念等生产资源，有着资金雄厚、技术先进、经营管理理念新颖等优势，对所属森林一般都采取一定规模的集约化经营、企业化生产，极大地提高了森林生产率。四是承担着风险和管理的双重压力。森林培育企业既要承担各种风险，同时又要承担组织管理成本及管理体制变化等压力，因此森林培育企业更加注意投入产出比，更加注重现金流的平稳，而不是大起大落。这也使得森林培育企业面对风险事件，其风险态度趋向于风险厌恶。

（2）森林培育专业户的劳动力以从事森林培育为主，其收入的主要来源也是林木收益，其经营规模和劳动生产率超过了当地一般的农户水平。森林培育专业户虽然生产要素的集中度不如森林培育企业，但一般都有一定的经济实力或有一定的能力筹集资金投入造林中，其主要活动精力也在于森林培育，使林业实现由分散经营到集约经营的转变。他们会倾注更多的心血来经营管理林场，会制订一整套科学实用的经营管理方案，比兼业农户的分散管理要科学得多，他们会主动到林业部门请教技术，在林业技术员的指导下精心种植。由于其主要收入来源均来自林木收益，因此对森林培育收益的依赖程度高，而且与森林培育企业相比，专业户规模较小，生产也势单力薄，抵御各种风险的能力弱，一旦遭受重大自然灾害袭击，往往是倾家荡产。因此面对风险事件时，森林培育专业户的风险态度趋向于风险厌恶。

（3）兼业农户具有如下特征。一是经营规模小。兼业农户所经营的林地面积都比较小，林地往往比较分散。兼业农户的主要活动精力不在林业，收入来源不以林业为主，对森林的经营是季节性、临时性的，对林业生产收入几乎没有依赖。兼业农户经营规模小且林地分散，没有抵御经营风险的能力，面对复杂多变的自然环境，兼业农户对森林风险事件不甚关心，侥幸心理严重，其风险态度趋向于风险偏好。二是兼业农户的资本、技术等生产要素集中度低，要素投入也严重不足，在森林培育上随意性大，经营强度低，对种苗的选择也较随意，对病虫害的防治也不注重，基本上是靠自然力生产，或依靠人对自然力的稍加干涉来获得收益，劳动生产率低，基本上属于粗放经营。再者，兼业农户长期地处山区，市场经济不发达，其市场观念比较淡薄，适应市场的能力也较差。三是兼业农户生产经营的组织化程度低，风险承受能力低，同时因规模小，且林地分散经营，不利于获得与保险公司平等的谈判地位，这使得兼业农户不信任保险公司和政府有关森林保险的宣传。四是追求现实的、短期的利益。因为森林生产周期都普遍比较长，在这个生产长周期中，兼业农户会面临很多他们预期不到的风险，而他们又没有能力去转移或规避风险，所以对于兼业农户而言，注重短期的现实的利益是他们最明智的选择。五是偏好追随依附。兼业农户之所以产生这种行为，既与其经营规模小、抵御风险能力弱有关，也与自身受教育水平不高，对新事物、新思想的接受趋于保守而且没有主见有关，当然还与搭便车、盲目跟随等原因有关。农户偏好追随依附行为，可能造成在一定区域内的农户投保行为的相似。兼业农户追随依附的特性也反映其较低的理性层次。

综上所述，森林保险投保主体的主要特征差异如表3-1所示。

表3-1 森林保险市场投保主体的主要特征差异

主体 项目	森林培育企业	森林培育专业户	兼业农户
森林经营规模	大	中	小
生产要素（资本、技术等）集中度	高	中	低
经营管理能力	强	一般	差
生产经营强度	集约经营	集约经营	粗放经营
对森林培育收益的依赖程度	高	较高	低
理性程度	理性	较理性	有限理性
风险态度	风险厌恶	较风险厌恶	风险偏好
是否雇佣劳动力	全员雇佣	偶尔雇佣	不雇佣

第三节 森林保险市场投保主体的特征差异对森林保险投保行为的影响

不同的投保主体，其主体特征也不同。这些特征差异对投保主体的投保行为有很大的影响，决定了其在森林保险投保上的决策原则及其相应的投保行为。

由于兼业农户经营实力弱、规模小,主要收入并非林业收入,对森林培育所取得的收益依赖程度低,同时各种生产要素集中度低,对森林培育实行粗放经营,森林培育的劳动生产率和商品生产率均较低,因此,他们对森林保险的兴趣不大,投保意愿不强,甚至会把森林保险误解为增加其经济负担。相反,他们会在生产经营过程中采取有利于规避风险的经营措施,形成其独特的风险管理策略,它对森林保险有替代作用。由于有林业生产的经验,兼业农户与森林培育企业和森林培育专业户相比,更倾向于拒绝种植新技术。兼业农户对采用新技术的谨慎和保守实际上就是对森林保险的回避。当出现森林风险造成一定损失后,兼业农户往往会先通过亲朋好友的相互援助和救济、变卖固定资产等措施,而不是考虑通过森林保险来规避和分散风险。同时兼业农户文化程度低,决策的理性程度低,接受新事物的能力也较差,喜欢追随,盲目跟风。森林保险政策一旦引导不好,或存在引导失误,则会导致所有的兼业农户均放弃森林保险投保,但如果所采取的森林保险政策有效率,则会出现大家均投保的良好局面。[①]

由于森林培育企业和森林培育专业户经营面积大,且林木收入占其总收入的比重大,因此其对从森林培育中所获得的收入依赖程度高。虽然其经营管理能力与兼业农户相比强很多,所掌握的生产要素也更加集中,经营强度也较大,但如前所述,森林培育企业和森林培育专业户所面临的风险种类比兼业农户所面临的风险种类多,所以其对森林所遭遇的风险较为谨慎,风险态度倾向于风险厌恶,而且对森林保险的支付能力较强,也有较强的支付意愿。因此,森林培育企业和森林培育专业户对森林进行投保的积极性较高。

---

① 关于兼业农户有限理性的学习和策略调整动态机理,可以参考本书第八章的"基于生物进化复制动态机制的森林保险投保行为博弈分析"内容。

第四节 小结

根据不同森林培育主体的经营规模差异、不同主体对森林培育收益的依赖程度差异、不同主体的经营管理能力和经营强度差异以及不同主体的理性程度差异,将森林保险的投保主体划分为森林培育企业、森林培育专业户和兼业农户三类。其主要特征差异,对森林保险的投保行为有很大的影响。这为我们进行森林保险投保行为的深入研究提供了一个新的思路和分析框架。有关森林保险投保主体的风险态度、购买意愿、支付意愿、理性程度以及在信息不对称条件下的森林保险投保行为的研究,均可以从森林培育企业、森林培育专业户和兼业农户这三类主体着手分开进行。

第四章

森林经营主体的风险态度及其测定

第一节 风险态度因子的引入

1944 年 Von Neumann 和 Morgenstern 提出期望效用函数，即 VNM 函数，并将风险态度分为风险厌恶、风险中性和风险偏好三类。David Hillson 和 Ruth Murray-Webster（2005）认为风险态度是一种对不确定性影响因子的心智状态或回应方式。持风险厌恶态度的人对利益反应比较迟钝，而对损失比较敏感；持风险中性态度的人，对风险不注意，完全按照期望值的高低来选择自己的行动方案；而持有风险偏好态度的人则对损失反应比较迟钝而对利益反应比较敏感。风险态度影响着个体对风险事件的认识及其行动方案，是个体在不确定性条件下的决策的主要影响因素之一（Pratt，1964；Arrow，1971）。但期望效用理论认为一般人在面对不确定性时属于风险厌恶型，即效用函数是上凸的，效用函数 $u'(x)>0$，$u''(x)<0$，对于随机变量 x，满足如下不等式：$E[u(x)] \leq u[E(x)]$。在有关保险文献中，一般以"投保人为风险厌恶者，保险人为风险中性者"为假设前提。许多经验研究也证实了这一点，如：Roumasset（1976）认为农民是风险厌恶者，农民的经济行为遵守"安全第一的拇指规则"（Safety First Rules of Thumb）；Dillon（1978）对巴西东北部农户的风险态度进行研究发现，大部分农户均表现为风险厌恶；Eillis（1988）也以"安全第一"理论阐述农民的经济行为；尹海员、李忠民

(2011)的研究证实,我国投资者的总体风险态度是风险厌恶。

风险厌恶的假定在理论研究中确有很多方便之处,但由于决策者个人的偏好、价值观念和背景等不同,不同的决策者对于同一个风险事件具有不同的风险态度。即便是同一个人,在不同的情况下,也将有不同的风险态度。具有相同收入和财富的人,认识水平差异导致其风险态度不同,其对同样大小的风险损失的看法也会有所不同,其决策结果也就不一致。著名的"阿莱悖论"(Allais Parodox)表明个人的风险态度不是一成不变的,在期望报酬较高且稳赢的情况下,人们一般持风险厌恶态度,而在期望报酬较低而风险较大的情况下,人们愿意为获得更大的收益而承担风险。Kahneman 和 Tversky(1979)提出的前景理论表明,大多数人在面临收益时表现为风险厌恶特性,此时价值函数曲线上凸$[v''(x)<0, x>0]$,而在面临损失时表现为风险偏好特性,此时价值函数曲线为上凹$[v''(x)>0, x<0]$,人们对损失比收益更敏感。Bosch-Domenech 和 Silvestre(1999)通过实验得出结论,决策者面对不同的收益时,风险态度不同,即随着潜在收益的增加,决策者变得更加厌恶风险。许多经验研究也证实了这一点。Binswanger(1980)采用了具有真实支付的实验赌局的方法对印度农民的风险态度进行度量,发现当支付水平较低时,风险偏好、风险中性与风险厌恶均有体现;当支付水平相当于农民收入或其投资水平时,风险态度多表现为风险偏好和风险厌恶两种,而不存在风险中性;当支付水平处于很高状态时,财富与风险态度之间无显著关系。Frank Cancian(1989)研究墨西哥农民经济状况与其风险态度关系时,得出结论:富裕农民的风险态度更倾向于风险偏好,较低收入的中间阶层也倾向于风险偏好。曾郁仁等(1999)对不同风险厌恶程度的决策者在市场保险和自我保险方面的选择进行研究,发现风险态度对自我保险行为没有影响,而购买市场保险时,决策者的风险厌恶程度越高,其购买的市场保险也就越多。Guiso 和 Paiella(2004)用绝对风险厌恶度的 Arrow – Pratt 指数与不确定条件下的选择联系起来进行研究,发现个体对风险的态度差别是很大的。

森林经营者可分为森林培育企业、森林培育专业户和兼业农户三类，各类经营者基于自身个体特性和经营特性的异质性，对于同样大小的风险损失，其风险态度存在差异。在森林保险业务的推广过程中，森林经营者对于森林风险的态度对森林保险投保决策有着重大的影响。风险偏好者倾向于不购买保险，将森林经营风险自留；风险厌恶者倾向于购买保险，以规避风险；而风险中性者则对森林保险持有一种无所谓的态度，可买可不买，需要根据其他情况来做出是否购买森林保险的决定。在森林保险投保行为研究中，如果仍遵行"投保人风险厌恶，保险人风险中性"的假定，则不利于解释各种森林经营风险对森林经营者的影响程度，不利于保险公司采取有效的风险管理措施，不利于森林保险监管部门制定有效的法律法规来保障森林保险的健康稳定快速发展。因此，弄清楚各类森林经营者对森林经营风险的态度，是进一步深入了解各种森林经营风险对森林经营者的影响程度并采取有效的风险管理措施的前提保证。故引入风险态度因子，选择更加微观的视角，研究各类森林经营主体的风险态度差异对森林保险投保行为的影响，不仅可以更好地理解森林保险投保行为规律，有利于进一步探究我国森林保险自主投保率低下的原因，走出森林保险市场不断萎缩的困境，也有利于更加有效率的森林保险制度的构建和实施。

第二节 森林经营者风险态度的度量

一 风险等值法

在期望效用框架内，设置一个虚构的游戏，计算每一位受访者的 Arrow – Pratt 绝对风险规避指数[①]来精确测量受访者的风险规避程度，这

---

① 绝对风险规避指数 $r(x) = -\dfrac{u''(x)}{u'(x)}$，其中 X 为所有确定事件的后果 x 的集合，效用函数 $u(x)$ 在 X 上是单调递增的，而且存在连续的二阶导数，该公式由 Arrow（1965）和 Pratt（1964）给出。当 $r(x) > 0$ 时，效用函数在 x 点是凹的，表明当某人的财富为 x 时，他是风险厌恶者；当 $r(x) < 0$ 时，他是风险偏好者；当 $r(x) = 0$ 时，效用函数在 x 点是线性的，表明决策者是风险中性者。

是测度风险态度最常用的方法（Steven and Mohamed，1992）。现借鉴李涛、郭杰（2009）所虚构的游戏以及所推导的绝对风险规避指数来算出森林经营者的风险规避指数，进而衡量其风险态度。

游戏：

假如让您花钱玩一个游戏，让您在一个装有 100 个球（其中 50 个红球、50 个黑球）的罐子中随意取出一个球，如果它是红球，您可以获得 2500 元；如果它是黑球，您将一无所有。您最多愿意花多少钱玩这个游戏？

假设某森林经营者的财富水平为 W_i，$u_i(\cdot)$ 是森林经营者的效用函数，P_i 是森林经营者通过参与这一游戏得到的随机收益，因此 P_i 取值分别为 $(2500 - Z_i)$ 和 $-Z_i$，其中 Z_i 是受访的森林经营者对这个游戏的最高支付价格，以上两个取值的概率各为 50%。

效用等式为：

$$u_i(W_i) = 0.5 u_i(W_i + 2500 - Z_i) + 0.5 u_i(W_i - Z_i) = E(u_i(W_i + P_i)) \quad (1)$$

其中，$E(\cdot)$ 表示期望。对（1）式右边项在 W_i 处进行二阶泰勒展开，得到

$$Eu_i(W_i + P_i) \approx u_i(W_i) + u'_i(W_i) E(P_i) + 0.5 u''_i(W_i) E(P_i^2) \quad (2)$$

将（2）带入（1）后并简化，可得到

$$r_i(W_i) = -\frac{u''_i(W_i)}{u'_i(W_i)} = \frac{2E(P_i)}{E(P_i^2)} = \frac{(2500 - 2Z_i)}{(3125000 - 2500 Z_i + Z_i^2)} \quad (3)$$

李涛、郭杰（2009）认为利用这种方法度量风险态度有如下几个优点：①没有对决策者的效用函数施加任何的主观假设；②指数的取值包括了风险态度的所有情况：风险厌恶、风险中性和风险偏好。

该方法的不足之处在于游戏的虚拟支付而非真实支付，可能会高估受访者真实的风险规避程度（谢识予，2007）。同时尹海员、李忠民（2011）认为该方法存在一些缺陷，一是实验机制决定的中奖概率和奖金的大小会明显影响被试者的风险态度；二是这种方法对被试者风险态

度的衡量结果是每个中奖概率区间风险规避指标的均值，而不是精确的数值。

笔者对福建省的森林经营主体进行抽样调查，采用分层和随机相结合的调查方法，调查了 100 家森林培育企业、100 家森林培育专业户、200 家兼业农户的风险态度情况，实际取得有效样本为森林培育企业 91 家、森林培育专业户 88 家、兼业农户 188 家，调查结果如表 4-1 所示。

表 4-1　森林经营者风险规避指数

经营主体	有效样本数（家）	平均花费（元）	风险规避指数 $r_i(W_i)$
森林培育企业	91	48	0.0008
森林培育专业户	88	45	0.0008
兼业农户	188	45	0.0008

资料来源：笔者调查所得。

依据表 4-1 数据，森林培育企业、森林培育专业户、兼业农户的风险规避程度几乎相近，其风险规避指数均为 0.0008，依据 Arrow（1965）和 Pratt（1964）的绝对风险规避指数的标准，森林培育企业、森林培育专业户和兼业农户均属于风险厌恶型，在该游戏上的花费也相差无几。这说明，用风险等值法无法区分森林培育企业、森林培育专业户和兼业农户之间的风险态度差异。其中的可能原因为：调查中，大部分人认为该游戏是一场赌博，而且言语中表现出对赌博的反感情绪，因此玩该游戏的意愿自然也就低，支付意愿也就相应降低，也就无法区分三类经营主体之间风险态度的差异。

二　李克特量表法

通过设计调查问卷，让受访的森林经营者对自己的风险态度进行主观的评价和描述。一般采用李克特量表（Likert Scale）来测定受访森林经营者的风险态度。每个项目都采取李克特 5 点量表，分别赋予 1~5 分，"不同意"赋值 1 分，"有点不同意"赋值 2 分，"一般"赋值 3

分,"有点同意"赋值4分,"同意"赋值5分。在表4-2中,项目1和2属于正向陈述,从"不同意"到"同意"分别赋值1、2、3、4、5分,项目3、4、5则属于反向陈述,从"不同意"到"同意"分别赋值5、4、3、2、1分。每个受访者的态度总分,就是根据他对各个项目的回答所得的分数来计算代数和 $\sum_{i=1}^{5} S_i$,其中 $i=1, 2, \cdots, 5$。这一总分可以说明受访者的态度强弱,分值越大,表示越倾向于风险偏好;分值越小,越倾向于风险厌恶。最高分25分(5×5)即完全风险偏好,最低分5分(5×1)即完全风险厌恶。

表4-2 森林经营者风险态度的测量项目

项目编号	测量项目	赋值
1	我对新生事物充满好奇,想尝试	1为不同意;2为有点不同意;3为一般;4为有点同意;5为同意。
2	为了成功,我愿赌上一把	1为不同意;2为有点不同意;3为一般;4为有点同意;5为同意。
3	他人采用新树种、新种植技术成功后,我才会采用	5为不同意;4为有点不同意;3为一般;2为有点同意;1为同意。
4	为了保证森林资产安全,我会积极采取各种防范措施	5为不同意;4为有点不同意;3为一般;2为有点同意;1为同意。
5	面临森林经营决策时,我会慎重,会再三考虑清楚	5为不同意;4为有点不同意;3为一般;2为有点同意;1为同意。

李克特量表法可以大致上区分个体间的态度,但相同态度得分者具有不同的态度形态,它无法进一步描述受访者的风险态度的内在差异。

通过设计上述5个问题,对福建省的森林经营主体100家森林培育企业、100家森林培育专业户、200家兼业农户进行调查,实际取得有效样本为森林培育企业91家、森林培育专业户88家、兼业农户188家,调查结果如表4-3所示。

表 4-3　森林经营者风险态度调查问卷测度表

经营主体	有效样本数（家）	总得分（分）	平均得分（分）
森林培育企业	91	1015	11.1539
森林培育专业户	88	1048	11.9091
兼业农户	188	3624	19.2766

资料来源：笔者调查所得。

表 4-3 表明，森林培育企业、森林培育专业户均表现为风险厌恶，但森林培育企业的厌恶程度大于森林培育专业户的厌恶程度。而兼业农户则表现为风险偏好。

三　经济学实验

谢识予（2007）等认为经济学实验是度量经济主体风险态度的最有效的方法。虽然真实的货币支付更能准确地测定受访者的风险态度，但受成本约束等因素影响，真实货币支付较难获得大样本数据，应用范围受到限制。Binswanger（1980）、肖芸茹（2000）就利用虚拟货币支付下的经济学实验对风险态度进行度量。参照 Binswanger（1980）、肖芸茹（2000）的实验方法对受访的森林经营者进行风险态度测定，同时加大实验中财富的数量级别，来提高受访者的绝对风险度。

接受调查的每一个森林经营者均参加一次实验，即扔一枚硬币（只扔一次），若出现正面，则得到 $x_j(1)$ 元，若出现反面，则得到 $x_j(2)$ 元，每个受访的森林经营者从表 4-4 中的 6 个选择项中选定一种，这里 $j=1,2,\cdots,6$。

表 4-4　森林经营者风险态度经济学实验选项表[①]

选择项	出现正面，得 $x_j(1)$ 元	出现反面，得 $x_j(2)$ 元
A	500	500
B	450	950

[①] 该表参照肖芸茹（2000）一文，但为了更好地度量被试者的风险态度，将获得的金额放大 10 倍。

续表

选择项	出现正面，得 $x_j(1)$ 元	出现反面，得 $x_j(2)$ 元
C	400	1200
D	300	1500
E	100	1900
F	0	2000

根据肖芸茹（2000）的实验方法，运用变量 Z 来度量每个受访者的风险态度，其中 $Z = \dfrac{\Delta E}{\Delta S_E}$，$\Delta E$ 是均值 $E = \dfrac{1}{2}[x_j(1) + x_j(2)]$（$j = 1, 2, \cdots, 6$）的增量；$\Delta S_E$ 是标准差 σ 的增量，而 $\sigma = \sqrt{\dfrac{1}{2}[(x_j(1) - \bar{x})^2 + (x_j(2) - \bar{x})^2]}$

由此可以算出每个选项所代表的风险态度等级，如表 4-5 所示。

表 4-5 森林经营者风险态度等级表

选择项	出现正面，得 $x_j(1)$ 元	出现反面，得 $x_j(2)$ 元	均值 E	标准差 σ	ΔE	ΔS_E	Z	风险态度等级
A	500	500	500	0			1.0	极端厌恶风险
B	450	950	700	250	200	250	0.8	非常厌恶风险
C	400	1200	800	400	100	150	0.67	中等风险厌恶
D	300	1500	900	600	100	200	0.50	轻微风险厌恶
E	100	1900	1000	900	100	300	0.33	中性风险态度
F	0	2000	1000	1000	0	100	0.00	爱好风险

从表 4-5 数据中可以看出，选项 A~F 财富均值的等级依次增加，同时标准差也越来越大，说明选项 A~F 所传递的风险也越来越大。

笔者通过抛硬币的虚拟货币支付经济学实验，对福建省的森林经营主体 100 家森林培育企业、100 家森林培育专业户、200 家兼业农户进行调查，实际取得有效样本为森林培育企业 91 家、森林培育专业户 88 家、兼业农户 188 家，调查结果如表 4-6 所示。

表 4-6　森林经营者风险态度经济学实验测算表

经营主体	变量	选项 A	选项 B	选项 C	选项 D	选项 E	选项 F	汇总
森林培育企业	选择人数（人）	33	40	5	2	5	6	91
	所占比率（%）	36.26	43.96	5.49	2.20	5.49	6.59	100.00
森林培育专业户	选择人数（人）	31	34	10	1	6	6	88
	所占比率（%）	35.23	38.64	11.36	1.14	6.82	6.82	100.00
兼业农户	选择人数（人）	5	9	22	3	98	51	188
	所占比率（%）	2.66	4.79	11.70	1.60	52.13	27.13	100.00

资料来源：笔者调查所得。

表 4-6 表明，森林培育企业选择 A、B 选项的比例为 80.22%，选择 C、D 选项的比例为 7.69%，选择 E、F 选项的比例为 12.08%。这表明大部分森林培育企业的风险态度属于风险厌恶。森林培育专业户选择 A、B 选项的比例为 73.87%，选择 C、D 选项的比例为 12.50%，选择 E、F 选项的比例为 13.64%，它同样表明大部分森林培育专业户的风险态度属于风险厌恶，但其厌恶程度要低于森林培育企业。兼业农户选择 A、B 选项的比例为 7.45%，选择 C、D 选项的比例为 13.30%，而选择 E、F 选项的比例为 79.26%。这表明，大部分兼业农户的风险态度属于风险偏好。

以上三种关于风险态度的度量方法，除了风险等值法无法区分三类森林经营主体风险态度的差异外，李克特量表法和经济学实验均表明森林培育企业和森林培育专业户的风险态度属于风险厌恶，但企业的厌恶程度大于专业户，而兼业农户的风险态度则属于风险偏好。

第三节　森林经营者风险态度影响因素理论分析

既然各类森林经营者的风险态度对森林保险投保行为有重要的影响，那么风险态度本身受哪些因素影响呢？由于各类森林经营者的社会经济特性、林业生产特性等有所不同，因此，将森林培育企业风险态度的影响因素与森林培育专业户、兼业农户的风险态度影响因素分开进行分析。

一 森林培育企业风险态度的影响因素

1. 企业决策者的个体特性

它包括决策者的性别、年龄、受教育程度、林业生产经营年限等。

(1) 性别。Eckel 和 Grossman (2002) 研究发现，在面临不确定性选择时，女性比男性具有更强的风险规避动机：女性选择低风险的被试选项的概率是男性的 4 倍，而选择高风险的被试选项的概率仅为男性的 1/3。当然也有不同的结论，Binswanger (1980) 认为，如果对教育年限等变量进行相应调整后，女性并不一定比男性更加不愿意承担风险。

(2) 年龄。企业决策者的年龄对风险态度的影响是双向的。企业决策者的年龄对森林保险的正面影响为：一般来说，如果企业决策者的年龄越大，其将更加全面且深刻地认识森林经营风险及其所造成的后果，则其通过森林保险来规避风险的主动性也就更高，此时对森林风险的态度趋向于厌恶。企业决策者的年龄对森林保险的负面影响表现为：年长的决策者可能比年轻的决策者更厌恶森林风险，因为年龄较小的决策者接受新事物的能力强，不拘泥于固有思维，更有可能接受森林保险，而年龄较大的经营主体思想比较保守，不容易接受新事物，对森林保险比较排斥。因此，年龄是影响风险态度的一个重要因素，但影响的方向和程度取决于正反两方面的作用力的大小。

(3) 受教育程度。一般来说，接受教育水平越高，处理问题的能力就越强，也就越容易了解森林经营活动过程中所出现的风险，对森林保险也就越容易理解和接受，因此对森林保险的需求程度也就越高。同时，所接受的教育水平越高，其风险意识水平也就越高，对森林保险的认识会更趋向于理性和正确，对森林保险的风险规避作用认识更深刻，更加愿意通过购买森林保险来规避风险。相反，如果经营主体受教育水平较低，对森林经营风险的认识也有限，不理解森林保险的作用，对森林保险往往存在误解或理解偏差，把森林保险的保费支出看成负担的增加，这必然影响其对森林保险的投保热情，从而选择风险自留。因此，受教育水平越高，越趋向于风险厌恶，反之；越趋向于风险偏好。

（4）林业生产经营年限。企业从事森林经营活动的年限对风险态度有重大的影响。一般来说，林业生产经营年限的长短决定了企业林业生产经验的丰富程度。从事森林经营活动的时间越长，种植经验也就越丰富，也比较相信自己的经验和能力，更有可能不选择森林保险规避风险，而是选择风险自留。从事森林培育事业年限较短，缺乏相应的种植经验来规避森林经营风险的企业，更有可能选择森林保险，期望通过参加森林保险实现风险规避的积极性就越高。因此，年限越长，越趋向于风险偏好；反之，越趋向于风险厌恶。

2. 企业的林业生产规模

它包括森林种植规模与年产值、林业收入占总收入的比重、员工数量与生产技术人员数量等。

（1）森林种植规模与年产值。森林种植规模与年产值与森林经营者的风险态度一般是呈反方向的关系，即经营主体所拥有的森林面积越大，产值越高，就越倾向于风险厌恶，从而选择森林保险；反之，拥有森林面积越小，产值越低，就越倾向于风险偏好，倾向于拒绝森林保险，选择风险自留。

（2）林业收入占总收入的比重对其风险态度有重大影响。当林业收入占总收入的比重小，即森林培育企业的林业收入并不是其主要收入来源时，它对森林收益的依赖程度很低，基本上不存在对森林保险的需求，此时对森林风险的态度倾向于风险偏好。但当林业收入占总收入比重较大时，即林业收入成为企业的主要收入来源时，森林经营者会通过购买森林保险避免其经营收入的大幅度波动，此时森林保险对其收入的稳定作用也较大，企业的预期收入将得到稳定，这在一定程度上影响森林经营者对森林风险的态度，刺激其对森林保险投保。

（3）职工数量与生产技术人员数量，也与森林培育企业的风险态度呈一定关系。企业员工越多，意味着企业各项开支也就越大，负担也越重。此时，企业不希望经营收入因森林经营风险而大幅度波动，因此其对森林风险的态度趋向于厌恶。企业生产技术人员越多，意味着企业的种植技术和防灾减灾的能力较强，通过一定的种植品种的改善和种植技术的运用从而规避风险，因此，企业的生产技术人员的数量与其对森林风险的态度呈反向关系，技术人员越多，越趋向于风险偏好；技术人员越少，越趋向于风险厌恶。

3. 企业的所有制性质

森林培育企业的所有制性质将影响企业对森林风险的态度。国有、集体等公有制森林培育企业，因产权属性为公有，对森林保险的偏好程度较高；非公有制企业，因产权属性为非公，对森林风险趋向于偏好。

4. 对森林保险的了解程度

对森林保险的了解程度将影响企业对森林风险的态度，企业在森林经营活动过程中，要面对各种各样的风险，其希望对森林经营风险进行有效管理，但由于没有关于森林保险的足够资讯，缺乏对森林保险的必要了解，所以不会轻易选择森林保险进行风险的分散，此时对森林风险的态度趋向于风险偏好。但如果对森林保险有足够的了解和认识，其对森林风险的态度趋向于风险厌恶。

5. 以往受灾的状况及受灾程度

Thaler 和 Johnson（1990）认为人们在进行决策时，先前的收益会增加个体随后的冒险行为，而先前的损失会减少个体的冒险行为，除非冒险后的结果能够弥补以前的损失。因此，以往受灾情况和受灾程度对其风险态度有很大的影响，如果以往受灾概率高，受灾严重，损失比较大，则参加森林保险以规避风险的可能性就大，对森林风险的态度倾向于厌恶，正所谓"一朝被蛇咬，十年怕井绳"。如果在其经营历史上没有遭受大的风险，损失也很小，则因为参加森林保险的预期收益成本比不高而倾向于不购买森林保险，可能导致其抱有侥幸的心理，对森林风险持偏好的态度。

6. 其他风险分散机制的替代作用

第一，寻求非林业收入的机会大小、互助程度、精心种植与科学经营管理办法的采用等都一定程度上可以替代对森林保险的风险分散作用，会在一定程度上降低经营者对森林保险的偏好程度。第二，政府的灾害救济。灾害救济是企业在遭受灾害损失时，政府提供的一种事后补救方式，由政府免费发放。得到的政府救济越多，企业参与森林保险的积极性就越低，因为政府救济在一定程度上起着转嫁风险、弥补灾害损失的作用。反之，如果政府的救济程度低，企业就会寻找其他方面的保障，如多品种经营、寻求非林业收入、自身承担风险或者购买森林保险。因此，降低政府的救济程度，可能会提高森林经营者对森林保险的参保率，提升对森林保险的偏好程度。第三，国家的财税补贴扶持政策。政府的财税补贴扶持政策会在一定程度上改变森林经营者对待森林风险的态度。如果政府对森林保险提供财税补贴优惠政策，将使得森林经营者对森林保险的偏好增强，但如果政府不提供优惠的财税补贴政策，森林经营者将承担购买森林保险的全部成本，从而降低森林经营者对森林保险的偏好程度。

二 森林培育专业户、兼业农户风险态度的影响因素

1. 个体特性

它包括性别、年龄、受教育程度等。与森林培育企业风险态度所面临的影响因素一样，性别、年龄、受教育程度等个体特性均对森林培育专业户、兼业农户的风险态度有重要影响。

（1）一般来说，在森林保险选择上，女性比男性有更强的偏好，因为女性的风险厌恶程度比男性高。但 Binswanger（1980）认为，如果对教育年限等变量进行调整，女性比男性更加不愿意承担风险的假定便不再成立。因为受教育水平越高，对森林保险越容易理解和接受，其风险意识水平也就越高，对森林保险的认识会更趋向于理性，风险态度越趋向于风险厌恶；相反，如果受教育水平较低，越趋向于风险偏好，选择自身承担森林风险。

（2）年龄对森林培育专业户、兼业农户风险态度的影响是个双向因素。一般来说，年龄越大，对森林风险及其造成的后果会认识得更加全面和深刻，通过森林保险来规避风险的主动性也就更高。同时，年龄大的经营主体，一般也拥有较多的货币积累，拥有较强的投保能力，这对森林保险的投保会产生正面的影响，对森林风险的态度也将趋向于厌恶。另外，年长的经营者可能比年轻的经营者更厌恶森林风险，因为年龄较小的经营主体，接受新事物的能力强，不拘泥于固有思维，更有可

能接受森林保险，而年龄较大的经营主体较保守，对森林保险也较排斥，对森林风险的态度趋向于偏好。森林保险从1984年开始在广西灵川县试点以来，由于各种各样的原因，一直都没有在我国普遍开展，而且森林保险的宣传力度和覆盖面较小，因此，很多森林经营者对森林保险仍然不熟悉、不了解。对年龄较大的森林经营者而言，森林保险仍属于"新生事物"，他们不会轻易接受。而且，森林经营主体的年龄越大，其社会关系网也越紧密，遭遇森林风险后，除森林保险外，其能支配更多资源来规避风险。所以，年龄是影响风险态度的一个重要因素，但影响的方向和程度取决于正反两方面作用力的大小。

2. 森林经营主体的家庭特性

它包括森林经营主体家庭收入水平及林业收入占比、家庭人口规模及所需负担的老人和学生数等。

(1) 家庭收入水平及林业收入占比。一般而言，家庭年度总收入越高，其森林保险的支付能力也越高，保险需求也越强，越有可能购买森林保险，此时其对森林风险的态度趋向于风险厌恶；反之，家庭年度总收入低，其森林保险购买能力低，购买意愿也就低，投保的可能性就小，其风险态度趋向于风险偏好。小哈罗德·斯凯博等（1999）根据Grace和Skippr的研究表明，虽然不存在国际范围内的保险收入弹性，但发展中国家和发达国家的保险收入弹性分别为1.14和1.75，均超过1。这表明收入水平的提高使人们对风险的态度趋向于厌恶，引起保险需求更快的增长。但张跃华、顾海英、史清华等（2005）对农户的保险需求和农户的财富存量之间的关系进行研究，得出结论：当收入水平初始值低的时候，收入水平与保险需求成正比关系成立，但是当财富的存量超过一定点的时候，对于农户来说，由于其自保能力越来越强，因而更趋向于自保，风险规避程度逐渐减弱，保险的需求是呈下降趋势的，此时风险态度趋向于风险偏好。因此，收入水平对森林经营者的风险态度会产生正反两方面的影响：一方面，收入水平越高，森林经营者对森林保险的费用的承受能力越强，风险厌恶程度越强烈，越愿意购买森林保险，产生正向的影响；另一方面，当收入水平超过某一定点时，森林经营者的自保能力越来越强，风险厌恶程度逐渐减弱从而购买森林保险的意愿减弱，选择风险自留的可能性增大，对森林风险的态度产生了负面的影响。因此，经营主体的收入绝对水平是影响风险态度的一个重要因素，但收入水平对风险态度的影响，还需看林业收入占经营主体总收入的比重大小，即收入结构，它对森林经营者风险态度同样有重大影响。当森林经营者的林业收入占其总收入的比重小时，森林收益不是其生活的主要来源，森林经营者对森林收益的依赖程度很低，基本上不存在对森林保险的需求，此时对森林风险的态度趋向于风险偏好。但当林业收入占总收入的比重较大时，森林收益成为森林经营者的主要生活来源，森林经营者更关心的是森林保险对其收入的保障功能，将进一步提高其对森林经营风险的厌恶程度，从而提升其对森林保险投保的可能性。

（2）家庭人口规模的大小对森林经营主体风险态度存在正反两方面影响。一方面，家庭人口多意味着拥有更多的劳动力、更多的收入以及更多的风险规避渠道和手段，对森林风险更多的是选择自留风险，从而影响森林经营主体参与森林保险的积极性，使得其对森林风险的态度趋向于风险偏好。另一方面，大家庭意味着需要供养更多的人口、更大的开支，家庭负担增加，导致森林经营者对森林风险会更加谨慎，对森林风险的态度也会趋向于风险厌恶。

（3）家庭需要负担的老人和学生数越多，经济负担越大，其风险态度越趋向于风险厌恶；反之，趋向于风险偏好。

3. 林业生产特性

它包括种植面积、劳动力人数以及从事森林经营活动的年限等。一般来说，种植面积大小、劳动力人数多少均与森林培育专业户、兼业农户的风险态度呈正向关系。而从事森林经营活动的年限越长，森林经营主体风险态度越趋向于风险偏好；从事森林经营活动的年限越短，其风险态度越趋向于风险厌恶。

4. 社会特性

它包括森林经营主体周围相关群体对森林风险、森林保险的态度及其投保情况和其所处的社会地位。

(1) 森林经营主体周围相关群体对森林风险、森林保险的态度及其投保情况。森林经营者各自对森林风险及森林保险的态度相互影响，这是由于大多数森林经营者都一定程度上有随波逐流的小农思想。如果其中的一部分经营主体对森林风险持厌恶态度，也会加重其余部分经营主体的风险厌恶倾向；相反，如果一部分经营主体对森林风险趋向于偏好，并强烈抵制森林保险，同时还劝阻本来有意向参加森林保险的经营主体，那么这部分森林经营主体的风险态度就会受到这些群体的影响。

(2) 森林经营主体所处的社会地位。森林经营主体的社会地位不同，其对待森林风险的态度也可能存在差异。村干部（包括现任或曾任）与一般农户相比，社会地位相对较高，支配各种资源和关系的能力相对较强。在面临相同程度的森林风险情况下，村干部可能更容易通过自身相对较高的社会地位来规避风险，而不是选择森林保险，此时其风险态度趋向于风险偏好。但如果村干部的政治觉悟较高，有时需要在森林保险宣传中做榜样、当表率，此时村干部选择森林保险的可能性就大增。因此，是否曾经担任过村干部，影响着森林经营主体的风险态度，影响的程度和方向取决于正反两方面作用力的大小。

5. 经营主体对森林保险的了解程度、以往受灾的状况及受灾程度、其他风险分散机制的替代作用

这些因素对森林培育专业户、兼业农户的影响与对森林培育企业的影响相似。

第四节　基于 Logit 模型的森林培育企业风险态度影响因素经验分析——以福建省为例

一　数据来源与问卷设计

本研究的调查对象为福建省的国有林场、集体林场、私人林场及股份制、合作制森林培育企业等，采取分层抽样和随机抽样相结合的方法选取调查对象，通过面对面问卷调查、电子邮件问卷调查等方式获得有关森林培育企业对待森林风险态度的数据。本次调查共发放调查问卷100份，收回问卷93份，有效问卷达到91份，具体情况见表4-7。

表4-7 森林培育企业问卷发放及回收情况

调查方式	发放数量（份）	回收数量（份）	回收率（%）	有效数量（份）	有效率（%）
面对面访谈	50	50	100	50	100
电子邮件	50	43	86	41	82
合计	100	93	93	91	91

资料来源：笔者调查所得。

调查问卷分为两个部分，第一部分为森林培育企业的基本资料，包括种植规模、企业生产经营年限、林业收入占总收入的比重以及决策者的年龄、性别等。第二部分包括虚构的一个游戏、虚拟货币支付的实验以及用以反映森林培育企业决策人风险态度的若干问题回答，具体见附录1。问卷的第一部分用以反映各因素对森林培育企业风险态度的影响，第二部分用以测定森林培育企业的风险态度。

二 变量的选取、定义与赋值

依据森林培育企业风险态度影响因素理论分析，选取风险态度作为被解释变量，将森林培育企业的风险态度分为风险偏好、风险中性和风险厌恶三类，厌恶程度越高，对其赋值越大。由于森林培育企业决策者对森林风险的态度在很大程度上就代表着这个企业的风险态度，所以将森林经营决策者的年龄、性别、文化程度以及对森林保险的了解程度也作为影响森林培育企业风险态度的影响因子。但由于在所调查的有效样本中，所有企业决策人均为男性，无法通过性别差异分析其风险态度差异，因此，性别因子在这里不作为解释变量。企业林业生产经营年限作为解释变量，在调查问卷中，根据企业成立时间长短来推算林业生产经营年限比较合理，也更方便、更准确。产值作为解释变量，由于涉及隐私，在调查问卷中，为了使问卷更为真实可信，采用匿名调查方式，尽量避开受访者的隐私，因此，只用林业收入占总收入的比重这一指标来衡量风险态度与收入水平之间的关系。考虑到企业所有制不同对风险态度的影响，在分析中，增加所有制性质这个解释变量。其余解释变量还有职工人数、生产技术人员人数、种植规模、近2年森林受灾严重与否等。由调查反馈情况可知，政府对森林遭受灾害没有给予一定的补助，政府只对林区受灾居民进行救助，如棚户区改造、职工生活设施损坏补助等，并不涉及对林木受损及林业生产经营的补助，因此，将不考虑政府受灾补助作为解释变量。对被解释变量和解释变量的定义与赋值见表4-8。

表4-8 森林培育企业风险态度影响因素分析的变量说明

变量	名称	变量类型	变量定义与赋值	预期影响[①]
被解释变量	风险态度（RA_E[②]）	分类	风险偏好=1；风险中性=2；风险厌恶=3	
解释变量	年龄（$X1$）[③]	定序	30岁以下=1；30~40岁=2；40~50岁=3；50岁以上=4	?
	文化程度（$X2$）	定序	小学及小学以下=1；初中=2；高中=3；大学以上=4	+
	种植规模（$X3$）	定序	5000亩以下=1；5000~10000亩=2；10000亩以上=3	+
	林业生产经营年限（$X4$）	定序	3年以内=1；3~5年=2；5~10年=3；10年以上=4	-
	所有制性质（$X5$）[④]	分类	国有=1；集体=2；股份合作制=3；私有=4	
	林业收入占总收入比重（$X6$）	定序	30%以下=1；30%~60%=2；60%~80%=3；80%以上=4	+
	是否了解森林保险（$X7$）	分类	不知道=1；知道，但不了解=2；比较了解=3；非常清楚=4	+
	近2年遭受森林风险严重与否（$X8$）[⑤]	分类	严重=1；不严重=2	-
	职工人数（$X9$）	数值	依调查所得数据	+
	生产技术人员人数（$X10$）	数值	依调查所得数据	+

注：① 预期影响符号中"正号（+）"表示正相关，"负号（-）"表示负相关，"问号（?）"表示不清楚，预期作用方向待定。
② 这里的RA_E，即森林培育企业的风险态度（Risk Attitude of Enterprise of Forestry Cultivation）。
③ 这里的年龄是指森林培育企业负责人的年龄。下面文化程度也是针对森林培育企业负责人的情况填写。

续表

④ 股份合作制：包括股份制林场和合作制林场。由于这两类林场数量少，为了调查和分析的方便，将它们合并在一起分析。

⑤ 损失以年度收入的 10% 为界，如果超过年度收入 10%，则属于损失严重；如果低于年度收入 10%，则属于不严重。

这里必须要注意的是，"职工人数"与"生产技术人员人数"这两个变量在调查问卷中没有特别注明，导致各受访对象对这两个变量的理解存在差异。"职工人数"，有的理解为有正式编制的，有的理解为还应包括编制外的临时工和临时聘用人员。对于"生产技术人员人数"有的理解为有种植技术的，有的理解为有职称的，有的认为凡是懂造林的均为技术人员，而有的认为护林员也应纳入生产技术人员。所以调查所得"职工人数"与"生产技术人员人数"两个变量的数据，因其统计口径不一，数据无法真正反映森林培育企业的真实情况。同时，因"职工人数"与"生产技术人员人数"这两个变量与"种植规模"高度相关，因此，在此放弃"职工人数"与"生产技术人员人数"两个变量作为风险态度的解释变量不影响分析结果。

三 模型的选择与设定

风险态度作为被解释变量有三种选择，即风险偏好、风险中性、风险厌恶，系离散的非连续变量，且解释变量也有离散型分类变量、离散型定序变量、连续性数值三类，不能用经典的回归方程模型，而应将其转化为效用模型进行评估。因被解释变量取值有多个，所以比较适合用三分类 Logit 模型对其进行分析，该模型是研究定性变量和影响因素关系的有效模型之一。

被解释变量风险态度 RA_E 有三个类别，分别为 $RA_E = 1$、$RA_E = 2$、$RA_E = 3$，以最后一个类别为参考类别，即以 $RA_E = 3$ 为参考类别，[①] 其他类别均与参考类别相比较，形成两个非冗余的 Logit 变换模型，如：

---

① 在多分类 Logit 回归模型分析中，SPSS 软件默认以组序最大的组（"最后"）作为参考类别，而在二分类 Logit 模型分析中则相反。

$$\ln\frac{P(RA_E = i)}{P(RA_E = 3)} = \alpha_{io} + \sum_{j}^{8}\beta_{ij} \cdot X_{ij}, \text{其中} i = 1, 2$$

四 描述性统计分析

表4-9 森林培育企业风险态度变量描述性统计结果1

变量及其选项	风险态度	风险偏好 频数	百分比（%）	风险中性 频数	百分比（%）	风险厌恶 频数	百分比（%）
年龄 (X1)	30岁以下	2	2.20	0	0.00	0	0.00
	30~40岁	7	7.69	5	5.49	1	1.10
	40~50岁	2	2.20	1	1.10	52	57.14
	50岁以上	0	0.00	1	1.10	20	21.98
文化程度 (X2)	小学及小学以下	0	0.00	0	0.00	0	0.00
	初中	1	1.10	0	0.00	0	0.00
	高中	8	8.79	2	2.20	9	9.89
	大学以上	2	2.20	5	5.49	64	70.33
种植规模 (X3)	5000亩以下	0	0.00	0	0.00	0	0.00
	5000~10000亩	6	6.59	0	0.00	0	0.00
	10000亩以上	5	5.49	7	7.69	73	80.22
林业生产经营年限 (X4)	3年以内	0	0.00	0	0.00	0	0.00
	3~5年	0	0.00	0	0.00	0	0.00
	5~10年	2	2.20	0	0.00	2	2.20
	10年以上	9	9.89	7	7.69	71	78.02
所有制性质 (X5)	国有	3	3.30	6	6.59	60	65.93
	集体	1	1.10	1	1.10	11	12.09
	股份合作制	0	0.00	0	0.00	1	1.10
	私人	7	7.69	0	0.00	1	1.10
林业收入占总收入比重 (X6)	30以下	0	0.00	0	0.00	0	0.00
	30~60	1	1.10	0	0.00	0	0.00
	60~80	2	2.20	0	0.00	2	2.20
	80以上	8	8.79	7	7.69	71	78.02
是否了解森林保险 (X7)	不知道	9	9.89	0	0.00	1	1.10
	知道，但不了解	2	2.20	5	5.49	3	3.30
	比较了解	0	0.00	2	2.20	31	34.07
	非常清楚	0	0.00	0	0.00	38	41.76

续表

变量及其选项	风险态度	风险偏好		风险中性		风险厌恶	
		频数	百分比（%）	频数	百分比（%）	频数	百分比（%）
近2年遭受森林风险严重与否（X8）	严重	1	1.10	1	1.10	16	17.58
	不严重	10	10.99	6	6.59	57	62.64

资料来源：笔者调查所得。

表4-10　森林培育企业风险态度变量描述性统计结果2

变量	名称	极小值	极大值	均值	标准差
被解释变量	风险态度（RA_E）	1	3	2.68	.681
解释变量	年龄（X1）	1	4	3.04	.682
	文化程度（X2）	2	4	3.77	.449
	种植规模（X3）	2	3	2.93	.250
	林业生产经营年限（X4）	3	4	3.96	.206
	所有制性质（X5）	1	4	1.43	.896
	林业收入占总收入比重（X6）	2	4	3.93	.291
	是否了解森林保险（X7）	1	4	3.09	.985
	近2年遭受森林风险严重与否（X8）	1	2	1.80	.401

资料来源：笔者调查所得。

五　Logit模型分析与解释

将上述8个解释变量，运用SPSS V.17汉化版软件对被解释变量风险态度进行三分类的Logit回归分析，运行结果如表4-11所示。

表4-11　森林培育企业风险态度Logit回归分析结果1

	风险态度（RA_E^a）	B	标准误	Wald	df.	显著水平	Exp（B）	Exp（B）的置信区间95%	
								下限	上限
1	截距	192.288	3404.542	.003	1	.955			
	年龄（X1）	-3.586	1.771	4.099	1	.043	.028	.001	.892
	文化程度（X2）	-6.876	2.676	6.600	1	.010	.001	5.444E-6	.196
	种植规模（X3）	-21.427	599.653	.001	1	.971	4.945E-10	.000	b
	林业生产经营年限（X4）	-10.163	340.070	.001	1	.976	3.857E-5	1.314E-294	1.133E285

续表

风险态度（$RA_E{}^a$）		B	标准误	Wald	df.	显著水平	Exp（B）	Exp（B）的置信区间95%	
								下限	上限
1	所有制性质（X5）	-4.993	2.525	3.910	1	.048	.007	4.812E-5	.957
	林业收入占总收入比重（X6）	-12.265	636.532	.000	1	.985	4.713E-6	.000	b
	是否了解森林保险（X7）	-7.034	2.949	5.689	1	.017	.001	2.722E-6	.285
	近2年遭受森林风险严重与否（X8）	7.947	118.026	.005	1	.946	2828.289	9.718E-98	8.232E103
2	截距	17.239	3133.822	.000	1	.996			
	年龄（X1）	-5.206	2.061	6.381	1	.012	.005	9.659E-5	.311
	文化程度（X2）	-8.664	3.475	6.216	1	.013	.000	1.904E-7	.157
	种植规模（X3）	-4.623	.000		1		.010	.010	.010
	林业生产经营年限（X4）	6.114	423.962	.000	1	.988	451.978	.000	b
	所有制性质（X5）	-6.313	2.635	5.740	1	.017	.002	1.035E-5	.317
	林业收入占总收入比重（X6）	6.997	658.785	.000	1	.992	1093.322	.000	b
	是否了解森林保险（X7）	-1.384	1.053	1.729	1	.189	.250	.032	1.972
	近2年遭受森林风险严重与否（X8）	.325	1.751	.035	1	.853	1.385	.045	42.797

注：a. 参考类别是：3。

b. 计算该统计量时发生浮点数溢出。因此，其值被设置为系统缺失值。

-2倍对数似然值 = 107.771，Cox and Snell - R^2 = 0.629，Nagelkerke - R^2 = 0.878，McFadden - R^2 = 0.787。

资料来源：笔者调查所得。

从表4-11中可以看出，虽然Cox and Snell - R^2 = 0.629，Nagelkerke - R^2 = 0.878，McFadden - R^2 = 0.787，模型拟合程度较高，但种植规模（X2）、林业生产经营年限（X4）、林业收入占总收入比重（X6）、近2年遭受森林风险严重与否（X8）4个变量的显著水平均很高，对风险态度的解释能力较弱。相反，年龄（X1）、文化程度（X2）、所有制性质（X5）、是否了解森林保险（X7）4个变量均对风险态度有较好的解释。因此，将年龄（X1）、文化程度（X2）、所有制性质（X5）、是否了解森林保险（X7）4个变量作为解释变量，风险态度为被解释变量，运用SPSS V.17 汉化版软件进行Logit回归分析，其结果如表 4-12 所示。

表 4-12　森林培育企业风险态度 Logit 回归分析结果 2

风险态度（RA_E^a）		B	标准误	Wald	df	显著水平	Exp（B）	Exp（B）的置信区间95% 下限	Exp（B）的置信区间95% 上限
1	截距	46.922	15.722	8.908	1	.003			
	年龄（X1）	-4.221	1.810	5.439	1	.020	.015	.000	.510
	文化程度（X2）	-6.377	2.555	6.231	1	.013	.002	1.137E-5	.254
	所有制性质（X5）	-1.743	1.197	2.118	1	.146	.175	.017	1.830
	是否了解森林保险（X7）	-5.561	1.936	8.251	1	.004	.004	8.652E-5	.171
2	截距	49.193	17.668	7.752	1	.005			
	年龄（X1）	-4.757	1.776	7.174	1	.007	.009	.000	.279
	文化程度（X2）	-7.569	3.084	6.023	1	.014	.001	1.223E-6	.218
	所有制性质（X5）	-4.749	2.347	4.093	1	.043	.009	8.706E-5	.862
	是否了解森林保险（X7）	-1.371	1.010	1.843	1	.175	.254	.035	1.838

注：a. 参考类别是：3。
　　-2 倍对数似然值 = 107.771，Cox and Snell - R^2 = 0.612，Nagelkerke - R^2 = 0.854，McFadden - R^2 = 0.752。
资料来源：笔者调查所得。

从表 4-12 可以看出，-2 倍对数似然值 = 107.771，Cox and Snell - R^2 = 0.612，Nagelkerke - R^2 = 0.854，McFadden - R^2 = 0.752，模型拟合程度高。年龄（X1）、文化程度（X2）、所有制性质（X5）、是否了解森林保险（X7）4 个变量均能对风险态度有较好的解释。从表 4-12 数据可知，年龄（X1）、文化程度（X2）、所有制性质（X5）、是否了解森林保险（X7）4 个变量的系数均为负，这表明，这 4 个变量与风险规避程度成正比：年龄越大，越趋向于风险厌恶；文化程度越高，越趋向于风险厌恶；林场公有化程度越低，越趋向于风险厌恶；对森林保险的了解越清楚、深刻，越趋向于风险厌恶。根据表 4-12 分析结果，可以写出如下两个 Logit 变换模型。

$$\ln\frac{P(RA_E=1)}{P(RA_E=3)} = 46.922 - 4.221 \cdot X1 - 6.377 \cdot X2 - 1.743 \cdot X5 - 5.561 \cdot X7$$

$$\ln \frac{P(RA_E = 2)}{P(RA_E = 3)} = 49.193 - 4.757 \cdot X1 - 7.569 \cdot X2 - 4.749 \cdot X5 - 1.371 \cdot X7$$

其分类矩阵如表4-13所示。

表4-13 森林培育企业风险态度分析分类矩阵

观察值	预测值			百分比校正
	1	2	3	
1	10	0	1	90.9%
2	0	5	2	71.4%
3	1	1	71	97.3%
总百分比	12.1%	6.6%	81.3%	94.5%

资料来源：笔者调查所得。

第五节 基于Logit模型的森林培育专业户风险态度影响因素经验分析——以福建省为例

一 数据来源与问卷设计

本研究所采用的数据来源于实地面对面问卷调查和电子邮件问卷调查。调查对象的选取采用分层抽样和随机抽样相结合的方法，调查对象涉及福建省内森林培育专业户（亦称林地承包户）；调查内容涉及森林培育专业户的个体特征、家庭情况及其对森林保险的认识情况等。本次调查共发放调查问卷100份，收回问卷88份，回收率达到88%，具体如表4-14所示。

表4-14 森林培育专业户风险态度问卷发放及回收情况

调查方式	发放数量（份）	回收数量（份）	回收率（%）	有效数量（份）	有效率（%）
面对面访谈	80	80	100	80	100
电子邮件	20	11	55	8	40
合计	100	91	91	88	88

资料来源：笔者调查所得。

二 变量的选取、定义与赋值

依据森林培育专业户风险态度影响因素理论分析，选取森林培育专业户的风险态度为被解释变量，而将性别、年龄、文化程度、从事森林培育活动年限、需负担的老人和学生数、是否为村干部、种植规模、近2年家庭年度总收入、林业收入占家庭年度总收入的比重、是否了解森林保险、近2年遭受森林风险严重与否、受周围群体投保情况影响等变量作为解释变量，建立被解释变量和一系列被解释变量之间的关系，利用所调查的数据进行计量分析。对被解释变量和解释变量的定义与赋值见表4-15。

表4-15 森林培育专业户风险态度影响因素分析模型的变量说明

变量	名称	变量类型	变量定义与赋值	预期影响[1]
被解释变量	风险态度（RA_S）[2]	分类	风险偏好=1；风险中性=2；风险厌恶=3	
解释变量	性别（$M1$）[3]	分类	男=1；女=2	?
	年龄（$M2$）	定序	30岁以下=1；30~40岁=2；40~50岁=3；50岁以上=4	?
	文化程度（$M3$）	定序	小学及小学以下=1；初中=2；高中=3；大学以上=4	+
	从事森林培育活动年限（$M4$）	定序	1年以内=1；1~3年=2；3~5年=3；5年以上=4	−
	需负担的老人和学生数（$M5$）	定序	2人及2人以下=1；3~4人=2；5人以上=3	+
	是否为村干部（$M6$）[4]	分类	是=1；不是=2	?
	种植规模（$M7$）	定序	大于200亩=1；小于或等于200亩=2	+
	近2年家庭年度总收入（$M8$）	定序	3万及以下=1；3万~10万=2；10万~15万=3；15万以上=4	?
	林业收入占家庭年度总收入比重（$M9$）	定序	30%以下=1；30%~60%=2；60%~80%=3；80%以上=4	+
	是否了解森林保险（$M10$）	定序	不知道=1；知道，但不了解=2；比较了解=3；非常清楚=4	+

续表

变量	名称	变量类型	变量定义与赋值	预期影响①
解释变量	近2年遭受森林风险严重与否（M11）⑤	分类	严重=1；不严重=2	-
	受周围群体投保情况影响（M12）	分类	受村干部影响=1；受亲戚、兄弟影响=2；受村里的大多数人影响=3；自己决定，不受别人影响=4	?

注：① 预期影响符号中"正号（+）"表示正相关，"负号（-）"表示负相关，"问号（?）"表示不清楚，预期作用方向待定。
② 这里的 RA_S，即森林培育专业户的风险态度（Risk Attitude of Specialized Households of Forestry Cultivation）。
③ 性别，是指森林培育专业户家庭决策人的性别。下面的年龄、文化程度及所需负担的老人和学生数均针对森林培育专业户家庭决策人的情况填写。
④ 包括现在担任村干部、曾经当过村干部或者家庭中有人在担任村干部。
⑤ 以年度收入的10%为界，如果损失超过年度收入的10%，则属于损失严重；如果损失低于年度收入的10%，则属于不严重。

三 模型的选择与设定

风险态度作为被解释变量有三种选择，即风险偏好、风险中性、风险厌恶，系离散的非连续变量，且解释变量也为类似的离散型分类变量，所以不能用经典的回归方程模型，而应将其转化为效用模型进行评估。因被解释变量取值有多个，因此比较适合用三分类 Logit 模型对其进行分析。

被解释变量风险态度 RA_S 有三个类别，分别为 $RA_S=1$、$RA_S=2$、$RA_S=3$，以最后一个类别为参考类别，即以 $RA_S=3$ 为参考类别，① 其他类别均与参考类别相比较，形成两个非冗余的 Logit 变换模型，如：

$$\ln \frac{P(RA_S=i)}{P(RA_S=3)} = \alpha_{io} + \sum_{j}^{12} \beta_{ij} \cdot M_{ij}, \text{ 其中 } i=1,2$$

---

① 在多分类 Logit 回归模型分析中，SPSS 软件默认以组序最大的组（"最后"）作为参考类别，而在二分类 Logit 模型分析中则相反。

四 描述性统计分析

表4-16 森林培育专业户风险态度变量描述性统计结果1

变量及其选项		风险偏好 频数	风险偏好 百分比（%）	风险中性 频数	风险中性 百分比（%）	风险厌恶 频数	风险厌恶 百分比（%）
性别（$M1$）	男	12	13.64	7	7.95	66	75.00
	女	0	0.00	1	1.14	2	2.27
年龄（$M2$）	30岁以下	4	4.55	2	2.27	4	4.55
	30~40岁	6	6.82	5	5.68	5	5.68
	40~50岁	1	1.14	1	1.14	30	34.09
	50岁以上	1	1.14	0	0.00	29	32.95
文化程度（$M3$）	小学及小学以下	1	1.14	0	0.00	46	52.27
	初中	0	0.00	1	1.14	10	11.36
	高中	4	4.55	4	4.55	5	5.68
	大学以上	7	7.95	3	3.41	7	7.95
从事森林培育活动年限（$M4$）	1年以内	0	0.00	0	0.00	0	0.00
	1~3年	0	0.00	0	0.00	0	0.00
	3~5年	3	3.41	1	1.14	5	5.68
	5年以上	9	10.23	7	7.95	63	71.59
需负担的老人和学生数（$M5$）	2人及2人以下	8	9.09	4	4.55	5	5.68
	3~4人	3	3.41	4	4.55	38	43.18
	5人以上	1	1.14	0	0.00	25	28.41
是否为村干部（$M6$）	是	3	3.41	4	4.55	14	15.91
	不是	9	10.23	4	4.55	54	61.36
种植规模（$M7$）	大于200亩	9	10.23	6	6.82	66	75.00
	小于或等于200亩	3	3.41	2	2.27	2	2.27
近2年家庭年度总收入（$M8$）	3万及以下	0	0.00	0	0.00	0	0.00
	3万~10万	6	6.82	3	3.41	23	26.14
	10万~15万	4	4.55	3	3.41	29	32.95
	15万以上	2	2.27	2	2.27	16	18.18

续表

变量及其选项	风险态度	风险偏好 频数	风险偏好 百分比(%)	风险中性 频数	风险中性 百分比(%)	风险厌恶 频数	风险厌恶 百分比(%)
林业收入占家庭年度总收入比重（M9）	30%以下	3	3.41	1	1.14	0	0.00
	30%~60%	7	7.95	5	5.68	5	5.68
	60%~80%	1	1.14	2	2.27	15	17.05
	80%以上	1	1.14	0	0.00	48	54.55
是否了解森林保险（M10）	不知道	10	11.36	1	1.14	1	1.14
	知道，但不了解	2	2.27	3	3.41	5	5.68
	比较了解	0	0.00	4	4.55	51	57.95
	非常清楚	0	0.00	0	0.00	11	12.50
近2年遭受森林风险严重与否（M11）	严重	0	0.00	0	0.00	15	17.05
	不严重	12	13.64	8	9.09	53	60.23
受周围群体投保情况影响（M12）	受村干部影响	0	0.00	0	0.00	0	0.00
	受亲戚、兄弟影响	0	0.00	0	0.00	0	0.00
	受村里的大多数人影响	0	0.00	0	0.00	0	0.00
	自己决定，不受别人影响	12	13.64	8	9.09	68	77.27

资料来源：笔者调查所得。

表4-17 森林培育专业户风险态度变量描述性统计结果2

变量	极小值	极大值	均值	标准差
风险态度（RA_S）	1	3	2.64	0.714
性别（M1）	1	2	1.03	0.183
年龄（M2）	1	4	2.93	0.992
文化程度（M3）	1	4	2.00	1.213
从事森林培育活动年限（M4）	3	4	3.90	0.305
需负担的老人和学生数（M5）	1	3	2.10	0.695
是否为村干部（M6）	1	2	1.76	0.429
种植规模（M7）	1	2	1.92	0.272
近2年家庭年度总收入（M8）	2	4	2.86	0.761
林业收入占家庭年度总收入比重（M9）	1	4	3.27	0.931
是否了解森林保险（M10）	1	4	2.74	0.851

续表

变量	极小值	极大值	均值	标准差
近2年遭受森林风险严重与否（M11）	1	2	1.67	0.473
受周围群体投保情况影响（M12）	4	4	4.00	0.000

资料来源：笔者调查所得。

五 Logit 模型分析与解释

将变量年龄（M2）、需负担的老人和学生数（M5）、林业收入占家庭年度总收入比重（M9）3个解释变量，运用 SPSS V.17 汉化版软件对被解释变量风险态度进行三分类的 Logit 回归分析，运行结果如表4-18所示。

表4-18　森林培育专业户风险态度 Logit 回归分析结果

风险态度（RA_E^a）		B	标准误	Wald	df.	显著水平	Exp(B)	Exp(B)的置信区间95% 下限	Exp(B)的置信区间95% 上限
1	截距	18.703	6.154	9.236	1	0.002			
	年龄（M2）	-1.861	0.845	4.850	1	0.028	0.155	0.030	0.815
	需负担的老人和学生数（M5）	-3.329	1.265	6.929	1	0.008	0.036	0.003	0.427
	林业收入占家庭年度总收入比重（M9）	-3.698	1.229	9.062	1	0.003	0.025	0.002	0.275
2	截距	17.224	6.134	7.885	1	0.005			
	年龄（M2）	-1.851	0.865	4.581	1	0.032	0.157	0.029	0.856
	需负担的老人和学生数（M5）	-3.017	1.267	5.672	1	0.017	0.049	0.004	0.586
	林业收入占家庭年度总收入比重（M9）	-3.408	1.221	7.798	1	0.005	0.033	0.003	0.362

注：a. 参考类别是：3。
-2倍对数似然值=114.893，Cox and Snell - R^2 =0.564，Nagelkerke - R^2 =0.755，McFadden - R^2 =0.603。
资料来源：笔者调查所得。

从表4-18中可以看出，-2倍对数似然值=114.893，Cox and Snell - R^2 =0.564，Nagelkerke - R^2 =0.755，McFadden - R^2 =0.603，模型拟合

程度高。同时，需负担的老人和学生数（M5）、林业收入占家庭年度总收入比重（M9）两个变量对被解释变量风险态度有较好的解释能力，变量年龄（M2）的解释能力稍微弱了些。根据表 4-18 数据可知，变量年龄（M2）的系数为负，表明年龄与风险规避程度成正比，年龄越大，越趋向于风险厌恶。需负担的老人和学生数（M5）、林业收入占家庭年度总收入比重（M9）两个变量的系数也为负，表明需负担的老人和学生数越多，森林培育专业户越趋向于风险厌恶；林业收入占家庭年度总收入的比重越大，越趋向于风险厌恶。根据表 4-18 中分析结果，可以写出如下两个 Logit 变换模型。

$$\ln\frac{P(RA_S=1)}{P(RA_S=3)} = 18.703 - 1.861 \cdot M2 - 3.329 \cdot M5 - 3.698 \cdot M9$$

$$\ln\frac{P(RA_S=2)}{P(RA_S=3)} = 17.224 - 1.851 \cdot M2 - 3.017 \cdot M5 - 3.408 \cdot M9$$

第六节 基于 Logit 模型的兼业农户风险态度影响因素经验分析——以福建省为例

一 数据来源与问卷设计

本研究所采用的数据来源于实地面对面的问卷调查。调查对象采用分层抽样和随机抽样相结合的方法，调查对象涉及福建省内县市的兼业农户。调查内容涉及兼业农户的个体特征、家庭情况及其对森林保险的认识情况等。本次调查共发放调查问卷 200 份，收回有效问卷 188 份，有效回收率达到 94%，具体如表 4-19 所示。

表 4-19 兼业农户风险态度问卷发放及回收情况

调查方式	发放数量（份）	回收数量（份）	回收率（%）	有效数量（份）	有效率（%）
面对面访谈	200	200	100	188	94

数据来源：笔者调查所得。

二 变量的选取、定义与赋值

依据兼业农户风险态度影响因素理论分析，选取兼业农户的风险态度为被解释变量，而将性别、年龄、文化程度、从事森林培育活动年限、需负担的老人和学生数、是否为村干部、种植规模、近2年家庭年度总收入、林业收入占家庭年度总收入的比重、是否了解森林保险、近2年遭受森林风险严重与否、受周围群体投保情况影响等变量作为解释变量，建立被解释变量和一系列解释变量之间的关系，利用所调查的数据进行计量分析。对被解释变量和解释变量的定义与赋值见表4-20。

表4-20 兼业农户风险态度影响因素分析模型的变量说明

变量	名称	变量类型	变量定义与赋值	预期影响[1]
被解释变量	风险态度（RA_P）[2]	分类	风险偏好=1；风险中性=2；风险厌恶=3	
解释变量	性别（N1）[3]	分类	男=1，女=2	?
	年龄（N2）	定序	30岁以下=1；30~40岁=2；40~50岁=3；50岁以上=4	?
	文化程度（N3）	定序	小学及小学以下=1；初中=2；高中=3；大学以上=4	+
	从事森林培育活动年限（N4）	定序	1年以内=1；1~3年=2；3~5年=3；5年以上=4	-
	需负担的老人和学生数（N5）	定序	2人及2人以下=1；3~4人=2；5人以上=3	+
	是否为村干部（N6）[4]	分类	是=1；不是=2	?
	种植规模（N7）	定序	大于200亩=1；小于或等于200亩=2	+
	近2年家庭年度总收入（N8）	定序	3万及以下=1；3万~10万=2；10万~15万=3；15万以上=4	?
	林业收入占家庭年度总收入比重（N9）	定序	30%以下=1；30%~60%=2；60%~80%=3；80%以上=4	+
	是否了解森林保险（N10）	定序	不知道=1；知道，但不了解=2；比较了解=3；非常清楚=4	+
	近2年遭受森林风险严重与否（N11）[5]	分类	严重=1；不严重=2	-

续表

变量	名称	变量类型	变量定义与赋值	预期影响①
被解释变量	风险态度（RA_P②）	分类	风险偏好=1；风险中性=2；风险厌恶=3	
解释变量	受周围群体投保情况影响（$N12$）	分类	受村干部影响=1；受亲戚、兄弟影响=2；受村里的大多数人影响=3；自己决定，不受别人影响=4	?

注：① 预期影响符号中"正号（+）"表示正相关，"负号（-）"表示负相关，"问号（?）"表示不清楚，预期作用方向待定。
② 这里的 RA_P，即兼业农户的风险态度（Risk Attitude of Part-time Farmers）。
③ 性别，是指兼业农户家庭决策人的性别。下面的年龄、文化程度及所需负担的老人和学生数均针对兼业农户家庭决策人的情况填写。
④ 包括现在担任村干部、曾经当过村干部或者家庭中有人在担任村干部。
⑤ 损失以年度收入的10%为界，如果超过年度收入的10%，则属于损失严重；如果低于年度收入的10%，则属于不严重。

三 模型的选择与设定

风险态度作为被解释变量有三种选择，即风险偏好、风险中性、风险厌恶，系离散的非连续变量，且解释变量也为类似的离散型分类变量，所以不能用经典的回归方程模型，而应将其转化为效用模型进行评估。因被解释变量取值有多个，因此比较适合用三分类 Logit 模型对其进行分析。

被解释变量风险态度 RA_P 有三个类别，分别为 $RA_P=1$、$RA_P=2$、$RA_P=3$，以最后一个类别为参考类别，即以 $RA_P=3$ 为参考类别，① 其他类别均与参考类别相比较，形成两个非冗余的 Logit 变换模型，如：

$$\ln \frac{P(RA_P = i)}{P(RA_P = 3)} = \alpha_{i0} + \sum_{j}^{12} \beta_{ij} \cdot N_{ij}, \text{其中} i=1, 2$$

---

① 在多分类 Logit 回归模型分析中，SPSS 软件默认以组序最大的组（"最后"）作为参考类别，而在二分类 Logit 模型分析中则相反。

四 描述性统计分析

表 4-21 兼业农户风险态度变量描述性统计结果 1

变量及其选项		风险偏好 频数	风险偏好 百分比（%）	风险中性 频数	风险中性 百分比（%）	风险厌恶 频数	风险厌恶 百分比（%）
性别（N1）	男	137	72.87	15	7.98	3	1.60
	女	12	6.38	10	5.32	11	5.85
年龄（N2）	30 岁以下	42	22.34	12	6.38	0	0.00
	30~40 岁	46	24.47	6	3.19	9	4.79
	40~50 岁	61	32.45	7	3.72	1	0.53
	50 岁以上	0	0.00	0	0.00	4	2.13
文化程度（N3）	小学及小学以下	60	31.91	2	1.06	4	2.13
	初中	50	26.60	9	4.79	0	0.00
	高中	24	12.77	10	5.32	3	1.60
	大学以上	15	7.98	4	2.13	7	3.72
从事森林培育活动年限（N4）	1 年以内	7	3.72	0	0.00	7	3.72
	1~3 年	15	7.98	0	0.00	7	3.72
	3~5 年	28	14.89	11	5.85	0	0.00
	5 年以上	99	52.66	14	7.45	0	0.00
需负担的老人和学生数（N5）	2 人及 2 人以下	97	51.60	9	4.79	4	2.13
	3~4 人	51	27.13	12	6.38	10	5.32
	5 人以上	1	0.53	4	2.13	0	0.00
是否为村干部（N6）	是	0	0.00	2	1.06	11	5.85
	不是	149	79.26	23	12.23	3	1.60
种植规模（N7）	大于 200 亩	0	0.00	0	0.00	0	0.00
	小于或等于 200 亩	149	79.26	25	13.30	14	7.45
近 2 年家庭年度总收入（N8）	3 万及以下	73	38.83	1	0.53	3	1.60
	3 万~10 万	73	38.83	24	12.77	11	5.85
	10 万~15 万	3	1.60	0	0.00	0	0.00
	15 万以上	0	0.00	0	0.00	0	0.00
林业收入占家庭年度总收入比重（N9）	30% 以下	149	79.26	25	13.30	14	7.45
	30%~60%	0	0.00	0	0.00	0	0.00
	60%~80%	0	0.00	0	0.00	0	0.00
	80% 以上	0	0.00	0	0.00	0	0.00

续表

变量及其选项	风险态度	风险偏好 频数	风险偏好 百分比(%)	风险中性 频数	风险中性 百分比(%)	风险厌恶 频数	风险厌恶 百分比(%)
是否了解森林保险(N10)	不知道	144	76.60	4	2.13	0	0.00
	知道,但不了解	5	2.66	17	9.04	3	1.60
	比较了解	0	0.00	4	2.13	8	4.26
	非常清楚	0	0.00	0	0.00	3	1.60
近2年遭受森林风险严重与否(N11)	严重	4	2.13	2	1.06	13	6.91
	不严重	145	77.13	23	12.23	1	0.53
受周围群体投保情况影响(N12)	受村干部影响	36	19.15	0	0.00	9	4.79
	受亲戚、兄弟影响	45	23.94	8	4.26	4	2.13
	受村里的大多数人影响	54	28.72	0	0.00	1	0.53
	自己决定,不受别人影响	14	7.45	17	9.04	0	0.00

资料来源:笔者调查所得。

表4-22 兼业农户风险态度变量描述性统计结果2

变量	名称	极小值	极大值	均值	标准差
被解释变量	风险态度(RA_p)	1	3	1.28	0.594
解释变量	性别(N1)	1	2	1.18	0.381
	年龄(N2)	1	4	2.12	0.853
	文化程度(N3)	1	4	2.12	1.045
	从事森林培育活动年限(N4)	1	4	3.34	0.953
	需负担的老人和学生数(N5)	1	3	1.44	0.549
	是否为村干部(N6)	1	2	1.93	0.254
	种植规模(N7)	2	2	2.00	0.000
	近2年家庭年度总收入(N8)	1	3	1.61	0.522
	林业收入占家庭年度总收入比重(N9)	1	1	1.00	0.000
	是否了解森林保险(N10)	1	4	1.31	0.663
	近2年遭受森林风险严重与否(N11)	1	2	1.90	0.302
	受周围群体投保情况影响(N12)	1	4	2.38	1.025

资料来源:笔者调查所得。

五 Logit 模型分析与解释

将年龄（N2）、从事森林培育活动年限（N4）、受周围群体投保情况影响（N12）3个解释变量，运用 SPSS V.17 汉化版软件对被解释变量风险态度进行三分类的 Logit 回归分析，运行结果如表4-23所示。

表4-23 兼业农户风险态度 Logit 回归分析结果

	风险态度（RA_E^a）	B	标准误	Wald	df.	显著水平	Exp(B)	Exp(B)的置信区间95% 下限	Exp(B)的置信区间95% 上限
1	截距	-3.880	2.062	3.540	1	.060			
	年龄（N2）	-2.156	1.067	4.085	1	.043	.116	.014	.937
	从事森林培育活动年限（N4）	3.046	.872	12.198	1	.000	21.026	3.806	116.161
	受周围群体投保情况影响（N12）	1.941	.723	7.210	1	.007	6.967	1.689	28.735
2	截距	-9.929	2.607	14.507	1	.000			
	年龄（N2）	-2.918	1.111	6.902	1	.009	.054	.006	.477
	从事森林培育活动年限（N4）	3.560	.937	14.430	1	.000	35.150	5.601	220.573
	受周围群体投保情况影响（N12）	3.315	.788	17.681	1	.000	27.521	5.870	129.033

注：a. 参考类别是：3。
-2倍对数似然值 = 201.713，Cox and Snell - R^2 = 0.420，Nagelkerke - R^2 = 0.578，McFadden - R^2 = 0.421。
资料来源：笔者调查所得。

从表4-23中可以看出，-2倍对数似然值 = 201.713，Cox and Snell - R^2 = 0.420，Nagelkerke - R^2 = 0.578，McFadden - R^2 = 0.421，模型拟合程度较好。同时，年龄（N2）、从事森林培育活动年限（N4）、受周围群体投保情况影响（N12）3个变量对被解释变量风险态度有很高的解释能力。从表4-23中可知，年龄（N2）的系数为负，表明年龄与兼业农户的风险态度成正比，年龄越大，风险规避程度越高，越趋向于风险厌恶。从事森林培育活动年限（N4）、受周围群体投保情况影响（N12）2个变量的系数为正，表明它们与兼业农户的风险态度成反比，从事森林培育活动的年限越长，规避风险的经验越丰富，越趋向于风险偏好;同时,它也表明,兼业农户对森林风险的态度会受到周围群体投保情况的影响,越是自己决定,则越趋向于风险偏好。根据表 4 - 23 中分析结果,可以写出如下两个 Logit 变换模型。

$$\ln\frac{P(RA_P=1)}{P(RA_P=3)} = -3.880 - 2.156 \cdot N2 + 3.046 \cdot N4 + 1.941 \cdot N12$$

$$\ln\frac{P(RA_P=2)}{P(RA_P=3)} = -9.929 - 2.918 \cdot N2 + 3.560 \cdot N4 + 3.315 \cdot N12$$

第七节 小结

(1) 风险态度因子的引入,有利于深入理解森林经营主体的森林保险投保行为。基于森林经营主体的差异性分析,森林培育企业、森林培育专业户和兼业农户的风险态度也具有一定的差异性。李克特量表法和经济学实验均表明森林培育企业和森林培育专业户的风险态度属于风险厌恶,但企业的厌恶程度大于专业户,而兼业农户的风险态度则属于风险偏好。但风险等值法无法区分三类森林经营主体风险态度的差异。

(2) 森林培育企业、森林培育专业户、兼业农户的风险态度的影响因素众多。森林培育企业的影响因素包括企业生产经营决策者的个体特性、企业的林业生产规模、企业的所有制性质、对森林保险的了解程度、以往受灾状况及受灾程度、其他风险分散机制的替代作用等。森林培育专业户和兼业农户的影响因素包括个体及家庭特性、林业生产特性、社会特性、对森林保险的了解程度等。通过实地和电子邮件的问卷调查,Logit 计量模型的分析结果表明,森林培育企业风险态度受年龄、文化程度、所有制性质、是否了解森林保险等因素影响大,其他因素则影响小,而且这些主要影响因素赋值越大,风险态度越趋向于风险厌恶。森林培育专业户风险态度主要受年龄、需负担的老人和学生数、林业收入占家庭年度总收入的比重等影响,其他因素影响较小,这些主要影响因素赋值越大,风险态度同样越趋向于风险厌恶。兼业农户风险态度主要受年龄、从事森林培育活动的年限、受周围群体投保情况的影响等因素影响，年龄越大，越趋向于风险厌恶；从事森林培育活动年限越长，越趋向于风险偏好；受周围群体投保情况影响的赋值越大，越趋向于风险偏好。

第五章
森林保险购买意愿研究

第一节 购买意愿

森林保险的购买意愿（Purchase-willingness）是指在当前的保险费率下，森林经营者是否愿意购买森林保险。购买意愿与支付意愿是森林经营主体森林保险投保意愿的两个层次，两者之间有联系，也有区别。在目前尚缺乏完整森林保险数据的情况下，为建立有效的森林保险制度，需要了解森林经营者对森林保险的真实购买意愿，客观评价森林经营者对森林保险的支付意愿。通过对森林保险的购买意愿和支付意愿的分析（本章介绍购买意愿，第六章介绍支付意愿），可以了解森林经营者对森林保险的购买意愿程度、主要影响因素以及支付意愿水平的高低，得到有效的支付价格。这有利于比较准确地了解我国森林保险市场的有效需求状况，有利于保险公司提供更加合意的保险产品、改进保险服务，促进森林保险的进一步发展，也有利于政府较准确地厘定森林保险财政补贴的最优边界，提高政府对森林保险市场的干预效率，制定出富有效率的森林保险制度。若森林经营者的购买意愿不足，就应当创造条件提升其购买意愿；如果森林保险投保人的支付意愿低下，政府就应该加大对森林保险的补贴力度。有关森林保险购买意愿和支付意愿的具体数据，可以通过调查问卷的方式，根据受访者的回答得到。还必须清楚的是，购买意愿与实际购买行为的内涵也不相同，只有当森林经营者同时具备购买意愿和支付能力时，才能形成实际的购买行为，购买意愿构成了实际购买行为的必要条件之一。

目前关于森林经营者对森林保险购买意愿的研究甚少，主要有秦国伟等（2010）、王灿雄等（2011）等。秦国伟等（2010）对农户参与森林保险的意愿进行分析，得出结论：除林业生产中面临的最大风险、户主学历、户主对森林保险的认知程度以及农户家庭的年收入外，其他的变量对购买意愿影响不大。王灿雄等（2011）把购买意愿定义为林农或林业企业愿意而且有能力购买，这明显违背了经济学中关于需求内涵的界定，没有区分清楚购买意愿与实际购买力的界限。学者更多的是对农业保险购买意愿进行研究，如 Serra、Goodwin 和 Featherstone（2003）研究美国农民的财富与农业保险购买意愿的关系，认为当美国农民的初始财富达到一定程度以后，随着财富的继续增加，财富规避风险的效用减弱，导致农民购买农业保险的意愿降低；宁满秀、邢郦、钟甫宁（2005）研究新疆玛纳斯河流域棉农购买棉花保险的影响因素，得出结论：农业生产风险、专业化生产程度、耕地面积、务农时间长短等因素决定了棉农的棉花保险购买行为；陈妍、凌远云等（2007）研究武汉市和兴山县100个农户的农业保险购买意愿，发现农户的家庭农业收入、耕地面积、务农年限和受教育年限等因素对农民购买农业保险有显著影响；张跃华、史清华、顾海英（2007）研究发现，农民的读书时间、是否出去务工、年收入等因素影响农户的农业保险购买行为；聂荣和 Holly H. Wang（2011）对辽宁省农户的保险意愿调查问卷进行统计分析，结果表明，性别、受教育程度、收入、灾害损失和对保险的了解程度对农户购买农业保险的意愿有影响，女性相对于男性，更不愿意参加农业保险，教育程度高和贫穷的农户不愿意参保，以往受灾损失大的农户也不愿意参保等。这些对农业保险购买意愿的研究在一定程度上为研究森林保险购买意愿提供了借鉴。但不足的是，这些文献更多的是对农民（或农户）的购买意愿进行研究，而没有将投保主体进一步地扩展到企业或生产专业户等，对这些类型投保主体的保险购买意愿进行研究。本章在上章关于"森林保险市场投保主体与行为差异性的理论分析"的基础上,将森林保险的购买意愿扩展到森林培育企业、森林培育专业户和兼业农户。

第二节 森林保险购买意愿影响因素理论分析

一 森林培育企业的影响因素

1. 保费的高低

保费即森林保险的价格,保费的高低是决定森林保险购买意愿的最直接因素。保费定价非常复杂,由专业的精算师来完成,加之森林保险的特殊性和复杂性,普通的森林经营者对森林保险保费的计算非常陌生。但根据经济学的基本需求规律,森林保险投保主体根本不关心保费的计算过程,而是关心保费的高低。一般来说,保费的高低与森林保险的购买意愿成反比关系,保费越高,森林保险购买意愿越低;反之,森林保险的购买意愿越高。

2. 企业决策者的个体特性

它包括决策者的性别、年龄、受教育程度、林业生产经营年限等。

(1)性别。一般来说,女性决策者更不愿意冒险,森林保险购买意愿较男性高。

(2)年龄。企业决策者的年龄对森林保险购买意愿的影响是个双向因素。企业决策者的年龄对森林保险购买意愿的正面影响表现为:一般来说,企业决策者的年龄越大,其对森林经营风险的认识更深刻,也更全面,对森林保险的购买意愿高;相反,购买意愿低。年龄对森林保险购买意愿的负面影响表现为:森林经营者的年龄越大,越保守,越看重自身风险防范能力和灾后补救能力,其对森林保险的购买意愿也就相对较低。

(3)受教育程度。一般来说,森林经营者接受教育的程度越高,对森林保险的认识能力较高,接受程度也较高。因此,受教育程度的高低与森林保险购买意愿的高低成正比。

（4）企业林业生产经营年限。企业从事森林经营活动的年限对购买意愿也有重大的影响。一般来说，林业生产经营年限越长，对各种森林经营风险的认识就越全面，对森林经营风险所造成的损失和对森林风险的严重性的认识也就越深刻，其运用森林保险规避森林经营风险的积极性也就越高，因此购买意愿高。但也有不足之处，由于森林经营者从事森林培育活动多年，有丰富的种植经验，比较相信自己的种植经验和技能，在遇到风险时他们往往更偏爱风险自留，而不愿意选择森林保险；相反，从事森林培育活动年限较短的经营者，反而更有可能愿意选择森林保险来规避森林经营风险。因此，企业林业生产经营年限对森林保险购买意愿影响不确定，取决于正反两方面作用力的大小。

3. 企业的林业生产规模大小

它包括森林种植规模、年产值、林业收入占总收入的比重、员工数量、生产技术人员数量等。

（1）种植规模与年产值。种植规模与年产值与森林培育企业森林保险购买意愿一般呈同向关系，即经营主体所拥有的森林面积越大，产值越高，森林保险的购买意愿越强；反之，拥有森林面积越小，产值越低，森林保险购买意愿越低。

（2）当森林培育企业的林业收入占总收入比重不大时，它对森林收益的依赖程度很低，对森林保险的购买意愿也很低。但当林业收入成为企业的主要收入来源且占总收入的比重较大时，其对森林保险的购买意愿较强，反之较弱。

（3）员工越多，意味着企业的各项开支也就越大，负担也越重，越愿意购买森林保险来规避风险，避免收入波动幅度过大。而企业生产技术人员越多，则意味着企业具备较强的防灾减灾的能力，其购买森林保险用以规避风险的意愿越弱。

4. 企业的所有制性质

不同的所有制性质也将影响企业对森林保险的购买意愿与支付意愿。国有、集体等公有制森林培育企业，因产权属性为公有，不愿意承担森林经营风险，其购买意愿强；反之，非公有制森林培育企业，因其产权属性为非公，其购买意愿较弱。

5. 对风险的了解程度及其风险意识强弱

一般来说，经营者对森林经营活动过程中所出现的风险越了解，对森林保险的理解和接受程度越高，对森林保险的购买意愿也就越高。同时，风险意识越强烈，越愿意通过购买森林保险来规避风险；反之，越不愿意购买。

6. 森林经营者的风险态度

按风险偏好程度的不同，可以将森林经营主体划分为风险偏好、风险中性和风险厌恶三种类型，其中风险偏好型的森林经营者倾向于自留风险，其对森林保险的购买意愿低，支付意愿较低；风险厌恶型的经营者倾向于用森林保险规避风险，防止收入波动幅度大，其购买意愿高；风险中性型的经营者则可买可不买，持一种无所谓的态度，需要根据其他情况来作出是否购买森林保险的决定。

7. 森林保险的保障水平

森林保险的目的在于当森林遭遇风险事件时，能够得到足够的资金恢复林业生产，保障森林经营者的正常生产及生活。作为投保人和保险受益人，森林经营主体理所当然希望通过投保得到尽可能多的保障。但如果森林保险的保障水平不足，经营者不能从中得到足够资金用以恢复林业生产，则购买森林保险的意义也就不大。因此，森林保险的保障水平越低，森林经营主体的购买意愿也就越低，反之则越高。

8. 以往受灾的状况及受灾程度

以往受灾的状况及受灾程度与森林保险的购买意愿密切相关，成正比关系。如果以往所遭受的森林灾害比较严重，受灾的概率较高，损失也比较大，则森林经营主体对森林保险的购买意愿强；相反，则对森林保险购买意愿较低。受灾程度越高，森林经营者的损失就越大，对森林保险的购买意愿就越强，反之则越弱。

9. 其他风险分散机制的替代作用

寻求非林业收入、自身承担风险、政府救济、精心种植与采用科学的经营管理办法等都一定程度上可以替代森林保险的风险分散作用。如果其他风险分散的渠道多,则会降低森林培育企业对森林保险的购买意愿。

10. 国家的财政补贴政策

政府对森林保险的财政补贴,变相降低了森林保险费率,将进一步增强森林经营者对森林保险的购买意愿。

二 森林培育专业户、兼业农户的影响因素

1. 保费的高低

一般来说,保费的高低与森林保险的购买意愿成反比关系,保费越高,森林保险购买意愿越低;反之,森林保险的购买意愿越高。

2. 个体特性

它包括性别、年龄、受教育程度等。户主的性别、年龄及受教育程度等个体特性均对森林培育专业户、兼业农户的购买意愿有重要影响。

一般来说,女性比男性有更强的购买意愿。户主接受教育水平越高,越愿意购买森林保险来规避风险。相反,如果户主受教育水平较低,对森林经营风险的认识也有限,不理解森林保险的作用,对森林保险往往存在误解或理解偏差,把森林保险的保费支出看成负担的增加,这必然大大降低其对森林保险的购买意愿。

年龄对森林培育专业户、兼业农户森林保险购买意愿的影响是个双向因素,有正面的影响,也有负面的影响,但影响的方向和程度取决于正反两方面作用力的大小。

3. 家庭特性

其主要包括家庭的经济收入水平、收入结构等方面。一般认为,家庭年度收入会对森林经营主体森林保险购买意愿产生正反两方面的影响:一方面,家庭年度收入水平越高,保险支付能力越强,购买森林保险的意愿越高;另一方面,当收入水平超过某一定点时,户主的自保能力越来越强,风险规避程度逐渐减弱,选择风险自留的可能性增大,这降低了森林保险的购买意愿,这是负面影响。除了家庭绝对收入水平外,还需看林业收入占家庭总收入的比重,即收入结构。当林业收入占

家庭总收入的比重低时，户主对森林收益的依赖程度低，此时对森林保险的购买意愿低。但当林业收入占家庭总收入的比重高时，户主对森林收益的依赖程度就高，此时户主更关心森林保险的收入保障功能，对森林保险的购买意愿高。

4. 林业生产特性

它包括种植面积大小以及从事森林经营活动年限等。一般来说，种植面积大小与森林培育专业户、兼业农户的购买意愿呈正向关系，种植面积大，购买意愿就强；反之，购买意愿就弱。但从事森林经营活动年限的长短，则有双向的影响，其方向和程度取决于两方面作用力的大小。

5. 经营主体对风险的了解程度及其风险意识强弱

对森林风险越了解，风险意识越强，则经营主体对森林保险的购买意愿越高；反之，购买意愿越低。

6. 森林经营者的风险态度

风险态度越趋向于厌恶，则对森林保险的购买意愿越高；反之，购买意愿越低。

7. 森林保险的保障水平

保障水平越高，越愿意购买森林保险；反之，购买意愿低。

8. 以往受灾的状况及受灾程度

历史受灾频繁且严重，则会提高经营主体购买森林保险的意愿。若历史上受灾不多且不严重，则其对将来的估计偏向乐观，将进一步降低其购买意愿。

9. 其他风险分散机制的替代作用

寻求非林业收入、自身承担风险、亲戚朋友相助、政府救济、精心种植与采用科学的经营管理办法等都一定程度上可以替代对森林保险的风险分散作用。如果其他风险分散的渠道多，则会降低森林经营者对森林保险的购买意愿。

10. 国家的财政补贴政策

政府对森林保险的财政补贴，变相降低了森林保险费率，将进一步增强森林经营者对森林保险的购买意愿。

第三节 森林培育企业森林保险购买意愿的 Logit 模型分析——以福建省为例

一 数据来源与问卷设计

研究所采用的数据来源于实地面对面问卷调查和电子邮件问卷调查。调查对象采用分层抽样和随机抽样相结合的方法来确定。调查对象涉及福建省内国有林场、集体林场、私人林场等，调查内容涉及森林培育企业的个体特征及其对森林保险的购买意愿两部分。调查问卷发放及回收情况见表5-1。

表5-1 森林培育企业森林保险购买意愿调查问卷发放及回收情况[①]

调查方式	发放数量（份）	回收数量（份）	回收率（%）	有效数量（份）	有效率（%）
面对面访谈	50	50	100	50	100
电子邮件	50	43	86	41	82
合计	100	93	93	91	91

资料来源：笔者调查所得。

二 变量的选取、定义与赋值

依据森林培育企业森林保险购买意愿影响因素理论分析，把森林培育企业的购买意愿作为被解释变量，而将年龄、文化程度、种植规模、林业生产经营年限、所有制性质、风险态度、林业收入占年度总收入的比重、近2年遭受森林风险严重与否、职工人数、生产技术人员数量等变量作为解释变量，建立被解释变量和一系列解释变量之间的关系，利用对所调查的数据进行计量分析。

林场位置偏僻，加上专业及工作性质特殊，决定了男性员工占绝大

[①] 有关森林培育企业购买意愿的问卷调查与风险态度的问卷调查同时进行，合并在一份调查问卷中，所以问卷发放及回收情况与森林培育企业的风险态度部分一致。

多数。在所调查的森林培育企业中，负责人均为男性，因此，在分析森林培育企业的森林保险购买意愿时，性别变量体现不出对购买意愿的影响，无法通过性别差异分析其森林保险购买意愿的差异。因此，性别因子在这里不作为解释变量。企业林业生产经营年限作为解释变量，在调查问卷中，根据企业成立时间长短来推算林业生产经营年限比较合理，也更方便、更准确。产值作为解释变量，由于涉及隐私，在调查问卷中，为了使问卷更为真实可信，采用匿名调查方式，尽量避开受访者的隐私，因此，只采用林业收入占总收入的比重这一指标来衡量购买意愿与收入水平之间的关系。考虑到企业所有制不同对购买意愿的影响，在分析中，增加所有制性质这个解释变量。其余解释变量还有风险态度、风险意识、保险额、职工人数、生产技术人员人数、种植规模、近 2 年森林受灾严重与否等。根据调查反馈情况，政府对森林遭受灾害没有给予一定的补助，政府只对林区受灾居民进行救助，如棚户区改造、职工生活设施损坏补助等，并不涉及对林木受损及林业生产经营的补助，因此，将不考虑政府受灾补助作为解释变量。对被解释变量和解释变量的定义与赋值见表 5 - 2。

表 5 - 2　森林培育企业森林保险购买意愿因素分析的变量说明

变量	名称	变量类型	变量定义与赋值	预期影响[①]
被解释变量	购买意愿（PW_E[②]）	分类	不愿意购买 =1；意愿不明确 =2；愿意购买 =3	
解释变量	保费（$K1$）[③]	分类	偏低 =1；合理 =2；偏高 =3	-
	年龄（$K2$）[④]	定序	30 岁以下 =1；30～40 岁 =2；40～50 岁 =3；50 岁以上 =4	?
	文化程度（$K3$）	定序	小学及小学以下 =1；初中 =2；高中 =3；大学以上 =4	+
	种植规模（$K4$）	定序	5000 亩以下 =1；5000～10000 亩 =2；10000 亩以上 =3	+
	林业生产经营年限（$K5$）	定序	3 年以内 =1；3～5 年 =2；5～10 年 =3；10 年以上 =4	?
	所有制性质（$K6$）	分类	国有 =1；集体 =2；股份合作制[⑤] =3；私有 =4	-

续表

变量	名称	变量类型	变量定义与赋值	预期影响①
解释变量	林业收入占年度总收入比重（K7）	定序	30%以下=1；30%~60%=2；60%~80%=3；80%以上=4	+
	是否了解森林保险（K8）	定序	不知道=1；知道，但不了解=2；比较了解=3；非常清楚=4	+
	近2年遭受森林风险严重与否（K9）⑥	分类	严重=1；不严重=2	−
	风险态度（K10）⑦	分类	风险偏好=1；风险中性=2；风险厌恶=3	+
	风险意识（K11）	分类	不重要，保不保无所谓=1；比较重要=2；非常重要，很需要森林保险=3	+
	保险额⑧（即保险的保障水平）（K12）	定序	偏低=1；合理=2；偏高=3	+
	职工人数（K13）	数值	依调查所得数据	+
	生产技术人员人数（K14）	数值	依调查所得数据	+

注：① 预期影响符号中"正号（+）"表示正相关，"负号（−）"表示负相关，"问号（?）"表示不清楚，预期作用方向待定。
② 这里的PW_E，即森林培育企业的购买意愿（Purchase-Willingness of Enterprise of Forestry Cultivation）。
③ 这里保费以福建省现阶段商品林综合保险的保险费率为准，即每亩1.5元，该保险费率属于"偏低"、"合理"或者"偏高"，取决于受访者的主观心理感受。
④ 这里的年龄是指森林培育企业负责人的年龄。下面文化程度也是针对森林培育企业负责人的情况填写。
⑤ 股份合作制：包括股份制林场和合作制林场。由于这两类林场数量少，为了调查和分析的方便，将它们合并在一起分析。
⑥ 损失以年度收入的10%为界，如果超过年度收入的10%，则属于损失严重；如果低于年度收入的10%，则属于不严重。
⑦ 这里的风险态度数据，依本书第四章"森林经营主体的风险态度及其测定"数据而定。
⑧ 这里保险额以福建省现阶段商品林综合保险的保险额为准，即每亩500元，该保险额属于"偏低"、"合理"或者"偏高"，取决于受访者自身的评判。

与风险态度部分一样，必须要注意，"职工人数"和"生产技术人员人数"这两个变量调查问卷考虑欠佳，各受访者理解程度存在差异，导致这两个变量的调查数据统计口径不一，无法真正反映森林培育企业的真实情况。同时也因"职工人数"和"生产技术人员人数"这两个变量与"种植规模"高度相关,因此,在此放弃"职工人数"和"生产技术人员人数"两个变量作为购买意愿的解释变量并不影响分析结果。

三 模型的选择与设定

已有研究文献中,均将购买意愿简单分为"愿意"和"不愿意"两种情况。但在林区考察中发现,由于林区经济落后、地理位置偏僻、林区民众受教育水平有限和保险知识专业性等种种原因,很多受访对象对于该问题难有明确的表示。因此在本研究中,增加"意愿不明确"选项,研究结果将更科学,更贴近现实情况。由于购买意愿作为被解释变量有三种选择,即愿意购买、意愿不明确、不愿意购买,系离散的非连续变量,且解释变量也有离散型分类变量、离散型定序变量、连续性数值三类,因此不能用经典的回归方程模型,而应将其转化为效用模型进行评估,故适合选择三分类 Logit 模型分析。

被解释变量森林培育企业的购买意愿 PW_E 有三个类别,分别为 $PW_E = 1$(不愿意购买)、$PW_E = 2$(意愿不明确)、$PW_E = 3$(愿意购买),以最后一个类别为参考类别,即以 $PW_E = 3$ 为参考类别,① 其他类别均与参考类别相比较,形成两个非冗余的 Logit 变换模型,如:

$$\ln \frac{P(PW_E = i)}{P(PW_E = 3)} = \alpha_{io} + \sum_{j}^{14} \beta_{ij} \cdot K_{ij}, \text{ 其中 } i = 1, 2$$

四 森林保险购买意愿描述性统计分析

表 5-3 森林培育企业森林保险购买意愿描述性统计 1

经营主体 购买意愿	不愿意购买		意愿不明确		愿意购买	
	频数	百分比(%)	频数	百分比(%)	频数	百分比(%)
森林培育企业	12	13.2	7	7.7	72	79.1

资料来源:笔者调查所得。

---

① 在多分类 Logit 回归模型分析中,SPSS 软件默认以组序最大的组("最后")作为参考类别,而在二分类 Logit 模型分析中则相反。

由表 5-3 可知,在现行森林保险条款下,有 12 家受访企业选择"不愿意购买"森林保险,占受访的森林培育企业的 13.2%,其不愿意购买森林保险的原因如表 5-4 所示。

表 5-4 森林培育企业不愿意购买森林保险的原因统计

原因	频数	百分比(%)
保险费太高	10	83.33
保险额太低	12	100.00
买保险的程序及保险条款太复杂	3	25.00
理赔困难	10	83.33
信不过森林保险	10	83.33
没听说过	2	16.67
自己承担	12	100.00
没有余钱	0	0.00
受灾时,政府有救济	0	0.00
其他	1	8.33

资料来源:笔者调查所得。

表 5-4 中的数据表明,12 家森林培育企业均认为 500 元的保险额偏低而宁愿选择自己承担风险,同时仍有 83.33% 的企业(10 家),认为保费偏高、理赔困难和信不过保险公司等是其不愿意购买森林保险的主要原因。

表 5-5 森林培育企业森林保险购买意愿描述性统计 2

变量及其选项	购买意愿	不愿意购买 频数	百分比(%)	意愿不明确 频数	百分比(%)	愿意购买 频数	百分比(%)
保费($K1$)	偏低	0	0.00	0	0.00	36	39.56
	合理	2	2.20	3	3.30	32	35.16
	偏高	10	10.99	4	4.40	4	4.40
年龄($K2$)	30 岁以下	2	2.20	0	0.00	0	0.00
	30~40 岁	6	6.59	5	5.49	2	2.20
	40~50 岁	4	4.40	1	1.10	50	54.95
	50 岁以上	0	0.00	1	1.10	20	21.98

续表

变量及其选项	购买意愿	不愿意购买 频数	不愿意购买 百分比（%）	意愿不明确 频数	意愿不明确 百分比（%）	愿意购买 频数	愿意购买 百分比（%）
文化程度（K3）	小学及小学以下	0	0.00	0	0.00	0	0.00
	初中	1	1.10	0	0.00	0	0.00
	高中	7	7.69	2	2.20	10	10.99
	大学以上	4	4.40	5	5.49	62	68.13
种植规模（K4）	5000 亩以下	0	0.00	0	0.00	0	0.00
	5000~10000 亩	6	6.59	0	0.00	0	0.00
	10000 亩以上	6	6.59	7	7.69	72	79.12
林业生产经营年限（K5）	3 年以内	0	0.00	0	0.00	0	0.00
	3~5 年	0	0.00	0	0.00	0	0.00
	5~10 年	2	2.20	0	0.00	2	2.20
	10 年以上	10	10.99	7	7.69	70	76.92
所有制性质（K6）	国有	3	3.30	6	6.59	60	65.93
	集体	2	2.20	1	1.10	10	10.99
	股份合作制	0	0.00	0	0.00	1	1.10
	私人	7	7.69	0	0.00	1	1.10
林业收入占年度总收入比重（K7）	30% 以下	0	0.00	0	0.00	0	0.00
	30%~60%	1	1.10	0	0.00	0	0.00
	60%~80%	3	3.30	0	0.00	1	1.10
	80% 以上	8	8.79	7	7.69	71	78.02
是否了解森林保险（K8）	不知道	8	8.79	0	0.00	2	2.20
	知道，但不了解	2	2.20	5	5.49	3	3.30
	比较了解	0	0.00	2	2.20	31	34.07
	非常清楚	2	2.20	0	0.00	36	39.56
近 2 年遭受森林风险严重与否（K9）	严重	2	2.20	1	1.10	15	16.48
	不严重	10	10.99	6	6.59	57	62.64
风险态度（K10）	风险偏好	10	10.99	0	0.00	1	1.10
	风险中性	0	0.00	7	7.69	0	0.00
	风险厌恶	2	2.20	0	0.00	71	78.02
风险意识（K11）	不重要，保不保无所谓	11	12.09	7	7.69	0	0.00
	比较重要	0	0.00	0	0.00	17	18.68
	非常重要，很需要森林保险	1	1.10	0	0.00	55	60.44

续表

变量及其选项		购买意愿	不愿意购买		意愿不明确		愿意购买	
			频数	百分比（%）	频数	百分比（%）	频数	百分比（%）
保险额（$K12$）	偏低		12	13.20	7	7.70	72	79.10
	合理		0	0.00	0	0.00	0	0.00
	偏高		0	0.00	0	0.00	0	0.00

资料来源：笔者调查所得。

五 Logit 模型分析与解释

将上述12个解释变量，运用 SPSS V.17 汉化版软件对被解释变量购买意愿进行三分类的 Logit 回归分析，结果表明，除保费（$K1$）、风险态度（$K10$）外，其余解释变量均不能很好地解释森林培育企业森林保险购买意愿情况。将保费（$K1$）、风险态度（$K10$）两个解释变量运用 SPSS V.17 汉化版软件进行分析，结果如表5-6所示。

表5-6 森林培育企业森林保险购买意愿 Logit 回归分析结果

购买意愿（PW_E [a]）		B	标准误	Wald	df.	显著水平	Exp(B)	Exp(B) 的置信区间95%	
								下限	上限
1	截距	-1.486	4.181	.126	1	.722			
	保费（$K1$）	4.634	1.663	7.768	1	.005	102.906	3.956	2676.708
	风险态度（$K10$）	-4.755	1.426	11.115	1	.001	.009	.001	.141
2	截距	.167	3.474	.002	1	.962			
	保费（$K1$）	2.949	1.229	5.755	1	.016	19.091	1.716	212.456
	风险态度（$K10$）	-3.301	1.219	7.336	1	.007	.037	.003	.402

注：a. 参考类别是：3。
-2倍对数似然值=110.643，Cox and Snell-R^2=0.573，Nagelkerke-R^2=0.788，McFadden-R^2=0.656。

资料来源：笔者调查所得。

从表5-6中可以看出，-2倍对数似然值=110.643，Cox and Snell-R^2=0.573，Nagelkerke-R^2=0.788，McFadden-R^2=0.656，模型拟合

程度高。保费（$K1$）、风险态度（$K10$）均能对森林培育企业的购买意愿有较好的解释。从表 5-6 中可知，解释变量保费（$K1$）的系数为正，表明保费与购买意愿之间成反比关系，保费越高，购买意愿程度越低，越趋向于不愿意购买。解释变量风险态度（$K10$）的系数为负，表明风险态度与森林培育企业森林保险购买意愿之间成正比关系，森林培育企业越趋向于风险厌恶，其森林保险购买意愿越强，越趋向于愿意购买。根据表 5-6 中分析结果，可以写出如下两个 Logit 变换模型。

$$\ln\frac{P(PW_E=1)}{P(PW_E=3)} = -1.486 + 4.634 \cdot K1 - 4.755 \cdot K10$$

$$\ln\frac{P(PW_E=2)}{P(PW_E=3)} = 0.167 + 2.949 \cdot K1 - 3.301 \cdot K10$$

表 5-7 森林培育企业森林保险购买意愿分类矩阵

观察值	预测值			
	1	2	3	百分比校正（%）
1	10	0	2	83.3
2	4	0	3	0.0
3	1	0	71	98.6
总百分比（%）	16.5	0.0	83.5	89.0

资料来源：笔者调查所得。

第四节　森林培育专业户森林保险购买意愿的 Logit 模型分析——以福建省为例

一　数据来源与问卷设计

本研究所采用的数据来源于实地面对面问卷调查和电子邮件问卷调查。调查对象的确定采用分层抽样和随机抽样相结合的方法。调查对象涉及福建省内森林培育专业户（亦称林地承包户）；调查内容涉及森林培育专业户的个体特征、家庭情况及其对森林保险购买意愿等。本次调查共发放调查问卷 100 份，收回有效问卷 88 份，有效率达到 88%。调查问卷发放及回收情况见表5-8。

表5-8 森林培育专业户森林保险购买意愿调查问卷发放及回收情况①

调查方式	发放数量（份）	回收数量（份）	回收率（%）	有效数量（份）	有效率（%）
面对面访谈	80	80	100	80	100
电子邮件	20	11	55	8	40
合计	100	91	91	88	88

资料来源：笔者调查所得。

二 变量的选取、定义与赋值

依据森林培育专业户森林保险购买意愿影响因素理论分析，选取森林培育专业户的购买意愿为被解释变量，而将性别、年龄、文化程度、从事森林培育活动年限、种植规模、近2年家庭年度总收入、林业收入占家庭年度总收入的比重、是否了解森林保险、近2年遭受森林风险严重与否、受周围群体投保情况影响等变量作为解释变量，建立被解释变量和一系列解释变量之间的关系，利用所调查的数据进行计量分析。对被解释变量和解释变量的定义与赋值见表5-9。

表5-9 森林培育专业户森林保险购买意愿影响因素分析模型的变量说明

变量	名称	变量类型	变量定义与赋值	预期影响①
被解释变量	购买意愿（PW_s）②	分类	不愿意购买=1；意愿不明确=2；愿意购买=3	
解释变量	保费（$R1$）③	分类	偏低=1；合理=2；偏高=3	-
	性别（$R2$）④	分类	男=1，女=2	+
	年龄（$R3$）	定序	30岁以下=1；30~40岁=2；40~50岁=3；50岁以上=4	?
	文化程度（$R4$）	定序	小学及小学以下=1；初中=2；高中=3；大学以上=4	+

① 有关森林培育专业户购买意愿的问卷调查与风险态度的问卷调查同步进行，合并在同一份问卷中，因此，问卷与发放和森林培育专业户的风险态度部分一致。

续表

变量	名称	变量类型	变量定义与赋值	预期影响①
解释变量	从事森林培育活动年限（R5）	定序	1年以内=1；1~3年=2；3~5年=3；5年以上=4	?
	种植规模（R6）	定序	大于200亩=1；小于或等于200亩=2	-
	近2年家庭年度总收入（R7）	定序	3万及以下=1；3万~10万=2；10万~15万=3；15万以上=4	?
	林业收入占家庭年度总收入比重（R8）	定序	30%以下=1；30%~60%=2；60%~80%=3；80%以上=4	+
	风险态度（R9）⑤	分类	风险偏好=1；风险中性=2；风险厌恶=3	+
	是否了解森林保险（R10）	定序	不知道=1；知道，但不了解=2；比较了解=3；非常清楚=4	+
	风险意识（R11）	分类	不重要，保不保无所谓=1；比较重要=2；非常重要，很需要森林保险=3	+
	近2年遭受森林风险严重与否（R12）⑥	分类	严重=1；不严重=2	+
	受周围群体投保情况影响（R13）	分类	受村干部影响=1；受亲戚、兄弟影响=2；受村里的大多数人影响=3；自己决定，不受别人影响=4	?
	保险额⑦（即保险的保障水平）（R14）	定序	偏低=1；合理=2；偏高=3	

注：① 预期影响符号中"正号（+）"表示正相关，"负号（-）"表示负相关，"问号（?）"表示不清楚，预期作用方向待定。
② 这里的PW_S，即森林培育专业户的购买意愿（Purchase-Willingness of Specialized Households of Forestry Cultivation）。
③ 这里保费以福建省现阶段商品林综合保险的保险费率为准，即每亩1.5元，该保险费率属于"偏低"、"合理"或者"偏高"，取决于受访者的主观心理感受。
④ 性别，是指森林培育专业户家庭决策人的性别。下面的年龄、文化程度及从事森林培育活动年限均针对森林培育专业户家庭决策人的情况填写。
⑤ 这里风险态度数据，依本书第四章"森林经营主体的风险态度及其测定"数据而定。
⑥ 损失以年度收入的10%为界，如果超过年度收入的10%，则属于损失严重；如果低于年度收入的10%，则属于不严重。
⑦ 这里保险额以福建省现阶段商品林综合保险的保险额为准，即每亩500元，该保险额属于"偏低"、"合理"或者"偏高"，取决于受访者自身的评判。

三 模型的选择与设定

购买意愿作为被解释变量有三种选择，系愿意购买、意愿不明确、不愿意购买，系离散的非连续变量，且解释变量也有离散型分类变量、离散型定序变量两类，因此不能用经典的回归方程模型，而应将其转化为效用模型进行评估，故适合选择三分类 Logit 模型分析。

被解释变量森林培育专业户的购买意愿 PW_S 有三个类别，分别为 $PW_S=1$（不愿意购买）、$PW_S=2$（意愿不明确）、$PW_S=3$（愿意购买），以最后一个类别为参考类别，即以 $PW_S=3$ 为参考类别，[①] 其他类别均与参考类别相比较，形成两个非冗余的 Logit 变换模型，如：

$$\ln\frac{P(PW_S=i)}{P(PW_S=3)} = \alpha_{io} + \sum_{j}^{14}\beta_{ij}\cdot R_{ij}，其中 i=1,2$$

四 森林保险购买意愿描述性统计分析

表5-10 森林培育专业户森林保险购买意愿描述性统计1

经营主体\购买意愿	不愿意购买 频数	不愿意购买 百分比（%）	意愿不明确 频数	意愿不明确 百分比（%）	愿意购买 频数	愿意购买 百分比（%）
森林培育专业户	11	12.50	10	11.36	67	76.14

资料来源：笔者调查所得。

现行森林保险条款下，有11家专业户选择"不愿意购买"森林保险，占受访专业户的12.50%，其不愿意购买森林保险的原因如表5-11所示。

[①] 在多分类 Logit 回归模型分析中，SPSS 软件默认以组序最大的组（"最后"）作为参考类别，而在二分类 Logit 模型分析中则相反。

表 5-11　森林培育专业户不愿意购买森林保险的原因统计

原因	频数	百分比（%）
保险费太高	8	72.73
保险额太低	10	90.91
买保险的程序及保险条款太复杂	2	18.18
理赔困难	11	100.00
信不过森林保险	11	100.00
没听说过	3	27.27
自己承担	11	100.00
没有余钱	0	0.00
受灾时，政府有救济	0	0.00
其他	1	9.09

资料来源：笔者调查所得。

由表 5-11 可知，11 家专业户均认为理赔困难，且信不过森林保险，所以不愿意购买森林保险，选择自己承担风险。11 位受访者当中，有 72.73% 的受访者认为保费太高，90.91% 的受访者认为保险额偏低。

表 5-12　森林培育专业户森林保险购买意愿描述性统计 2

变量及其选项	购买意愿	不愿意购买 频数	不愿意购买 百分比（%）	意愿不明确 频数	意愿不明确 百分比（%）	愿意购买 频数	愿意购买 百分比（%）
保费（$R1$）	偏低	0	0.00	1	1.14	7	7.95
	合理	3	3.41	5	5.68	54	61.36
	偏高	8	9.09	4	4.55	6	6.82
性别（$R2$）	男	11	12.50	9	10.23	65	73.86
	女	0	0.00	1	1.14	2	2.27
年龄（$R3$）	30 岁以下	1	1.14	5	5.68	4	4.55
	30~40 岁	8	9.09	1	1.14	7	7.95
	40~50 岁	0	0.00	3	3.41	29	32.95
	50 岁以上	2	2.27	1	1.14	27	30.68

续表

变量及其选项	购买意愿	不愿意购买 频数	百分比（%）	意愿不明确 频数	百分比（%）	愿意购买 频数	百分比（%）
文化程度（R4）	小学及小学以下	1	1.14	2	2.27	44	50.00
	初中	0	0.00	0	0.00	11	12.50
	高中	5	5.68	2	2.27	6	6.82
	大学以上	5	5.68	6	6.82	6	6.82
从事森林培育活动年限（R5）	1年以内	0	0.00	0	0.00	0	0.00
	1~3年	0	0.00	0	0.00	0	0.00
	3~5年	3	3.41	1	1.14	5	5.68
	5年以上	8	9.09	9	10.23	62	70.45
种植规模（R6）	大于200亩	10	11.36	8	9.09	63	71.59
	小于或等于200亩	1	1.14	2	2.27	4	4.55
近2年家庭年度总收入（R7）	3万及以下	0	0.00	0	0.00	0	0.00
	3万~10万	4	4.55	5	5.68	23	26.14
	10万~15万	4	4.55	4	4.55	28	31.82
	15万以上	3	3.41	1	1.14	16	18.18
林业收入占家庭年度总收入比重（R8）	30%以下	3	3.41	0	0.00	1	1.14
	30%~60%	4	4.55	6	6.82	7	7.95
	60%~80%	2	2.27	2	2.27	14	15.91
	80%以上	2	2.27	2	2.27	45	51.14
风险态度（R9）	风险偏好	8	9.09	4	4.55	0	0.00
	风险中性	1	1.14	3	3.41	4	4.55
	风险厌恶	2	2.27	3	3.41	63	71.59
是否了解森林保险（R10）	不知道	8	9.09	4	4.55	0	0.00
	知道，但不了解	3	3.41	1	1.14	6	6.82
	比较了解	0	0.00	5	5.68	50	56.82
	非常清楚	0	0.00	0	0.00	11	12.50
风险意识（R11）	不重要，保不保无所谓	10	11.36	5	5.68	1	1.14
	比较重要	1	1.14	2	2.27	5	5.68
	非常重要，很需要森林保险	0	0.00	3	3.41	61	69.32

续表

变量及其选项	购买意愿	不愿意购买 频数	不愿意购买 百分比（%）	意愿不明确 频数	意愿不明确 百分比（%）	愿意购买 频数	愿意购买 百分比（%）
近2年遭受森林风险严重与否（R12）	严重	0	0.00	0	0.00	15	17.05
	不严重	11	12.50	10	11.36	52	59.09
受周围群体投保情况影响（R13）	受村干部影响	0	0.00	0	0.00	0	0.00
	受亲戚、兄弟影响	0	0.00	0	0.00	0	0.00
	受村里的大多数人影响	0	0.00	0	0.00	0	0.00
	自己决定，不受别人影响	11	12.50	10	11.36	67	76.14
保险额（R14）	偏低	9	10.23	6	6.82	49	55.68
	合理	2	2.27	4	4.55	11	12.50
	偏高	0	0.00	0	0.00	7	7.95

资料来源：笔者调查所得。

五　Logit 模型分析与解释

将上述14个解释变量，运用 SPSS V.17 汉化版软件对被解释变量购买意愿进行三分类的 Logit 回归分析，结果表明，除保费（R1）、风险态度（R9）、风险意识（R11）等解释变量外，其余解释变量均不能很好地解释森林培育专业户森林保险购买意愿情况。将保费（R1）、风险态度（R9）、风险意识（R11）3个解释变量运用 SPSS V.17 汉化版软件进行分析，结果如表 5-13 所示。

表 5-13　森林培育专业户森林保险购买意愿 Logit 回归分析结果

购买意愿（PW_s^a）		B	标准误	Wald	df	显著水平	Exp(B)	Exp(B)的置信区间95% 下限	Exp(B)的置信区间95% 上限
1	截距	10.052	4.984	4.068	1	.044			
	保费（R1）	4.781	2.147	4.957	1	.026	119.173	1.772	8013.963
	风险态度（R9）	-5.713	1.915	8.900	1	.003	.003	7.745E-5	.141
	风险意识（R11）	-4.128	1.500	7.576	1	.006	.016	.001	.305

购买意愿（PW_s^a）		B	标准误	Wald	df.	显著水平	Exp(B)	Exp(B) 的置信区间95%	
								下限	上限
2	截距	9.459	3.828	6.106	1	.013			
	保费（R1）	3.714	1.934	3.688	1	.055	41.032	.926	1817.429
	风险态度（R9）	-5.159	1.818	8.050	1	.005	.006	.000	.203
	风险意识（R11）	-2.419	1.005	5.796	1	.016	.089	.012	.638

注：a. 参考类别是：3。
-2 倍对数似然值 = 106.432，Cox and Snell - R^2 = 0.623，Nagelkerke - R^2 = 0.819，McFadden - R^2 = 0.682。
资料来源：笔者调查所得。

从表 5-13 中可以看出，-2 倍对数似然值 = 106.432，Cox and Snell - R^2 = 0.623，Nagelkerke - R^2 = 0.819，McFadden - R^2 = 0.682，模型拟合程度高。保费（R1）、风险态度（R9）、风险意识（R11）等解释变量均能对森林培育专业户的购买意愿有较好的解释。从表 5-13 中可知，解释变量保费（R1）的系数为正，表明保费与森林培育专业户森林保险购买意愿之间成反比关系，保费越高，森林保险购买意愿程度越低，越趋向于不愿意购买。风险态度（R9）、风险意识（R11）解释变量的系数为负，表明它们与森林保险购买意愿的关系成正比，风险态度越趋向于厌恶，森林保险购买意愿程度越高，越愿意购买，风险意识越强，认为森林保险非常重要的专业户，越倾向于愿意购买森林保险。根据表 5-13 分析结果，可以写出如下两个 Logit 变换模型。

$$\ln \frac{P(PW_s = 1)}{P(PW_s = 3)} = 10.052 + 4.781 \cdot R1 - 5.713 \cdot R9 - 4.128 \cdot R11$$

$$\ln \frac{P(PW_s = 2)}{P(PW_s = 3)} = 9.459 + 3.714 \cdot R1 - 5.159 \cdot R9 - 2.149 \cdot R11$$

第五节 兼业农户森林保险购买意愿的 Logit 模型分析——以福建省为例

一 数据来源与问卷设计

本研究所采用的数据来源于实地面对面问卷调查。调查对象的确定采用分层抽样和随机抽样相结合的方法。调查对象涉及福建省内县市的兼业农户。调查内容涉及兼业农户的个体特征、家庭情况及其对森林保险购买意愿等。本次调查共发放调查问卷 200 份，收回有效问卷 188 份，有效率达到 94%。调查问卷发放及回收情况见表 5-14。

表 5-14 兼业农户森林保险购买意愿调查问卷发放及回收情况①

调查方式	发放数量	回收数量	回收率	有效数量	有效率
面对面访谈	200	200	100%	188	94%

数据来源：笔者调查所得。

二 变量的选取、定义与赋值

依据兼业农户森林保险购买意愿影响因素理论分析，选取兼业农户的购买意愿为被解释变量，而将性别、年龄、文化程度、从事森林培育活动年限、种植规模、近2年家庭年度总收入、林业收入占家庭年度总收入的比重、是否了解森林保险、近2年遭受森林风险严重与否、受周围群体投保情况影响等变量作为解释变量，建立被解释变量和一系列解释变量之间的关系，利用所调查的数据进行计量分析。对被解释变量和解释变量的定义与赋值见表 5-15。

---

① 有关兼业农户购买意愿的问卷调查与风险态度问卷调查同时进行，合并在一份调查问卷中，所以问卷发放及回收情况与兼业农户风险态度部分一致。

表5-15 兼业农户森林保险购买意愿影响因素分析模型的变量说明

变量	名称	变量类型	变量定义与赋值	预期影响①
被解释变量	购买意愿（PW_F②）	分类	不愿意购买=1；意愿不明确=2；愿意购买=3	
解释变量	保费（$Q1$）③	分类	偏低=1；合理=2；偏高=3	-
	性别（$Q2$）④	分类	男=1，女=2	+
	年龄（$Q3$）	定序	30岁以下=1；30~40岁=2；40~50岁=3；50岁以上=4	?
	文化程度（$Q4$）	定序	小学及小学以下=1；初中=2；高中=3；大学以上=4	+
	从事森林培育活动年限（$Q5$）	定序	1年以内=1；1~3年=2；3~5年=3；5年以上=4	?
	种植规模（$Q6$）	定序	大于200亩=1；小于或等于200亩=2	-
	近2年家庭年度总收入（$Q7$）	定序	3万及以下=1；3万~10万=2；10万~15万=3；15万以上=4	?
	林业收入占家庭年度总收入比重（$Q8$）	定序	30%以下=1；30%~60%=2；60%~80%=3；80%以上=4	+
	风险态度（$Q9$）⑤	分类	风险偏好=1；风险中性=2；风险厌恶=3	+
	是否了解森林保险（$Q10$）	定序	不知道=1；知道，但不了解=2；比较了解=3；非常清楚=4	+
	风险意识（$Q11$）	分类	不重要，保不保无所谓=1；比较重要=2；非常重要，很需要森林保险=3	+
	近2年遭受森林风险严重与否（$Q12$）⑥	分类	严重=1；不严重=2	-
	受周围群体投保情况影响（$Q13$）	分类	受村干部影响=1；受亲戚、兄弟影响=2；受村里的大多数人影响=3；自己决定，不受别人影响=4	?
	保险额⑦（即保险的保障水平）（$Q14$）	定序	偏低=1；合理=2；偏高=3	+

注：① 预期影响符号中"正号（+）"表示正相关，"负号（-）"表示负相关，"问号（?）"表示不清楚，预期作用方向待定。
② 这里的PW_F，即兼业农户的购买意愿（Purchase-Willingness of Part-time Farmers）。
③ 这里保费以福建省现阶段商品林综合保险的保险费率为准，即每亩1.5元，该保险费率属于"偏低"、"合理"或者"偏高"，取决于受访者的主观心理感受。
④ 性别，是指兼业农户家庭决策人的性别。下面的年龄、文化程度及从事森林培育活动

续表

年限均针对兼业农户家庭决策人的情况填写。
⑤ 这里风险态度数据，依本书第四章"森林经营主体的风险态度及其测定"数据而定。
⑥ 损失以年度收入的10%为界，如果超过年度收入的10%，则属于损失严重；如果低于年度收入的10%，则属于不严重。
⑦ 这里保险额以福建省现阶段商品林综合保险的保险额为准，即每亩500元，该保险额属于"偏低"、"合理"或者"偏高"，取决于受访者自身的评判。

三 模型的选择与设定

购买意愿作为被解释变量有三种选择，即愿意购买、意愿不明确、不愿意购买，系离散的非连续变量，且解释变量也有离散型分类变量、离散型定序变量两类，因此不能用经典的回归方程模型，而应将其转化为效用模型进行评估，故适合选择三分类 Logit 模型分析。

被解释变量兼业农户的购买意愿 PW_F 有三个类别，分别为 $PW_F = 1$（不愿意购买）、$PW_F = 2$（意愿不明确）、$PW_F = 3$（愿意购买），以最后一个类别为参考类别，即以 $PW_F = 3$ 为参考类别，① 其他类别均与参考类别相比较，形成两个非冗余的 Logit 变换模型，如：

$$\ln \frac{P(PW_F = i)}{P(PW_F = 3)} = \alpha_{io} + \sum_{j}^{14} \beta_{ij} \cdot Q_{ij}, \text{其中 } i = 1, 2$$

四 森林保险购买意愿描述性统计分析

表 5-16 兼业农户森林保险购买意愿描述性统计 1

购买意愿 经营主体	不愿意购买		意愿不明确		愿意购买	
	频数	百分比（%）	频数	百分比（%）	频数	百分比（%）
兼业农户	146	77.66	21	11.17	21	11.17

资料来源：笔者调查所得。

在现行森林保险条款下，有146个兼业农户选择"不愿意购买"，

---

① 在多分类 Logit 回归模型分析中，SPSS 软件默认以组序最大的组（"最后"）作为参考类别，而在二分类 Logit 模型分析中则相反。

占受访农户的77.66%，其不愿意购买森林保险的原因如表5-17所示。

表5-17 兼业农户不愿意购买森林保险的原因统计1

原因	频数	百分比（%）
保险费太高	133	91.10
保险额太低	128	87.67
买保险的程序及保险条款太复杂	4	2.74
理赔困难	103	70.55
信不过森林保险	116	79.45
没听说过	129	88.36
自己承担	76	10.96
没有余钱	38	26.03
受灾时，政府有救济	60	41.10
其他	3	2.05

资料来源：笔者调查所得。

表5-17表明，在不愿意选择森林保险的146家兼业农户中，超过70%受访农户认为保费偏高、保险额偏低、理赔困难，或者信不过森林保险，甚至没听说过森林保险。

表5-18 兼业农户森林保险购买意愿描述性统计2

变量及其选项		不愿意购买		意愿不明确		愿意购买	
	购买意愿	频数	百分比（%）	频数	百分比（%）	频数	百分比（%）
保费（$Q1$）	偏低	3	1.60	3	1.60	12	6.38
	合理	10	5.32	14	7.45	9	4.79
	偏高	133	70.74	4	2.13	0	0.00
性别（$Q2$）	男	136	72.34	13	6.91	6	3.19
	女	10	5.32	8	4.26	15	7.98
年龄（$Q3$）	30岁以下	42	22.34	9	4.79	3	1.60
	30~40岁	45	23.94	6	3.19	10	5.32
	40~50岁	59	31.38	6	3.19	4	2.13
	50岁以上	0	0.00	0	0.00	4	2.13

续表

变量及其选项	购买意愿	不愿意购买 频数	不愿意购买 百分比（%）	意愿不明确 频数	意愿不明确 百分比（%）	愿意购买 频数	愿意购买 百分比（%）
文化程度（Q4）	小学及小学以下	58	30.85	2	1.06	6	3.19
	初中	49	26.06	8	4.26	2	1.06
	高中	26	13.83	7	3.72	4	2.13
	大学以上	13	6.91	4	2.13	9	4.79
从事森林培育活动年限（Q5）	1年以内	6	3.19	1	0.53	7	3.72
	1~3年	14	7.45	1	0.53	7	3.72
	3~5年	28	14.89	8	4.26	3	1.60
	5年以上	98	52.13	11	5.85	4	2.13
种植规模（Q6）	大于200亩	0	0.00	0	0.00	0	0.00
	小于或等于200亩	146	77.66	21	11.17	21	11.17
近2年家庭年度总收入（Q7）	3万及以下	72	38.30	2	1.06	3	1.60
	3万~10万	71	37.77	19	10.11	18	9.57
	10万~15万	3	1.60	0	0.00	0	0.00
	15万以上	0	0.00	0	0.00	0	0.00
林业收入占家庭年度总收入比重（Q8）	30%以下	146	77.66	21	11.17	21	11.17
	30%~60%	0	0.00	0	0.00	0	0.00
	60%~80%	0	0.00	0	0.00	0	0.00
	80%以上	0	0.00	0	0.00	0	0.00
风险态度（Q9）	风险偏好	142	75.53	4	2.13	3	1.60
	风险中性	4	2.13	17	9.04	4	2.13
	风险厌恶	0	0.00	0	0.00	14	7.45
是否了解森林保险（Q10）	不知道	138	73.40	6	3.19	4	2.13
	知道，但不了解	8	4.26	12	6.38	5	2.66
	比较了解	0	0.00	3	1.60	9	4.79
	非常清楚	0	0.00	0	0.00	3	1.60
风险意识（Q11）	不重要，保不保无所谓	121	64.36	6	3.19	0	0.00
	比较重要	22	11.70	12	6.38	4	2.13
	非常重要，很需要森林保险	3	1.60	3	1.60	17	9.04

续表

变量及其选项	购买意愿	不愿意购买 频数	不愿意购买 百分比（%）	意愿不明确 频数	意愿不明确 百分比（%）	愿意购买 频数	愿意购买 百分比（%）
近2年遭受森林风险严重与否（Q12）	严重	5	2.66	1	0.53	13	6.91
	不严重	141	75.00	20	10.64	8	4.26
受周围群体投保情况影响（Q13）	受村干部影响	35	18.62	1	0.53	9	4.79
	受亲戚、兄弟影响	44	23.40	6	3.19	7	3.72
	受村里的大多数人影响	52	27.66	1	0.53	2	1.06
	自己决定，不受别人影响	15	7.98	13	6.91	3	1.60
保险额（Q14）	偏低	128	68.09	16	8.51	1	0.53
	合理	15	7.98	5	2.66	16	8.51
	偏高	3	1.60	0	0.00	4	2.13

资料来源：笔者调查所得。

五 Logit 模型分析与解释

将上述 14 个解释变量，运用 SPSS V.17 汉化版软件对被解释变量购买意愿进行三分类的 Logit 回归分析，结果表明，除保费（Q1）、风险态度（Q9）、风险意识（Q11）等解释变量外，其余解释变量均不能很好地解释兼业农户森林保险购买意愿情况。将保费（Q1）、风险态度（Q9）、风险意识（Q11）3 个解释变量运用 SPSS V.17 汉化版软件进行分析，结果如表 5-19 所示。

表 5-19 兼业农户森林保险购买意愿 Logit 回归分析结果

购买意愿（PW$_F^a$）		B	标准误	Wald	df.	显著水平	Exp(B)	Exp(B)的置信区间95% 下限	Exp(B)的置信区间95% 上限
1	截距	12.179	3.923	9.637	1	.002			
	保费（Q1）	2.823	1.082	6.813	1	.009	16.826	2.020	140.146
	风险态度（Q9）	-5.290	1.033	26.244	1	.000	.005	.001	.038
	风险意识（Q11）	-3.487	1.070	10.615	1	.001	.031	.004	.249

续表

购买意愿（PW$_F^a$）		B	标准误	Wald	df.	显著水平	Exp(B)	Exp(B)的置信区间95%	
								下限	上限
2	截距	6.815	3.156	4.664	1	.031			
	保费（Q1）	1.776	.969	3.355	1	.067	5.903	.883	39.470
	风险态度（Q9）	-1.514	.793	3.644	1	.056	.220	.046	1.041
	风险意识（Q11）	-2.713	.927	8.575	1	.003	.066	.011	.408

注：a. 参考类别是：3。
-2倍对数似然值=219.036，Cox and Snell-R^2=0.600，Nagelkerke-R^2=0.804，McFadden-R^2=0.668。
资料来源：笔者调查所得。

从表5-19中可以看出，-2倍对数似然值=219.036，Cox and Snell-R^2=0.600，Nagelkerke-R^2=0.804，McFadden-R^2=0.668，模型拟合程度高。保费（Q1）、风险态度（Q9）、风险意识（Q11）等解释变量均能对兼业农户的购买意愿有较好的解释。从表5-19中可知，解释变量保费（Q1）的系数为正，表明保费与兼业农户森林保险购买意愿之间成反比关系，保费越高，森林保险购买意愿越低，越趋向于不愿意购买。风险态度（Q9）、风险意识（Q11）两个解释变量的系数为负，表明它们与森林保险购买意愿的关系成正比，风险态度越趋向于厌恶，森林保险购买意愿越高，越愿意购买，风险意识越强，认为森林保险非常重要的兼业农户，越倾向于愿意购买森林保险；反之，越倾向于不愿意购买。根据表5-19分析结果，可以写出如下两个Logit变换模型。

$$\ln\frac{P(PW_F=1)}{P(PW_F=3)} = 12.179 + 2.823 \cdot Q1 - 5.290 \cdot Q9 - 3.487 \cdot Q11$$

$$\ln\frac{P(PW_F=2)}{P(PW_F=3)} = 6.815 + 1.776 \cdot Q1 - 1.514 \cdot Q9 - 2.713 \cdot Q11$$

第六节　小结

森林经营主体的森林保险购买意愿的影响因素很多，有保费高低、个体特性、种植规模、风险态度、风险意识、保险额、以往受灾状况和受灾程度、其他风险分散机制的替代作用，等等。这些因素都在不同程度地影响着森林经营主体的森林保险购买意愿。经调查数据的 Logit 模型分析表明，森林培育企业的购买意愿主要受保费高低、风险态度两个解释变量影响；森林培育专业户和兼业农户的购买意愿主要受保费高低、风险态度、风险意识 3 个解释变量影响。

第六章
森林保险支付意愿研究

第一节 支付意愿

森林经营主体对森林保险的支付意愿（Willingness-To-Pay）是指在当前各种约束条件下（如货币收入既定等），森林经营主体愿意以什么价格购买森林保险。森林保险购买意愿衡量意愿程度，而支付意愿衡量有效支付水平，两者并不是一回事。

根据所检索的文献，国内外还没有关于森林经营者对森林保险支付意愿的研究，但有关其他方面的支付意愿的实证研究不少，有对生态补偿、人居环境建设与保护、森林资源等方面的价值评估研究，如靳乐山、郭建卿（2011），李伯华、窦银娣、刘沛林（2011），李超显（2011），黄丽君、赵翠薇（2011），张眉、刘伟平（2011）等；也有人对消费者的支付意愿进行分析研究，如曾寅初、刘媛媛、于晓华（2008），杨江帆（2011）等。对农业保险方面的支付意愿研究也有不少文献，如宁满秀、苗齐、邢鹂、钟甫宁（2006）采用多界二分选择法得到农民对棉花保险的支付意愿数据，通过分析得出，棉花生产波动性、灾害造成的损失程度、播种面积、对农业保险的认知度等因素影响了农户对棉花保费的支付水平；孙香玉（2008）研究江苏省淮安市431户农户的农业保险支付意愿，结果表明：农户对政府的信任度、农户对农业保险的认知水平、是否参加过农业保险、是否遭受理赔困难等因素影响农户的农业保险支付意愿；潘勇辉（2008）研究了蕉农对香蕉保险的支付意愿和支付能力，得出蕉农平均愿意支付保费的能力为39%，蕉农平均愿意支付保费率为0.14，政府补贴水平应该达到60%；陈泽育、凌远云（2008）对烟叶保险的支付意愿进行测算，同时对烟农的烟叶保险支付意愿的主要影响因素进行研究，认为对烟叶保险认知程度、遭受灾害的平均损失金额、农户户主年龄和年家庭纯收入等因素影响了烟农的烟叶保险支付意愿；孙香玉、钟甫宁（2009）研究发现，农业保险的支付意愿不仅受家庭收入、产量波动、损失频率、投保作物占家庭收入比重等与农业生产风险相关的因素的影响，同时还受到保险意识和对政府信任程度的影响；曾小波、修凤丽、贾金荣（2009）对陕西农户奶牛保险支付意愿进行研究，得出结论：是否接受保费、是否了解补贴、养殖户个体特征（即受教育年限、养殖经验、年龄）等是影响其保险支付意愿的主要因素；王尔大、于洋（2010）对水稻保险的支付意愿进行研究，得出结论：风险偏好、务农年限、种植面积、专业化程度、年家庭纯收入、作物减产损失程度以及对政策性保险的认知度对农户购买政策性水稻保险的支付意愿有重要影响；董玲、王鹏（2010）对能繁母猪保险支付意愿进行实证分析，认为农户户主的受教育程度、养殖规模、家庭纯收入、能繁母猪养殖专业化程度、对能繁母猪保险重要性的认识程度、是否接受过灾害救济补助和农户是否加入其他商业保险对其支付意愿产生一定的影响。上述文献关于保险支付意愿的研究，都利用条件价值评估法得出支付意愿数据，同时结合某个计量经济模型进行分析，如：Tobit模型（孙香玉，2008），Logit模型（潘勇辉，2008；曾小波、修凤丽、贾金荣，2009；董玲、王鹏，2010），COX比例风险模型（宁满秀、苗齐、邢鹂、钟甫宁，2006；王尔大、于洋，2010），PCE模型（陈泽育、凌远云，2008），分层模型（曾寅初、刘嫒嫒、于晓华，2008），等等。本书关于森林保险支付意愿的研究，也将采用条件价值评估法引导出森林经营者对森林保险的支付意愿。

第二节 森林保险支付意愿影响因素理论分析

一 森林培育企业的影响因素

1. 企业生产经营决策者的个体特性

它包括决策者的性别、年龄、受教育程度、林业生产经营年限等。一般情况下，女性决策者的支付意愿要低于男性决策者的支付意愿。企业决策者的年龄对森林保险支付意愿的影响是个双向因素。企业决策者的年龄越大、文化程度越高，越趋向于风险厌恶，其对森林保险的支付意愿越高。企业从事森林经营活动的年限对支付意愿也有重大的影响。一般来说，林业生产经营年限越长，对各种森林经营风险的认识就越全面，对森林经营风险所造成的损失和对森林风险的严重性的认识也就越深刻，其运用森林保险规避森林经营风险的积极性也就越高，因此支付意愿也高。但也有不足之处，由于从事森林培育活动多年，有丰富的种植经验，比较相信自己的种植经验和技能，在遇到风险时他们往往更偏爱风险自留，支付意愿也就较低。相反，从事森林培育活动年限较短，反而更有可能愿意选择森林保险来规避森林经营风险，支付意愿也相对较高。因此，企业林业生产经营年限对森林保险支付意愿的影响不确定，它取决于正反两方面作用力的大小。

2. 企业的林业生产规模大小

它包括森林种植规模、年产值、林业收入占总收入的比重、职工人数、生产技术人员人数等。种植规模、年产值与森林培育企业森林保险支付意愿一般呈同向关系，即经营主体所拥有的森林面积越大，产值越高，购买森林保险以规避风险的意愿就越强，支付意愿越高；反之，支付意愿越低。当森林培育企业的林业收入占总收入比重不大时，它对森林收益的依赖程度很低，对森林保险支付意愿也低。但当林业收入成为企业的主要收入来源时，即林业收入占总收入的比重较大时，企业对森林保险的支付意愿越高。职工人数越多，意味着企业的各项开支也就越大，负担也越重，越愿意购买森林保险来规避风险，避免收入波动幅度过大，此时支付意愿也较高。而企业生产技术人员越多，则意味着企业具备较强的防灾减灾的能力，其购买森林保险用以规避风险的意愿越弱，此时支付意愿越低。

3. 企业的所有制性质

不同的所有制性质也将影响企业对森林保险的支付意愿。森林培育企业的公有化程度越低，其越趋向于风险厌恶，支付意愿越高；反之，非公有制森林培育企业，因其产权属性为非公，其购买意愿较弱，支付意愿也较低。

4. 对风险的了解程度及其风险意识强弱

一般来说，经营主体对森林经营活动过程中所出现的风险越了解，对森林保险的理解和接受程度越高，其对森林保险的购买意愿也就越高，支付意愿也高。同时，风险意识越强烈，越愿意通过购买森林保险来规避风险；反之，越不愿意购买，此时支付意愿较低。

5. 森林经营者的风险态度

风险偏好型的森林经营者倾向于自留风险，其对森林保险的支付意愿较低；风险厌恶型的经营者倾向于用森林保险规避风险，防止收入波动幅度大，其支付意愿也较高；风险中性型森林经营者则可买可不买，持一种无所谓的态度，需要根据其他情况来作出是否购买森林保险的决定，此时支付意愿中等。

6. 森林保险的保障水平

森林保险的目的在于当森林遭遇风险事件时，能够得到足够的资金恢复林业生产，保障森林经营者的正常生产及生活。作为投保人和保险受益人，森林经营主体理所当然希望通过投保得到尽可能多的保障。但如果森林保险的保障水平不足，经营者不能从中得到足够资金用以恢复林业生产，则购买森林保险的意义也就不大。因此，森林保险的保障水平越低，森林经营主体的支付意愿也就越低；反之，则越高。

7. 以往受灾的状况及受灾程度

以往受灾的状况及受灾程度与森林保险的支付意愿密切相关，成正比关系。如果以往所遭受的森林灾害比较严重，受灾的概率较高，损失也比较大，则森林经营主体对森林保险的支付意愿也较高；相反，支付意愿较低。受灾程度越高，森林经营者的损失就越大，支付意愿也越高；反之，则越低。

8. 其他风险分散机制的替代作用

寻求非林业收入、自身承担风险、政府救济、精心种植与采用科学的经营管理办法等都一定程度上可以替代森林保险的风险分散作用。如果其他风险分散的渠道多，则会降低森林培育企业对森林保险的支付意愿。

9. 国家的财政补贴政策

政府对森林保险的财政补贴，变相降低了森林保险费率，将进一步增强森林经营者对森林保险的支付意愿。

二 森林培育专业户、兼业农户的影响因素

1. 个体特性

它包括户主的性别、年龄、受教育程度等。户主的性别、年龄及受教育程度等个体特性均对森林培育专业户、兼业农户的购买意愿与支付意愿有重要影响。一般来说，女性支付意愿低于男性。接受教育水平越高，越愿意购买森林保险来规避风险，此时支付意愿也较高。相反，如果户主受教育水平较低，对森林经营风险的认识也有限，不理解森林保险的作用，对森林保险往往存在误解或理解偏差，把森林保险的保费支出看成负担的增加，这必然大大降低其对森林保险的支付意愿。年龄越大，户主越趋向于风险厌恶，支付意愿越高。

2. 家庭特性

其主要包括家庭的经济收入水平、收入结构等方面。一般认为，家庭年度收入会对森林经营主体森林保险支付意愿产生正反两方面的影响，一方面，家庭年度收入水平越高，保险支付能力越强，支付意愿也较高；另一方面，当收入水平超过某一定点时，户主的自保能力越来越强，风险规避程度逐渐减弱，选择风险自留的可能性增大，此时支付意

愿也较低,这是负面影响。除了户主家庭绝对收入水平外,还需看林业收入占家庭总收入的比重,即收入结构。当林业收入占家庭总收入的比重低时,户主对森林收益的依赖程度低,此时对森林保险的支付意愿较低。但当林业收入占家庭总收入的比重高时,户主对森林收益的依赖程度就高,此时户主更关心森林保险的收入保障功能,对森林保险的支付意愿也较高。

3. 林业生产特性

它包括种植规模大小以及从事森林经营活动年限等。一般来说,种植规模大小与森林培育专业户、兼业农户的支付意愿呈正向关系,种植规模大,支付意愿就高;反之,支付意愿就低。但从事森林经营活动年限的长短,则有双向的影响,其方向和程度取决于两方面作用力的大小。

4. 经营主体对风险的了解程度及其风险意识强弱

对森林风险越了解,风险意识越强,则其对森林保险的支付意愿也越高;反之,支付意愿越低。

5. 森林经营者的风险态度

风险态度越趋向于厌恶,则对森林保险的支付意愿越高;反之,支付意愿越低。

6. 森林保险的保障水平

保障水平越高,支付意愿越高;反之,支付意愿越低。

7. 以往受灾的状况及受灾程度

历史上受灾频繁且严重,则会提高其购买森林保险的意愿,支付意愿高。若历史上受灾不多且不严重,则其对将来的估计偏向乐观,将进一步降低其支付意愿。

8. 其他风险分散机制的替代作用

寻求非林业收入、自身承担风险、亲戚朋友相助、政府救济、精心种植与采用科学的经营管理办法等都一定程度上可以替代森林保险的风险分散作用。如果其他风险分散的渠道多,则会降低森林经营者对森林保险的支付意愿。

9. 国家的财政补贴政策

政府对森林保险的财政补贴，变相降低了森林保险费率，将进一步增强森林经营者对森林保险的支付意愿。

第三节 基于条件价值评估法的森林保险支付意愿引导技术选择和问卷设计

一 森林保险最大支付意愿引导技术选择

由于目前的森林保险市场中，森林经营者往往面对的是某种具体保险方案（森林综合保险方案或森林火灾保险方案），[①] 投保人只能选择或拒绝，而没有自主选择保险方案的机会，因此无法从他们的实际投保行为中得到森林保险支付意愿。条件价值评估法作为一种获取人们对某物品或服务支付意愿的方法，根据效用最大化原理，通过调查问卷的方式，利用假想市场，来了解受访者对某物品或服务支付意愿的大小。虽然这种支付意愿引导技术会存在种种的偏误，但美国国家海洋及大气管理局认为，虽然使用条件价值评估法会产生这样那样的偏误，但在适当的问卷设计下，可以评估出价值的大小，且可以将各种可能的偏误降到最低（吴佩瑛，2001）。它已经得到学术界的一致认可，并被广泛运用在诸多非市场价值评估领域（Portney, 1994; Carson 等, 1994; Arrow 等, 1993）。因此，关于森林经营者对森林保险支付意愿的评估，仍然采用条件价值评估法。

最大支付意愿引导技术，主要有重复投保博弈、开放式出价法、支付卡出价法、二分选择法、开放式出价法与二分选择法的结合等（张志强，2003；孙香玉，2008）。吴佩瑛、刘哲良、苏明达（2005）的研究表明，结合开放式出价法与二分选择法可以大大降低起始点的偏误。Wu 和

[①] 福建省 2009 年实行森林火灾保险方案，2010 年以后实行森林综合保险方案，具体参见附录 3 和附录 4。

Su（2002）也认为开放式出价法与二分选择法的结合，使得支付意愿的估计更加有效，也更易于操作。考虑林区民众文化水平低、经济落后、地理位置偏僻及受到保险知识专业性的限制等因素的影响，为了更好地衡量受访者对森林保险的购买意愿，增加了"意愿不明确"选项，故对森林保险支付意愿的引导，必须考虑到这种三分选择的现实。因为开放式出价法和多分选择法相结合能较大程度地避免偏误，所以在森林保险支付意愿引导中，选择将开放式出价法和三分选择法相结合的引导模式。

二 问卷设计

CVM 通常以调查问卷的形式向被调查者询问一系列问题，从而引导出被调查者对服务或物品的支付意愿。本调查目的在于通过开放式出价法与三分选择法相结合的方法引导出森林经营者对森林保险的支付意愿。具体步骤为：第一阶段，询问被调查者是否意愿在现有的森林保险条款下购买森林保险。第二阶段，若选择"愿意"则再进一步提高保险费率，询问被调查者是否愿意购买森林保险。若选择"意愿不明确"，则直接开放出价，询问被调查者对森林保险的最高支付意愿。若选择"不愿意"，则调低保险费率，询问被调查者的意愿。第三阶段，不论被调查者选择"愿意"、"意愿不明确"还是"不愿意"，均利用开放式出价法，询问被调查者最高的支付意愿。其中 $B_i^3 > B_i^1 > B_i^2$，且 $B_i^a \in [0, B_i^2)$，$B_i^b \in [0, B_i^1)$，$B_i^c \in [B_i^2, B_i^1)$，$B_i^d \in [0, +\infty)$，$B_i^e \in [B_i^1, B_i^3)$，$B_i^f \in [B_i^1, +\infty)$，$B_i^g \in [B_i^3, +\infty)$。具体过程见图 6-1。

在第一阶段提供的标价是现阶段的森林保险条款中的保险费，这可以在一定程度上避免因起始标价定得过高或过低而引起偏误。同时在第三阶段采用开放式出价法，由被调查者说出自己的最大支付意愿（WTP），这样也避免了因被调查者不熟悉森林保险或没有森林保险的投保经验而很难确定自己的最大支付意愿。不足的是，如果第一阶段选择"意愿不明确"，则直接采取开放式出价法，可能会因受访者不熟悉森林保险或没有森林保险投保经验而产生一定的偏误。但总的来说，开放式出价法与三分选择法相结合，可以比较近似理想地引导出森林经营

第一阶段

```
                    B_i^1
         不愿意   意愿不明确   愿意
```

第二阶段

$B_i^2 \quad\quad B_i^d \quad\quad B_i^3$

不愿意　愿意　　　　不愿意　愿意

意愿不明确　　　　　意愿不明确

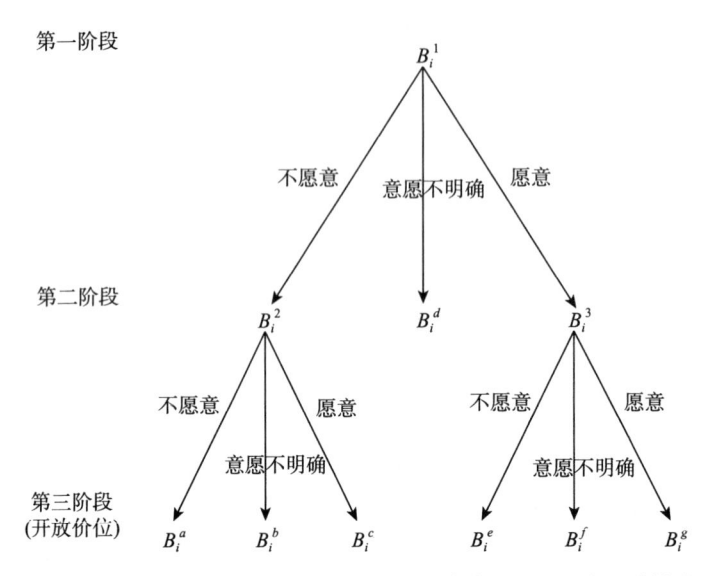

第三阶段
(开放价位)　$B_i^a \quad B_i^b \quad B_i^c \quad\quad B_i^e \quad B_i^f \quad B_i^g$

图 6-1　开放式出价法与三分选择法相结合的 CVM 问卷设计模式

者对森林保险的最大支付意愿。

因森林保险价值的评价在较大程度上会受到受访者个人基本情况的影响,因此,调查问卷中,除了对最大支付意愿的引导外,还包括投保人的基本情况,如年龄、文化程度、年度总收入、林业收入占年度总收入的比重以及对森林保险的了解程度等。

问卷设计尽量结合实际情况,简单易懂,容易识别。

第四节　森林培育企业森林保险支付意愿经验分析——以福建省为例

一　数据来源

本研究所采用的数据主要来源于实地面对面问卷调查和电子邮件问卷调查。调查对象的确定采用分层抽样和随机抽样相结合的方法。为保证问卷的有效性,在正式调查前,进行数次的预调查,完善调查问卷,尽可能避免偏误,同时正式开始调查前,对调查员进行培训,保证问卷填写的正确率。调查对象涉及福建省内国有林场、集体林场、股份合作制林场及私人林场等。调查内容涉及森林培育企业的个体特征及支付意愿大小两部分内容。调查问卷发放及回收情况见表6-1。

表6-1 森林培育企业森林保险支付意愿调查问卷发放及回收情况[①]

调查方式	发放数量（份）	回收数量（份）	回收率（%）	有效数量（份）	有效率（%）
面对面访谈	50	50	100	50	100
电子邮件	50	43	86	41	82
合计	100	93	93	91	91

资料来源：笔者调查所得。

二 变量的选择、定义与赋值

依据森林培育企业森林保险支付意愿影响因素理论分析，将支付意愿作为被解释变量，将年龄、文化程度、种植规模、林业生产经营年限、所有制性质、林业收入占总收入比重、是否了解森林保险、近2年遭受森林风险严重与否、风险态度、风险意识、保险额等变量作为解释变量。值得一提的是，与风险态度、购买意愿部分类似，由于调查问卷考虑欠周全，受访对象对"职工人数"与"生产技术人员人数"这两个变量的理解存在差异，所以调查所得"职工人数"和"生产技术人员人数"两个变量的数据统计口径不一，数据无法反映森林培育企业的真实情况。同时因"职工人数"和"生产技术人员人数"这两个变量与"种植规模"高度相关，因此，在此放弃"职工人数"和"生产技术人员人数"两个变量作为支付意愿的解释变量并不影响分析结果。

对被解释变量和解释变量的定义与赋值见表6-2。

[①] 有关森林培育企业的支付意愿的问卷调查与风险态度、购买意愿的问卷调查同时进行，合并在一份调查问卷中，所以问卷发放及回收情况与森林培育企业的风险态度、购买意愿部分一致。

表6-2 森林培育企业森林保险支付意愿影响因素分析的变量说明

变量	名称	变量类型	变量定义与赋值	预期影响[1]
被解释变量	支付意愿[2]（WTP_E[3]）	数值	依受访者回答得出	
解释变量	年龄（T1）[4]	定序	30岁以下=1；30~40岁=2；40~50岁=3；50岁以上=4	+
	文化程度（T2）	定序	小学及小学以下=1；初中=2；高中=3；大学以上=4	+
	种植规模（T3）	定序	5000亩以下=1；5000~10000亩=2；10000亩以上=3	+
	林业生产经营年限（T4）	定序	3年以内=1；3~5年=2；5~10年=3；10年以上=4	?
	所有制性质（T5）	分类	国有=1；集体=2；股份合作制[5]=3；私有=4	-
	林业收入占总收入比重（T6）	定序	30%以下=1；30%~60%=2；60%~80%=3；80%以上=4	+
	是否了解森林保险（T7）	定序	不知道=1；知道，但不了解=2；比较了解=3；非常清楚=4	+
	近2年遭受森林风险严重与否（T8）[6]	分类	严重=1；不严重=2	-
	风险态度（T9）[7]	分类	风险偏好=1；风险中性=2；风险厌恶=3	+
	风险意识（T10）	分类	不重要，保不保无所谓=1；比较重要=2；非常重要，很需要森林保险=3	+
	保险额[8]（即保险的保障水平）（T11）	定序	偏低=1；合理=2；偏高=3	+

注：① 预期影响符号中"正号（+）"表示正相关，"负号（-）"表示负相关，"问号（?）"表示不清楚，预期作用方向待定。
② 这里支付意愿是指对森林保险的最高支付意愿，单位为元/亩。
③ 这里的WTP_E，即森林培育企业的支付意愿（Willingness-To-Pay of Enterprise of Forestry Cultivation）。
④ 这里的年龄是指森林培育企业负责人的年龄。下面文化程度也是针对森林培育企业负责人的情况填写。
⑤ 股份合作制：包括股份制林场和合作制林场。由于这两类林场数量少，为了调查和分析的方便，将它们合并在一起分析。
⑥ 损失以年度收入10%为界，如果超过年度收入的10%，则属于损失严重；如果低于年度收入的10%，则属于不严重。
⑦ 这里的风险态度数据，依本书第四章"森林经营主体的风险态度及其测定"数据而定。
⑧ 这里保险额以福建省现阶段商品林综合保险的保险额为准，即每亩500元，该保险额属于"偏低"、"合理"或者"偏高"，取决于受访者自身的评判。

三 样本的描述性统计分析

表6-3 森林培育企业支付意愿频数、频率分布统计

WTP$_E$所属区间（元/亩）	频数	频率（%）	累积频率（%）
[0~1)	13	14.3	14.3
[1~1.5)	4	4.4	18.7
[1.5~2)	19	20.9	39.6
[2~+∞)	55	60.4	100.0
总计	91	100.0	

资料来源：笔者调查所得。

有10家企业选择零支付，其具体原因见表6-4。

表6-4 森林培育企业森林保险意愿零支付原因统计

原因	频数	百分比（%）
支付不起森林保险费	0	0.00
受灾不严重，森林保险并不重要	9	90.00
应该由政府全额支付森林保险费	8	80.00
森林保险条款不合理	10	100.00
不信任保险公司或政府	8	80.00
理赔复杂	10	100.00
其他理由	2	20.00

资料来源：笔者调查所得。

10家选择零支付的企业均认为森林保险条款不合理、理赔复杂；同时认为森林保险不重要的有9家，占90%；对保险公司或政府不信任与认为应该由政府全额支付保费的有8家，占80%。

表6-5 森林培育企业森林保险支付意愿描述统计量

变量	名称	极小值	极大值	均值	标准差
被解释变量	支付意愿（WTP$_E$）	0	5	2.09	1.049
解释变量	年龄（T1）	1	4	3.04	0.682
解释变量	文化程度（T2）	2	4	3.77	0.449

续表

变量	名称	极小值	极大值	均值	标准差
解释变量	种植规模（T3）	2	3	2.93	0.250
	林业生产经营年限（T4）	3	4	3.96	0.206
	所有制性质（T5）	1	4	1.43	0.896
	林业收入占总收入比重（T6）	2	4	3.93	0.291
	是否了解森林保险（T7）	1	4	3.09	0.985
	近2年遭受森林风险严重与否（T8）	1	2	1.80	0.401
	风险态度（T9）	1	3	2.68	0.681
	风险意识（T10）	1	3	2.42	0.804
	保险额（T11）	1	1	1.00	0.000

资料来源：笔者调查所得。

各影响因素与支付意愿关系的散点图如图6-2至图6-12所示。

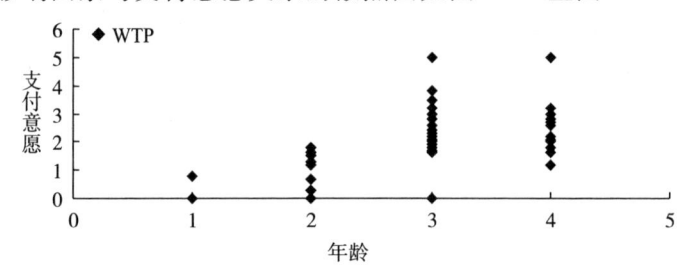

图6-2 森林培育企业年龄与支付意愿关系散点图

资料来源：笔者调查所得。

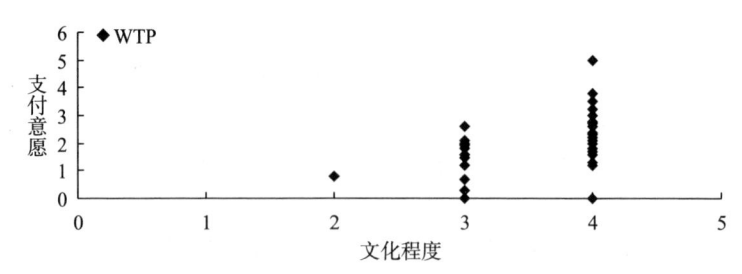

图6-3 森林培育企业文化程度与支付意愿关系散点图

资料来源：笔者调查所得。

第六章 森林保险支付意愿研究

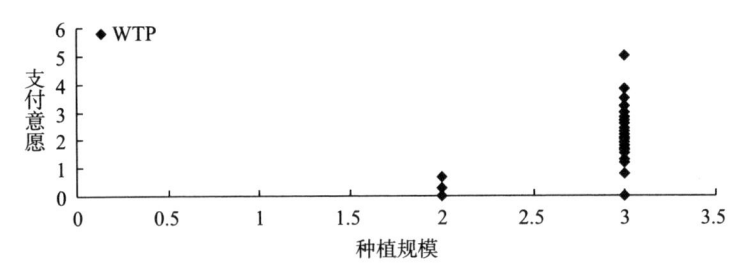

图 6-4 森林培育企业种植规模与支付意愿关系散点图
资料来源：笔者调查所得。

图 6-5 森林培育企业林业生产经营年限与支付意愿关系散点图
资料来源：笔者调查所得。

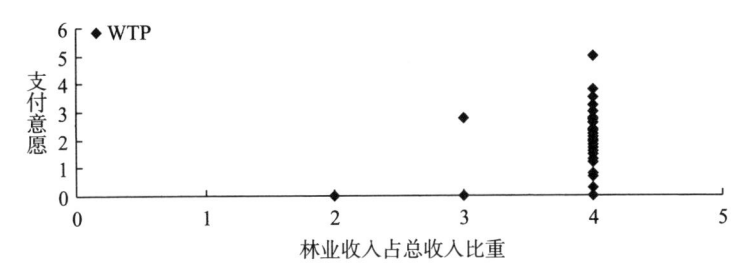

图 6-6 森林培育企业林业收入占总收入比重与支付意愿关系散点图
资料来源：笔者调查所得。

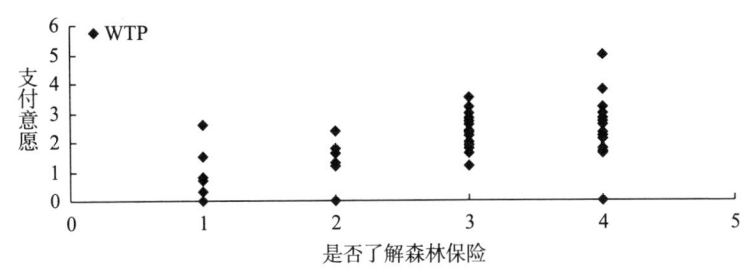

图 6-7 森林培育企业是否了解森林保险与支付意愿关系散点图
资料来源：笔者调查所得。

123

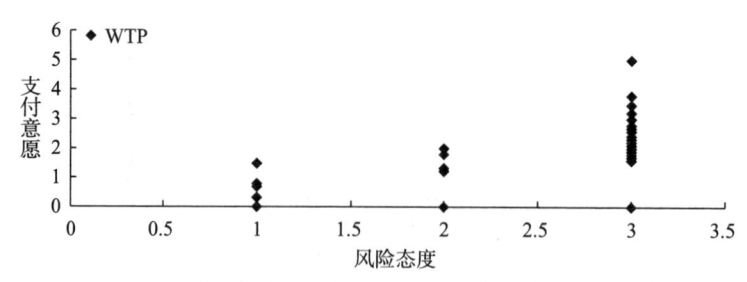

图6-8 森林培育企业风险态度与支付意愿关系散点图

资料来源：笔者调查所得。

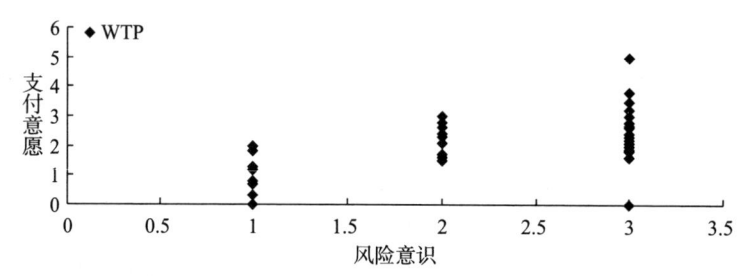

图6-9 森林培育企业风险意识与支付意愿关系散点图

资料来源：笔者调查所得。

从图6-2至图6-9可知，年龄、文化程度、种植规模、林业生产经营年限、林业收入占总收入比重、是否了解森林保险、风险态度、风险意识8个变量与支付意愿水平呈同向关系。

而从图6-10至图6-11可知，所有制性质、近2年遭受森林风险严重与否等变量与支付意愿水平呈反向关系。

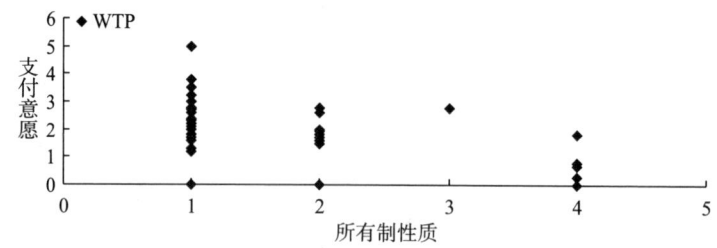

图6-10 森林培育企业所有制性质与支付意愿关系散点图

资料来源：笔者调查所得。

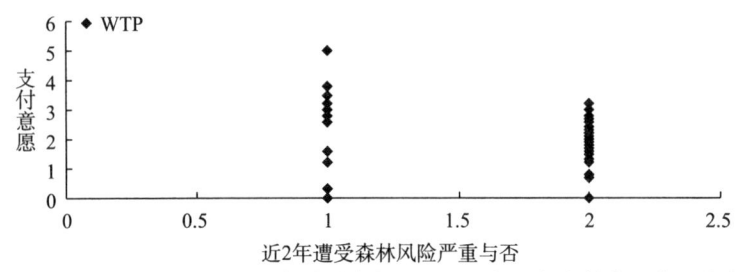

图 6-11　森林培育企业近 2 年遭受森林风险严重与否与支付意愿关系散点图

资料来源：笔者调查所得。

图 6-12 无法反映保险额与支付意愿的相关关系，这是因为所有受访的森林培育企业均认为保险额偏低、保障水平不够，不足以弥补遭受森林风险后的再生产支出。

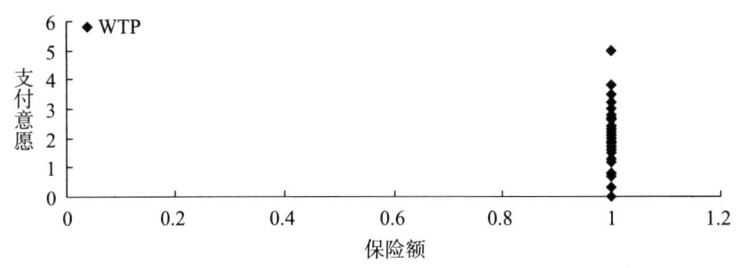

图 6-12　森林培育企业保险额与支付意愿关系散点图

资料来源：笔者调查所得。

四　模型的选择与建立

根据福建省现行的商品林综合保险方案以及开放式出价法与三分选择法相结合的森林保险支付意愿引导技术，可以将问卷调查中所得的森林培育企业对森林保险的支付意愿水平分为四个组别，每个组别对应着相应的 WTP 区间，具体的支付意愿组别定义见表 6-6。

表 6-6　森林培育企业森林保险支付意愿组别定义

WTP 组别	WTP 所属区间（元/亩）
1	[0 ~ 1)
2	[1 ~ 1.5)
3	[1.5 ~ 2)
4	[2 ~ +∞)

被解释变量森林培育企业的支付意愿组别 $GWTP_E$① 有四个组别，分别为 $GWTP_E=1$、$GWTP_E=2$、$GWTP_E=3$、$GWTP_E=4$，系离散的非连续变量，且解释变量也分为离散型分类变量、离散型定序变量两类，不能用经典的回归方程模型，而应将其转化为效用模型进行评估，故适合选择四分类 Logit 模型分析，以最后一个类别为参考类别，即以 $GWTP_E=4$ 为参考类别，② 其他类别均与参考类别相比较，形成三个非冗余的 Logit 变换模型，如：

$$\ln\frac{P(GWTP_E=i)}{P(GWTP_E=4)}=\alpha_{io}+\sum_{j}^{11}\beta_{ij}\cdot T_{ij}，其中 i=1,2,3$$

五 Logit 模型分析

将上述 11 个变量，运用 SPSS V.17 汉化版软件对 WTP 组别进行四分类的 Logit 回归分析，运行结果表明，除风险态度 $T2$ 这个解释变量外，其余解释变量均不能很好地解释森林培育企业森林保险支付意愿情况。将风险态度 $T2$ 这一解释变量运用 SPSS V.17 汉化版软件进行分析，结果如表 6-7 所示。

表 6-7 森林培育企业森林保险支付意愿影响因素 Logit 回归分析结果

支付意愿组别 ($GWTP_E{}^a$)		B	标准误	Wald	df.	显著水平	Exp(B)	Exp(B) 的置信区间 95%	
								下限	上限
1	截距	10.829	3.402	10.130	1	.001			
	风险态度 $T2$	-4.893	1.258	15.126	1	.000	.007	.001	.088
2	截距	7.924	3.466	5.226	1	.022			
	风险态度 $T2$	-3.856	1.250	9.520	1	.002	.021	.002	.245

---

① $GWTP_E$ 为森林培育企业的 WTP 组别（Group Number of Willingness-To-Pay of Enterprise of Forestry Cultivation）。
② 在多分类 Logit 回归模型分析中，SPSS 软件默认以组序最大的组（"最后"）作为参考类别，而在二分类 Logit 模型分析中则相反。

续表

支付意愿组别 ($GWTP_E{}^a$)		B	标准误	Wald	df.	显著水平	Exp(B)	Exp（B）的置信区间95%	
								下限	上限
3	截距	4.858	3.381	2.064	1	.151			
	风险态度 T2	-2.016	1.143	3.112	1	.078	.133	.014	1.251

注：a. 参考类别是：4。
-2倍对数似然值 = 85.511，Cox and Snell - R^2 = 0.471，Nagelkerke - R^2 = 0.537，McFadden - R^2 = 0.304。
资料来源：笔者调查所得。

从表6-7中可以看出，-2倍对数似然值 = 85.511，Cox and Snell - R^2 = 0.471，Nagelkerke - R^2 = 0.537，McFadden - R^2 = 0.304，模型拟合程度高。解释变量风险态度（T2）对森林保险支付意愿有较好的解释。从表6-7中可知，解释变量风险态度（T2）的系数为负，表明它与森林培育企业森林保险支付意愿组别大小成正比关系，风险态度越趋向于风险厌恶，则森林培育企业森林保险支付意愿水平所属组别也越大，即支付意愿水平也就相对越高。根据表6-7中分析结果，可以写出如下3个Logit变换模型。

$$\ln\frac{P(GWTP_E=1)}{P(GWTP_E=4)} = 10.829 - 4.893 \cdot T2$$

$$\ln\frac{P(GWTP_E=2)}{P(GWTP_E=4)} = 7.924 - 3.856 \cdot T2$$

$$\ln\frac{P(GWTP_E=3)}{P(GWTP_E=4)} = 4.858 - 2.016 \cdot T2$$

第五节 森林培育专业户森林保险支付意愿经验分析——以福建省为例

一 数据来源

本研究所采用的数据主要来源于实地面对面问卷调查和电子邮件问

卷调查。调查对象的确定采用分层抽样和随机抽样相结合的方法。为保证问卷的有效性，在正式调查前，进行数次的预调查，完善调查问卷，尽可能避免偏误，同时正式开始调查前，对调查员进行培训，保证问卷填写的正确率。调查对象涉及福建省内森林培育专业户。调查内容涉及森林培育专业户的个体特征、家庭特征及其对森林保险的支付意愿水平等。调查问卷发放及回收情况见表6-8。

表6-8 森林培育专业户森林保险支付意愿调查问卷发放及回收情况[①]

调查方式	发放数量（份）	回收数量（份）	回收率（%）	有效数量（份）	有效率（%）
面对面访谈	80	80	100	80	100
电子邮件	20	11	55	8	40
合计	100	91	91	88	88

资料来源：笔者调查所得。

二 变量的选择、定义与赋值

依据森林培育专业户森林保险支付意愿影响因素理论分析，将支付意愿作为被解释变量，以性别、年龄、文化程度、从事森林培育活动年限、种植规模、近2年家庭年度总收入、林业收入占家庭年度总收入比重、风险态度、是否了解森林保险、风险意识、近2年遭受森林风险严重与否、受周围群体投保情况影响、保险额等变量作为解释变量。对被解释变量和解释变量的定义与赋值见表6-9。

表6-9 森林培育专业户森林保险支付意愿影响因素分析模型的变量说明

变量	名称	变量类型	变量定义与赋值	预期影响[①]
被解释变量	支付意愿[②]（WTP_S[③]）	分类	依受访者回答得出	

[①] 有关森林培育专业户的支付意愿问卷调查与风险态度、购买意愿的问卷调查同时进行，合并在一份调查问卷中，所以问卷发放及回收情况与森林培育专业户的风险态度、购买意愿部分一致。

续表

变量	名称	变量类型	变量定义与赋值	预期影响①
解释变量	性别（$U1$）④	分类	男 =1，女 =2	+
	年龄（$U2$）	定序	30 岁以下 =1；30～40 岁 =2；40～50 岁 =3；50 岁以上 =4	+
	文化程度（$U3$）	定序	小学及小学以下 =1；初中 =2；高中 =3；大学以上 =4	+
	从事森林培育活动年限（$U4$）	定序	1 年以内 =1；1～3 年 =2；3～5 年 =3；5 年以上 =4	?
	种植规模（$U5$）	定序	大于 200 亩 =1；小于或等于 200 亩 =2	-
	近 2 年家庭年度总收入（$U6$）	定序	3 万及以下 =1；3 万～10 万 =2；10 万～15 万 =3；15 万以上 =4	?
	林业收入占家庭年度总收入比重（$U7$）	定序	30%以下 =1；30%～60% =2；60%～80% =3；80%以上 =4	+
	风险态度（$U8$）	分类	风险偏好 =1；风险中性 =2；风险厌恶 =3	+
	是否了解森林保险（$U9$）	定序	不知道 =1；知道，但不了解 =2；比较了解 =3；非常清楚 =4	+
	风险意识（$U10$）	分类	不重要，保不保无所谓 =1；比较重要 =2；非常重要，很需要森林保险 =3	+
	近 2 年遭受森林风险严重与否（$U11$）⑤	分类	严重 =1；不严重 =2	-
	受周围群体投保情况影响（$U12$）	分类	受村干部影响 =1；受亲戚、兄弟影响 =2；受村里的大多数人影响 =3；自己决定，不受别人影响 =4	?
	保险额⑥（即保险的保障水平）（$U13$）	定序	偏低 =1；合理 =2；偏高 =3	+

注：① 预期影响符号中"正号（+）"表示正相关，"负号（-）"表示负相关，"问号（?）"表示不清楚，预期作用方向待定。
② 这里支付意愿是指对森林保险的最高支付意愿，单位为：元/亩。
③ 这里的 WTP_S，即森林培育专业户的支付意愿（Willingness-To-Pay of Specialized Households of Forestry Cultivation）。
④ 性别，是指森林培育专业户家庭决策人的性别。下面的年龄、文化程度及从事森林培育活动年限均针对森林培育专业户家庭决策人的情况填写。
⑤ 损失以年度收入的 10% 为界，如果超过年度收入的 10%，则属于损失严重；如果低于年度收入的 10%，则属于不严重。
⑥ 这里保险额以福建省现阶段商品林综合保险的保险额为准，即每亩 500 元，该保险额属于"偏低"、"合理"或者"偏高"，取决于受访者自身的评判。

三 样本的描述性统计分析

表 6 - 10　森林培育专业户森林保险支付意愿频数、频率分布统计

WTP_S 所属区间（元/亩）	频数	频率（%）	累积频率（%）
[0~1)	12	13.64	13.64
[1~1.5)	8	9.09	22.73
[1.5~2)	51	57.95	80.68
[2~+∞)	17	19.32	100.00
总计	88	100.00	

有5家专业户选择零支付，其具体原因见表6-11。

表 6 - 11　森林培育专业户森林保险意愿零支付原因统计

原因	频数	百分比（%）
支付不起森林保险费	0	0.00
受灾不严重，森林保险并不重要	5	100.00
应该由政府全额支付森林保险费	5	100.00
森林保险条款不合理	4	80.00
不信任保险公司或政府	3	60.00
理赔复杂	4	80.00
其他理由	2	40.00

资料来源：笔者调查所得。

表6-11表明，5家选择零支付的受访专业户均认为森林保险不重要，且应全额由政府支付保费，同时理赔复杂与森林保险条款不合理也是其选择零支付的主要原因。

表 6 - 12　森林培育专业户森林保险支付意愿描述统计量

变量	名称	极小值	极大值	均值	标准差
被解释变量	支付意愿（WTP_S）	0	6	1.64	0.930
解释变量	性别（$U1$）	1	2	1.03	0.183
	年龄（$U2$）	1	4	2.93	0.992

第六章 森林保险支付意愿研究

续表

变量	名称	极小值	极大值	均值	标准差
解释变量	文化程度（$U3$）	1	4	2.00	1.213
	从事森林培育活动年限（$U4$）	3	4	3.90	0.305
	种植规模（$U5$）	1	2	1.08	0.272
	近2年家庭年度总收入（$U6$）	2	4	2.86	0.761
	林业收入占家庭年度总收入比重（$U7$）	1	4	3.27	0.931
	风险态度（$U8$）	1	3	2.64	0.714
	是否了解森林保险（$U9$）	1	4	2.74	0.851
	风险意识（$U10$）	1	3	2.55	0.787
	近2年遭受森林风险严重与否（$U11$）	1	2	1.83	0.378
	受周围群体投保情况影响（$U12$）	4	4	4.00	0.000
	保险额（$U13$）	1	3	1.35	0.626

资料来源：笔者调查所得。

各影响因素与支付意愿关系的散点图如图6-13至图6-24所示。

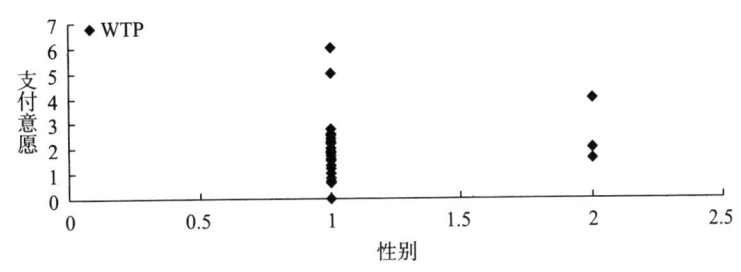

图6-13　森林培育专业户性别与支付意愿关系散点图

资料来源：笔者调查所得。

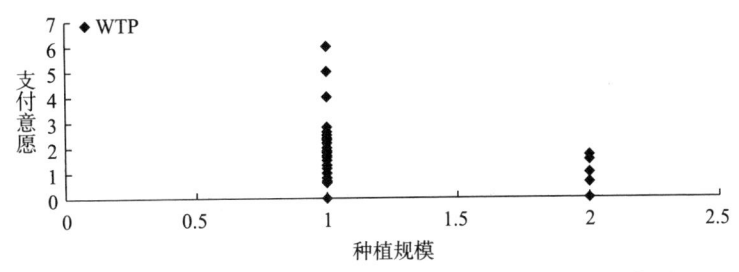

图6-14　森林培育专业户种植规模与支付意愿关系散点图

资料来源：笔者调查所得。

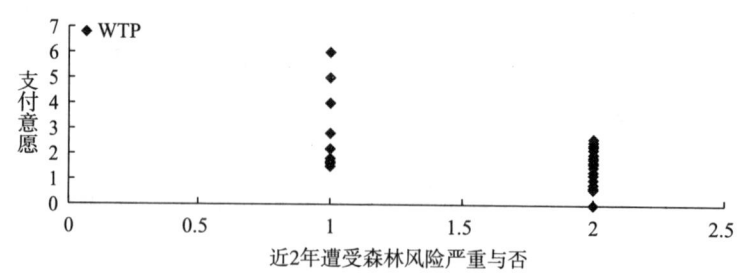

图 6-15　森林培育专业户近 2 年遭受森林风险严重与否与支付意愿关系散点图
资料来源：笔者调查所得。

如图 6-13 至图 6-15 所示，性别、种植规模、近 2 年遭受森林风险严重与否等变量与森林培育专业户森林保险支付意愿水平呈现反方向关系。

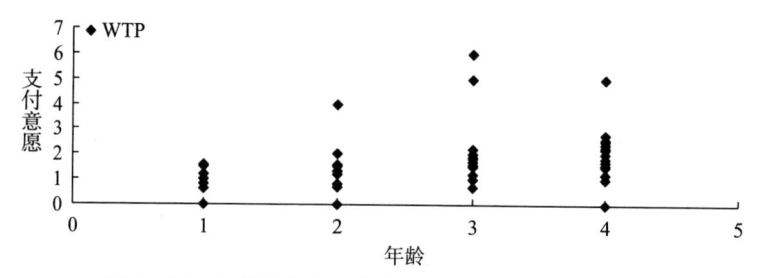

图 6-16　森林培育专业户年龄与支付意愿关系散点图
资料来源：笔者调查所得。

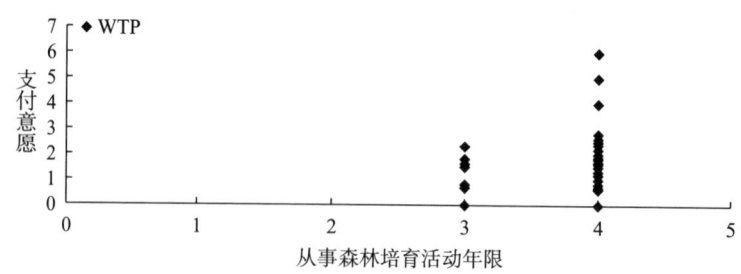

图 6-17　森林培育专业户从事森林培育活动年限与支付意愿关系散点图
资料来源：笔者调查所得。

第六章 森林保险支付意愿研究

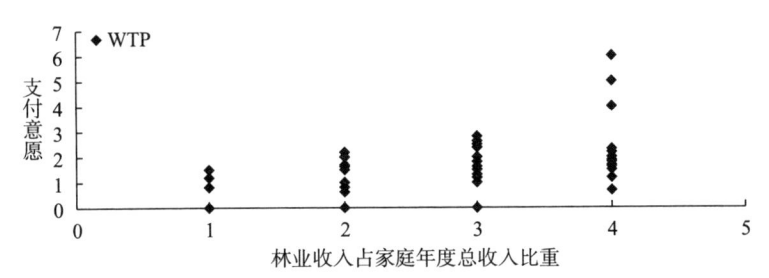

图 6-18 森林培育专业户林业收入占家庭年度
总收入比重与支付意愿关系散点图

资料来源：笔者调查所得。

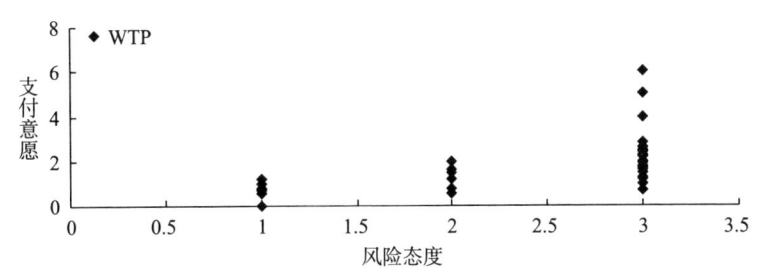

图 6-19 森林培育专业户风险态度与支付意愿关系散点图

资料来源：笔者调查所得。

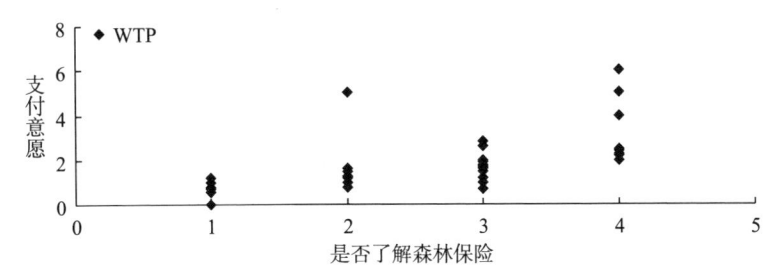

图 6-20 森林培育专业户是否了解森林保险与支付意愿关系散点图

资料来源：笔者调查所得。

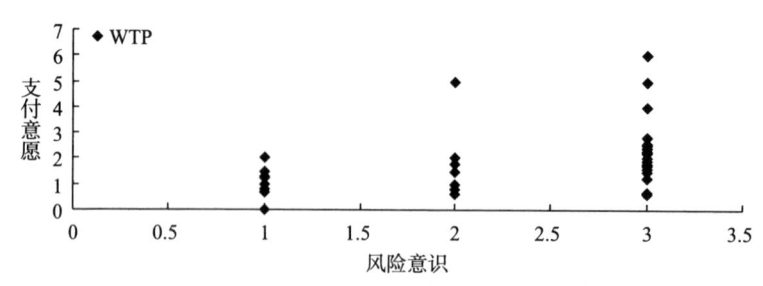

图 6-21　森林培育专业户风险意识与支付意愿关系散点图

资料来源：笔者调查所得。

如图 6-16 至图 6-21 所示，森林培育专业户年龄、从事森林培育活动年限、林业收入占家庭年度总收入比重、风险态度、是否了解森林保险、风险意识等变量均与支付意愿水平呈现同方向关系。

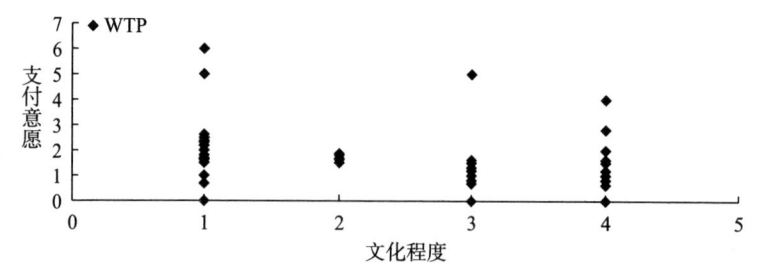

图 6-22　森林培育专业户文化程度与支付意愿关系散点图

资料来源：笔者调查所得。

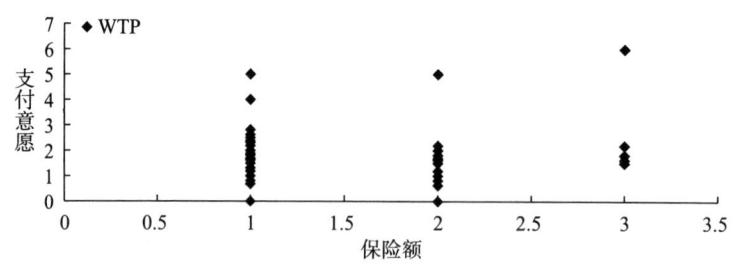

图 6-23　森林培育专业户保险额与支付意愿关系散点图

资料来源：笔者调查所得。

如图 6-22 至图 6-23 所示，森林培育专业户的文化程度、保险额等变量与支付意愿的关系不明显，没有显著的趋向性。

由于森林培育专业户自主能力较强,面对是否愿意支付森林保险问题,受访者均表示自己决定,不受他人影响,因此,图6-24体现不出周围群体投保情况与支付意愿的关系。

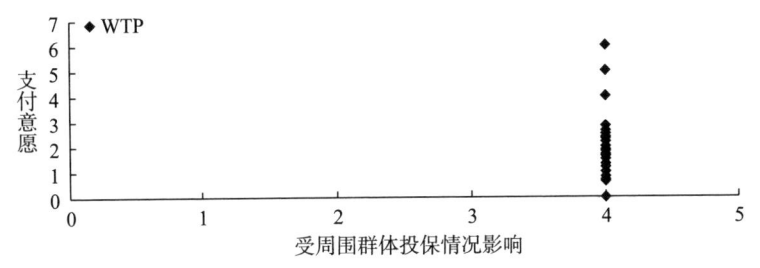

图6-24 森林培育专业户受周围群体投保情况影响与支付意愿关系散点图

资料来源:笔者调查所得。

四 模型的选择与建立

根据福建省现行的商品林综合保险方案以及开放式出价法与三分选择法相结合的森林保险支付意愿引导技术,可以将问卷调查中所得森林培育专业户对森林保险的支付意愿水平分为四个组别,每个组别对应着相应的WTP区间,具体的支付意愿组别定义见表6-13。

表6-13 森林培育专业户森林保险支付意愿组别定义

WTP组别	WTP所属区间(元/亩)
1	[0~1)
2	[1~1.5)
3	[1.5~2)
4	[2~+∞)

被解释变量森林培育专业户的支付意愿组别$GWTP_s$[①]有四个类别,分别为$GWTP_s=1$、$GWTP_s=2$、$GWTP_s=3$、$GWTP_s=4$,系离散的非连续变量,且解释变量也分离散型分类变量、离散型定序变量两类,不

---

① $GWTP_s$为森林培育专业户的WTP组别(Group Number of Willingness-To-Pay of Specialized Households of Forestry Cultivation)。

能用经典的回归方程模型,而应将其转化为效用模型进行评估,故适合选择四分类 Logit 模型分析,以最后一个类别为参考类别,即以 $GWTP_S = 4$ 为参考类别,[①] 其他类别均与参考类别相比较,形成三个非冗余的 Logit 变换模型,如:

$$\ln\frac{P(GWTP_S = i)}{P(GWTP_S = 4)} = \alpha_{io} + \sum_{j}^{13}\beta_{ij} \cdot U_{ij}, \text{其中 } i = 1, 2, 3$$

五 Logit 模型分析

表 6-14 森林培育专业户森林保险支付意愿影响因素 Logit 回归分析结果 1

	支付意愿组别（$GWTP_S^a$）	B	标准误	Wald	df.	显著水平	Exp(B)	Exp(B) 的置信区间 95% 下限	上限
1	截距	19.527	5.811	11.293	1	.001			
	近 2 年家庭年度总收入（U6）	.333	.986	.114	1	.736	1.395	.202	9.635
	风险态度（U8）	-1.362	1.571	.752	1	.386	.256	.012	5.564
	是否了解森林保险（U9）	-6.507	1.530	18.074	1	.000	.001	7.438E-5	.030
2	截距	18.149	5.582	10.571	1	.001			
	近 2 年家庭年度总收入（U6）	-.524	.775	.457	1	.499	.592	.130	2.704
	风险态度（U8）	-.437	1.429	.093	1	.760	.646	.039	10.633
	是否了解森林保险（U9）	-5.406	1.416	14.575	1	.000	.004	.000	.072
3	截距	12.433	4.887	6.471	1	.011			
	近 2 年家庭年度总收入（U6）	-.488	.524	.868	1	.352	.614	.220	1.714
	风险态度（U8）	1.053	1.260	.698	1	.403	2.867	.242	33.913
	是否了解森林保险（U9）	-4.079	1.142	12.761	1	.000	.017	.002	.159

注：a. 参考类别是：4。

-2 倍对数似然值 = 157.256，Cox and Snell - R^2 = 0.655，Nagelkerke - R^2 = 0.732，McFadden - R^2 = 0.474。

资料来源：笔者调查所得。

[①] 在多分类 Logit 回归模型分析中，SPSS 软件默认以组序最大的组（"最后"）作为参考类别，而在二分类 Logit 模型分析中则相反。

将上述13个变量，运用SPSS V.17汉化版软件对WTP组别进行四分类的Logit回归分析，运行结果表明，除是否了解森林保险（$U9$）等解释变量外，其余解释变量均不能很好地解释森林培育专业户森林保险支付意愿情况。将解释变量是否了解森林保险（$U9$）运用SPSS V.17汉化版软件进行分析，结果如表6-15所示。

表6-15　森林培育专业户森林保险支付意愿影响因素Logit回归分析结果2

支付意愿组别（$GWTP_s{}^a$）		B	标准误	Wald	df.	显著水平	Exp(B)	Exp（B）的置信区间95% 下限	上限
1	截距	21.205	4.017	27.867	1	.000			
	是否了解森林保险（$U9$）	-8.008	1.459	30.112	1	.000	.000	1.906E-5	.006
2	截距	17.957	3.941	20.767	1	.000			
	是否了解森林保险（$U9$）	-6.257	1.313	22.697	1	.000	.002	.000	.025
3	截距	14.388	3.521	16.699	1	.000			
	是否了解森林保险（$U9$）	-4.178	1.119	13.936	1	.000	.015	.002	.137

注：a. 参考类别是：4。
　　-2倍对数似然值=114.706，Cox and Snell-R^2=0.622，Nagelkerke-R^2=0.696，McFadden-R^2=0.433。
资料来源：笔者调查所得。

从表6-15中可以看出，-2倍对数似然值=114.706，Cox and Snell-R^2=0.622，Nagelkerke-R^2=0.696，McFadden-R^2=0.433，模型拟合程度高。解释变量是否了解森林保险（$U9$）能对森林培育专业户森林保险支付意愿有较好的解释。从表6-15中可知，解释变量是否了解森林保险（$U9$）的系数为负，表明它与森林培育专业户森林保险支付意愿组别大小成正比关系，对森林保险的了解程度越高，森林培育专业户森林保险支付意愿水平所属组别也越大，即支付意愿水平也就相对越高。根据表6-15分析结果，可以写出如下三个Logit变换模型。

$$\ln\frac{P(GWTP_s=1)}{P(GWTP_s=4)} = 21.205 - 8.008 \cdot U9$$

$$\ln\frac{P(GWTP_s=2)}{P(GWTP_s=4)} = 17.957 - 6.257 \cdot U9$$

$$\ln\frac{P(\text{GWTP}_s = 3)}{P(\text{GWTP}_s = 4)} = 14.388 - 4.178 \cdot U9$$

第六节 兼业农户森林保险支付意愿经验分析——以福建省为例

一 数据来源

本研究所采用的数据来源于实地面对面问卷调查。调查对象的确定采用分层抽样和随机抽样相结合的方法。为保证问卷的有效性，在正式调查前，进行数次的预调查，完善调查问卷，尽可能避免偏误，同时正式开始调查前，对调查员进行培训，保证问卷填写的正确率。调查对象涉及福建省内兼业农户。调查内容涉及兼业农户的个体特征及支付意愿等。调查问卷发放及回收情况见表 6-16。

表 6-16 兼业农户森林保险支付意愿调查问卷发放及回收情况[①]

调查方式	发放数量（份）	回收数量（份）	回收率（%）	有效数量（份）	有效率（%）
面对面访谈	200	200	100	188	94

数据来源：笔者调查所得。

二 变量的选择、定义与赋值

依据兼业农户森林保险支付意愿影响因素理论分析，将支付意愿作为被解释变量，将性别、年龄、文化程度、从事森林培育活动年限、种植规模、近 2 年家庭年度总收入、林业收入占家庭年度总收入比重、风险态度、是否了解森林保险、风险意识、近 2 年遭受森林风险严重与否、受周围群体投保情况影响、保险额等变量作为解释变量。对被解释变量和解释变量的定义与赋值见表 6-17。

[①] 有关兼业农户支付意愿问卷调查与风险态度、购买意愿的问卷调查同时进行，合并在一份调查问卷中，所以问卷发放及回收情况与兼业农户的风险态度、购买意愿部分一致。

表 6-17 兼业农户森林保险支付意愿影响因素分析模型的变量说明

变量	名称	变量类型	变量定义与赋值	预期影响[①]
被解释变量	支付意愿[②]（WTP_F[③]）	分类	依受访者回答得出	
解释变量	性别（V1）[④]	分类	男 = 1；女 = 2	+
	年龄（V2）	定序	30 岁以下 = 1；30～40 岁 = 2；40～50 岁 = 3；50 岁以上 = 4	+
	文化程度（V3）	定序	小学及小学以下 = 1；初中 = 2；高中 = 3；大学以上 = 4	+
	从事森林培育活动年限（V4）	定序	1 年以内 = 1；1～3 年 = 2；3～5 年 = 3；5 年以上 = 4	?
	种植规模（V5）	定序	大于 200 亩 = 1；小于或等于 200 亩 = 2	-
	近 2 年家庭年度总收入（V6）	定序	3 万及以下 = 1；3 万～10 万 = 2；10 万～15 万 = 3；15 万以上 = 4	?
	林业收入占家庭年度总收入比重（V7）	定序	30% 以下 = 1；30%～60% = 2；60%～80% = 3；80% 以上 = 4	+
	风险态度（V8）	分类	风险偏好 = 1；风险中性 = 2；风险厌恶 = 3	+
	是否了解森林保险（V9）	定序	不知道 = 1；知道，但不了解 = 2；比较了解 = 3；非常清楚 = 4	+
	风险意识（V10）	分类	不重要，保不保无所谓 = 1；比较重要 = 2；非常重要，很需要森林保险 = 3	+
	近 2 年遭受森林风险严重与否（V11）[⑤]	分类	严重 = 1；不严重 = 2	-
	受周围群体投保情况影响（V12）	分类	受村干部影响 = 1；受亲戚、兄弟影响 = 2；受村里的大多数人影响 = 3；自己决定，不受别人影响 = 4	?
	保险额[⑥]（即保险的保障水平）（V13）	定序	偏低 = 1；合理 = 2；偏高 = 3	+

注：① 预期影响符号中"正号（+）"表示正相关，"负号（-）"表示负相关，"问号（?）"表示不清楚，预期作用方向待定。
② 这里支付意愿是指对森林保险的最高支付意愿，单位为：元/亩。
③ 这里的 WTP_F，即兼业农户的支付意愿（Willingness-To-Pay of Part-time Farmers）。
④ 性别，是指兼业农户家庭决策人的性别。下面的年龄、文化程度及从事森林培育活动年限均针对兼业农户家庭决策人的情况填写。
⑤ 损失以年度收入的 10% 为界，如果超过年度收入的 10%，则属于损失严重；如果低于年度收入的 10%，则属于不严重。
⑥ 这里保险额以福建省现阶段商品林综合保险的保险额为准，即每亩 500 元，该保险额属于"偏低"、"合理"或者"偏高"，取决于受访者自身的评判。

三　样本的描述性统计分析

表 6-18　兼业农户森林保险支付意愿频数、频率分布统计

WTP_F 所属区间（元/亩）	频数	频率（%）	累积频率（%）
[0~1)	153	81.38	81.38
[1~1.5)	23	12.23	93.61
[1.5~2)	12	6.39	100.00
[2~+∞)	0	0.00	100.00
总计	188	100.00	

资料来源：笔者调查所得。

有 99 家农户选择零支付，占所有受访兼业农户的 52.66%，其具体原因见表 6-19。

表 6-19　兼业农户森林保险意愿零支付原因统计

原因	频数	百分比（%）
支付不起森林保险费	17	17.17
受灾不严重，森林保险并不重要	83	83.84
应该由政府全额支付森林保险费	92	92.93
森林保险条款不合理	24	24.24
不信任保险公司或政府	67	67.68
理赔复杂	82	82.83
其他理由	15	15.15

资料来源：笔者调查所得。

表 6-19 表明，在 99 家选择零支付的兼业农户中，92.93% 的受访农户认为保费应该全额由政府支付，83.84% 的受访农户认为受灾不严重，因此森林保险不重要，82.83% 的受访者认为森林保险理赔复杂。

表 6-20 兼业农户森林保险支付意愿描述统计量

变量	名称	极小值	极大值	均值	标准差
被解释变量	支付意愿（WTP_F）	0	2	0.28	0.483
解释变量	性别（$V1$）	1	2	1.18	0.381
	年龄（$V2$）	1	4	2.12	0.853
	文化程度（$V3$）	1	4	2.12	1.045
	从事森林培育活动年限（$V4$）	1	4	3.34	0.953
	种植规模（$V5$）	2	2	2.00	0.000
	近2年家庭年度总收入（$V6$）	1	3	1.61	0.522
	林业收入占家庭年度总收入比重（$V7$）	1	1	1.00	0.000
	风险态度（$V8$）	1	3	1.28	0.594
	是否了解森林保险（$V9$）	1	4	1.31	0.663
	风险意识（$V10$）	1	3	1.45	0.703
	近2年遭受森林风险严重与否（$V11$）	1	2	1.90	0.302
	受周围群体投保情况影响（$V12$）	1	4	2.38	1.025
	保险额（$V13$）	1	3	1.27	0.521

资料来源：笔者调查所得。

各因素对支付意愿的影响如图6-25至图6-37所示。

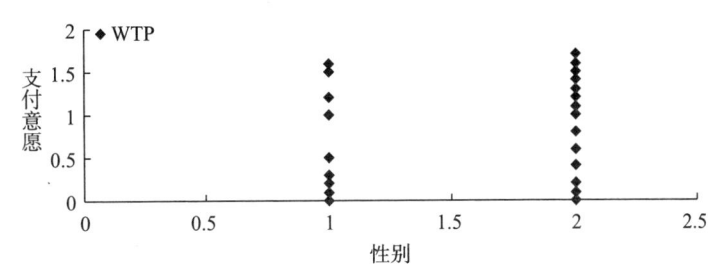

图 6-25 兼业农户性别与支付意愿关系散点图

资料来源：笔者调查所得。

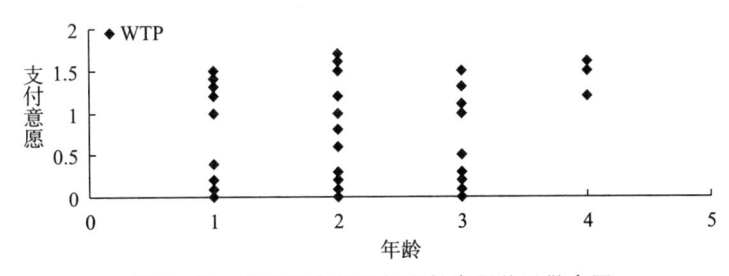

图 6-26 兼业农户年龄与支付意愿关系散点图

资料来源：笔者调查所得。

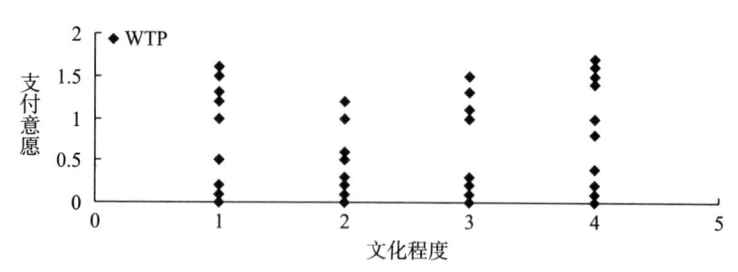

图 6-27 兼业农户文化程度与支付意愿关系散点图
资料来源：笔者调查所得。

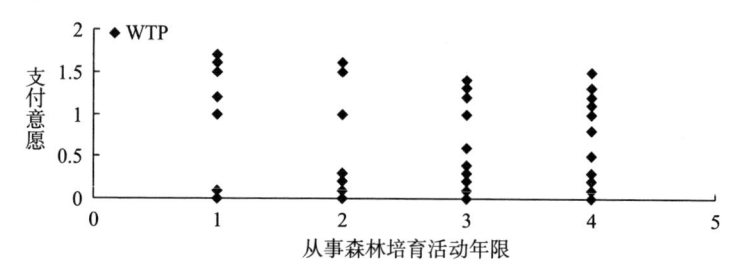

图 6-28 兼业农户从事森林培育活动年限与支付意愿关系散点图
资料来源：笔者调查所得。

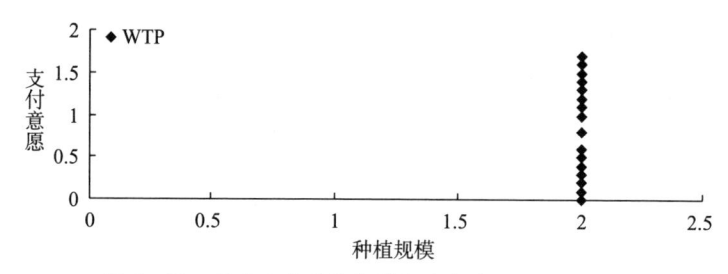

图 6-29 兼业农户种植规模与支付意愿关系散点图
资料来源：笔者调查所得。

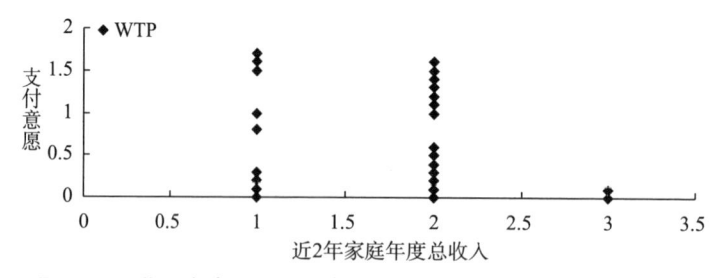

图 6-30 兼业农户近 2 年家庭年度总收入与支付意愿关系散点图
资料来源：笔者调查所得。

第六章 森林保险支付意愿研究

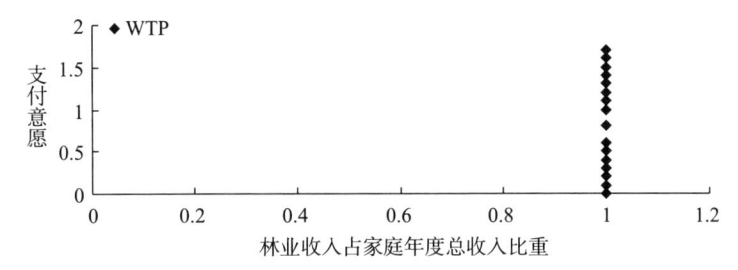

图 6-31 兼业农户林业收入占家庭年度总收入比重与支付意愿关系散点图
资料来源：笔者调查所得。

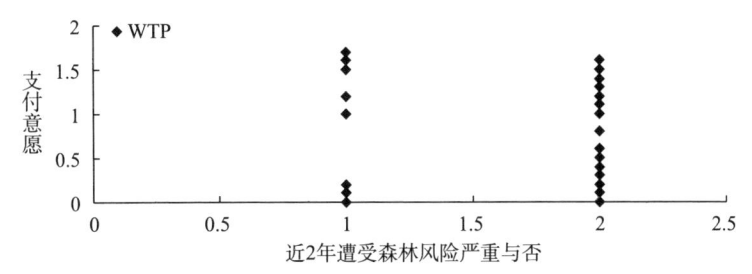

图 6-32 兼业农户近 2 年遭受森林风险严重与否与支付意愿关系散点图
资料来源：笔者调查所得。

如图 6-25 至图 6-32 所示，兼业农户的性别、年龄、文化程度、从事森林培育活动年限、种植规模、近 2 年家庭年度总收入、林业收入占家庭年度总收入比重、近 2 年遭受森林风险严重与否等变量与支付意愿水平的关系不明显，没有明显的趋向性。

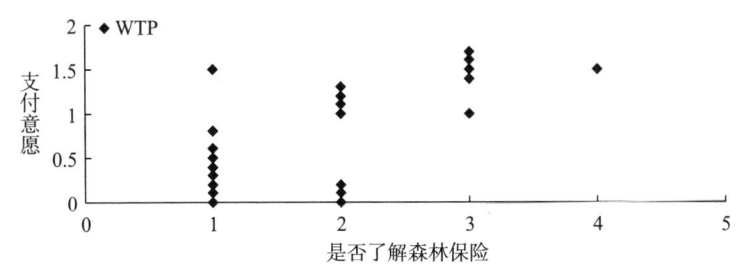

图 6-33 兼业农户是否了解森林保险与支付意愿关系散点图
资料来源：笔者调查所得。

143

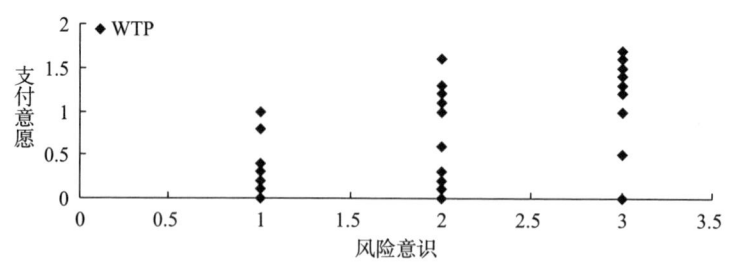

图 6-34　兼业农户风险意识与支付意愿关系散点图

资料来源：笔者调查所得。

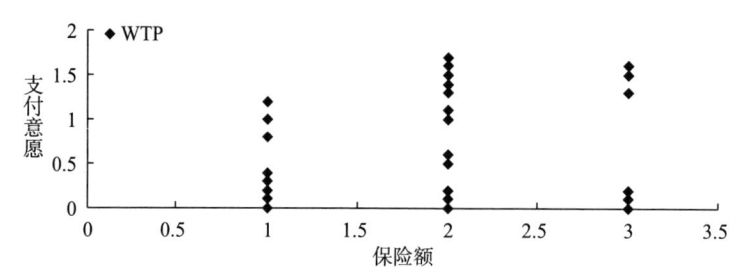

图 6-35　兼业农户保险额与支付意愿关系散点图

资料来源：笔者调查所得。

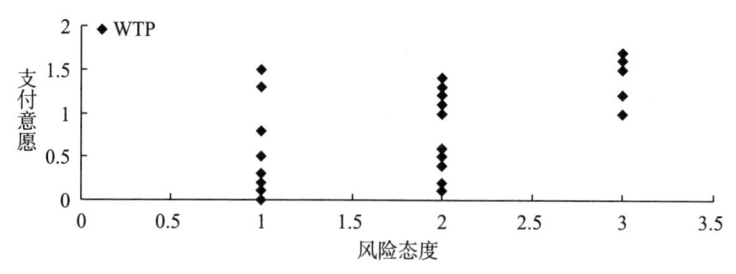

图 6-36　兼业农户风险态度与支付意愿关系散点图

资料来源：笔者调查所得。

如图 6-23 至图 6-36 所示，兼业农户是否了解森林保险、风险意识、保险额和风险态度与支付意愿水平的关系呈同方向变化。

而图 6-37 表明，兼业农户受周围群体投保情况影响与支付意愿的关系呈反方向变化。

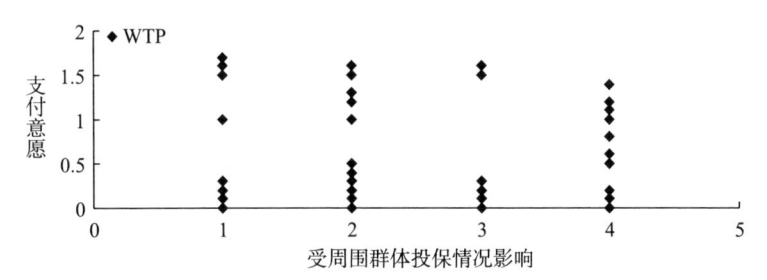

图 6-37　兼业农户受周围群体投保情况影响与支付意愿关系散点图
资料来源：笔者调查所得。

四　模型的选择与建立

根据福建省现行的商品林综合保险方案以及开放式出价法与三分选择法相结合的森林保险支付意愿引导技术，可以将问卷调查中所得兼业农户对森林保险的支付意愿水平分为四个组别，每个组别对应着相应的 WTP 区间，具体的支付意愿组别定义见表 6-21。

表 6-21　兼业农户森林保险支付意愿组别定义

WTP 组别	WTP 所属区间（元/亩）
1	[0~1)
2	[1~1.5)
3	[1.5~2)
4	[2~+∞)

被解释变量兼业农户的支付意愿组别 $GWTP_F$ [1]有四个类别，分别为 $GWTP_F=1$、$GWTP_F=2$、$GWTP_F=3$、$GWTP_F=4$，系离散的非连续变量，且解释变量也分离散型分类变量、离散型定序变量两类，不能用经典的回归方程模型，而应将其转化为效用模型进行评估，故适合选择四分类 Logit 模型分析，以最后一个类别为参考类别。由于兼业农户森林

---

[1] $GWTP_S$ 为森林培育专业户的 WTP 组别（Group Number of Willingness-To-Pay of Part-time Farmers）。

保险支付意愿落在第四组别的受访者为 0，所以在兼业农户森林保险支付意愿 Logit 计量模型分析中，应以 GWTP$_F$ = 3 为参考类别，① GWTP$_F$ = 1、GWTP$_F$ = 2 均与该参考类别相比较，形成两个非冗余的 Logit 变换模型，如：

$$\ln \frac{P(GWTP_F = i)}{P(GWTP_F = 4)} = \alpha_{io} + \sum_{j}^{13} \beta_{ij} \cdot V_{ij}, \text{其中} i = 1, 2$$

五 Logit 模型分析

将上述 13 个变量，运用 SPSS V.17 汉化版软件对 WTP 组别进行三分类的 Logit 回归分析，运行结果表明，除风险态度（$V8$）、是否了解森林保险（$V9$）两个解释变量外，其余解释变量均不能很好地解释兼业农户森林保险支付意愿情况。将风险态度（$V8$）、是否了解森林保险（$V9$）两个解释变量运用 SPSS V.17 汉化版软件进行分析，结果如表 6-22 所示。

表 6-22 兼业农户森林保险支付意愿影响因素 Logit 回归分析结果

支付意愿组别（NWTP$_F^a$）		B	标准误	Wald	df.	显著水平	Exp(B)	Exp（B）的置信区间95%	
								下限	上限
1	截距	23.295	4.067	32.808	1	.000			
	风险态度（$V8$）	-4.988	1.501	11.038	1	.001	.007	.000	.129
	是否了解森林保险（$V9$）	-6.166	1.568	15.462	1	.000	.002	9.718E-5	.045
2	截距	10.785	3.288	10.759	1	.001			
	风险态度（$V8$）	-2.122	1.051	4.074	1	.044	.120	.015	.940
	是否了解森林保险（$V9$）	-1.871	.965	3.762	1	.052	.154	.023	1.020

注：a. 参考类别是：3。

-2 倍对数似然值 = 202.734，Cox and Snell - R^2 = 0.596，Nagelkerke - R^2 = 0.853，McFadden - R^2 = 0.755。

资料来源：笔者调查所得。

---

① 在多分类 Logit 回归模型分析中，SPSS 软件默认以组序最大的组（"最后"）作为参考类别，而在二分类 Logit 模型分析中则相反。

从表 6-22 中可以看出，-2 倍对数似然值 = 202.734，Cox and Snell - R^2 = 0.596，Nagelkerke - R^2 = 0.853，McFadden - R^2 = 0.755，模型拟合程度高。风险态度（V8）、是否了解森林保险（V9）两个解释变量均能对兼业农户森林保险支付意愿有较好的解释。从表 6-22 中可知，解释变量风险态度（V8）、是否了解森林保险（V9）的系数均为负，表明它与兼业农户森林保险支付意愿组别大小成正比关系，风险态度越趋向于风险厌恶，则兼业农户森林保险支付意愿水平所属组别越大，即支付意愿水平也就相对较高；对森林保险越了解，支付意愿水平也就越高，反之越低。根据表 6-22 分析结果，可以写出如下两个 Logit 变换模型。

$$\ln\frac{P(GWTP_F = 1)}{P(GWTP_F = 4)} = 23.295 - 4.988 \cdot V8 - 6.166 \cdot V9$$

$$\ln\frac{P(GWTP_F = 2)}{P(GWTP_F = 4)} = 10.785 - 2.122 \cdot V8 - 1.871 \cdot V9$$

第七节　小结

三类森林经营主体的森林保险支付意愿的主要影响因素有所不同。森林培育企业森林保险支付意愿水平主要受风险态度因子影响，风险态度越趋向于风险厌恶，支付意愿水平越高，反之越低。森林培育专业户的支付意愿水平主要受是否了解森林保险这个解释变量影响，对森林保险的了解程度越高，越趋向于高的支付意愿，反之，则支付意愿水平越低。而兼业农户的森林保险支付意愿则主要受风险态度、是否了解森林保险这两个解释变量联合影响，风险态度、是否了解森林保险均与支付意愿水平的高低成正比关系，风险态度越趋向于风险厌恶，支付意愿水平越高；越了解森林保险，支付意愿水平越高。

第七章
财政补贴政策与森林保险投保行为研究

2004年中央一号文件首次明确提出国家应"加快建立政策性农业保险制度，选择部分产品和部分地区率先试点，有条件的地方可以对参加种养业的农户给予一定的保费补贴"。2005年和2006年中央一号文件连续作出了扩大农业政策性保险试点范围的政策规定，要求积极发展农业保险，建立和完善政策性农业保险体系。2007年中央一号文件提出各级财政要对参加保险的农户给予保费补贴。2008年3月5日温家宝总理做政府工作报告时明确表示，2008年将积极扩大农业保险范围，做好政策性农业保险试点工作。森林保险是我国农业保险体系中的重要组成部分，其对林业具有保驾护航的作用，但其自身的发展受到市场失灵的困扰，有效需求和有效供给均偏低，需要政府的积极干预和保护。财政补贴作为政府的一种转移性支付方式，其对森林保险的补贴标准、补贴方式等对促进森林保险的发展有着不可替代的支持作用。针对森林保险财政补贴的研究也已经成为决策者和学术界所关注的焦点，如保费补贴对森林经营者购买森林保险的激励作用多大，目前的保费补贴结构是否合理以及财政补贴的政策效果如何等。

第一节 财政补贴是解决森林保险市场失灵的有效途径

林业是高风险的产业，在森林漫长的生长周期里，不仅容易受到火灾、病虫鼠害以及风、雪、水等自然灾害的袭击，而且容易遭到人为破坏，如偷盗、乱砍滥伐、纵火等。从降低森林经营者风险灾害损失以及促进林业发展的角度看，森林保险对我国林业的发展有着重要意义，它不仅可以稳定森林经营者的收入和基本生活水平，避免其因灾致贫、因灾返贫，平滑其年度收入曲线，避免收入的大起大落，使得森林经营风险得以有效规避和分散，同时也提高了林业再生产能力和恢复能力，遭受损失后能从保险公司得到必要的赔偿，能迅速地恢复再生产，维护森林资源安全。同时还可以提高森林经营者的信用度，有利于森林经营者获得金融机构的信贷支持，增强林业生产的资本配置能力。总之，森林保险对于森林经营主体规避与分散风险，提高林业再生产能力，推动林业的可持续发展具有重要意义。但森林保险系政策性保险，存在市场失灵，其运转无法完全由私人保险公司来承担，森林保险呈现潜在需求大与森林经营主体自主投保率低、保险公司承保率低的矛盾。这也是政府介入森林保险的根本原因。

森林保险市场失灵，主要是由以下几个原因造成的。

1. 森林保险市场的信息不对称

森林保险市场中森林经营者与保险公司之间、保险公司与保险监管机构之间、森林经营者与保险监管机构之间均存在严重的信息不对称。著名的信息经济学家阿罗于1953年就指出，信息不对称是"妨碍保险机制顺利运转的主要障碍"（孙祁祥、孙立明，2002）。信息的不对称，会造成严重的逆向选择和道德风险，如：森林经营者会利用自己对风险情况了解的信息优势，选择安全隐患大的林木进行投保，进而导致森林保险的赔付率高，损害保险公司的利益；保险公司也会利用自身的保险知识和保险技术上的优势，故意回避一些对投保人有利的条款，甚至利用对自身的经营状况更加了解的信息优势，制定偏向自身的保险合同；森林经营者签订森林保险合同后，也会利用自身信息优势，降低防灾减灾的谨慎程度或防范风险的努力程度，保险公司对其行为进行监督的成本高昂，或者在技术上根本就不能进行有效的监督，使得保险公司的赔付增加等。更严重的是，部分森林经营者利用信息优势，进行保险欺诈等。总之，信息不对称所引发的逆向选择和道德风险问题，使得提供森林保险的保险公司保险成本上升，导致森林保险供给减少，甚至根本不愿意供给森林保险。同时，保险公司的逆向选择和道德风险，使得森林经营者在面临保险公司推销森林保险业务时表现出很低的投保意愿，减少了对森林保险的需求。

2. 森林保险的特殊性

经典保险理论要求承保风险必须是"独立的随机事件"（谢家智、蒲林昌，2003）。它是以大数定律为基础的，必须有大量独立的风险单位投保才可能分散风险，而且投保越多，保费越低，保障越充分。

就森林保险的特征看，单个标的的保险金额虽然不大，从表面上看森林经营者也是独立经营，财务独立核算，看似符合保险理论的大数定律，但不可忽视的是，森林的风险事件通常不是相互独立的，而是具有高度相关性。森林风险单位在灾害事故及灾害损失中常常表现为高度的时间与空间的相关性，大多数的森林灾害，如火灾、干旱、洪涝、冰雪、病虫害等，一个风险单位有时包括数县甚至几个省。在这样一个风险单位里，参保的森林经营者越多，风险也就越集中，保险公司亏损也严重，分散风险机制的作用不能完全发挥出来。

森林风险的这种高度相关性破坏了保险公司在众多投保林主之间分散风险的能力，保险公司必须保持充足的准备金来应对可能发生的巨额损失，大幅度提高保险公司的成本，并有可能使保险公司退出森林保险市场（崔文迁、王珺、马菁蕴，2008）。这也是我国有的地区一村、一乡或者一县进行森林保险试点赔付率极高的原因。

正是因为森林风险事件的高度相关性，一旦受灾，受损单位数量就特别大，也极容易引起巨灾损失，而纯粹的商业性保险难以分散这类风险，因此，有必要对林业这个基础产业和公益事业进行强制性保险，人为扩大保险标的的数量，同时实施适当的财政补贴，另外通过再保险公司实现进一步的风险分散，并对再保险实行补贴。

3. 森林保险的复杂性和艰巨性

由于森林地域分布辽阔，森林经营者数量多且分散，森林林权也很分散，所以保险公司组织工作难度大，保费收缴不易，任务非常艰巨；树种、林地地理位置及林地禀赋等因素的不同使得森林保险的标的保额难以测算，而且保险林木是不断增值的，其价值就显得更加难以确定；森林灾害具有发生面积大、危害程度高、防治困难、灾后林木具有一定的自我恢复能力等特点，使得森林损失和残值难以测定，保险理赔工作量大，容易产生纠纷和歧义，赔偿处理非常麻烦。森林保险业务操作的复杂性和艰巨性不仅决定了森林保险超高的运营成本，制约了森林保险的供给，构成了森林保险市场化发展难以逾越的障碍，也对保险从业人员的素质和结构提出了更高的要求。目前，森林保险人才匮乏、复合型人才不足，特别是懂得而且能够胜任森林保险的人员严重短缺，这制约着我国政策性森林保险的推进。

森林保险市场普遍存在的信息不对称性，以及森林保险的特殊性和复杂性决定了森林保险并不是严格意义上的可保风险，这也导致了森林保险市场的失灵；森林保险必定是政策性保险，需要政府采取一定的措施进行纠正，引导森林保险市场的持续健康发展。具体情况如图7-1所示。

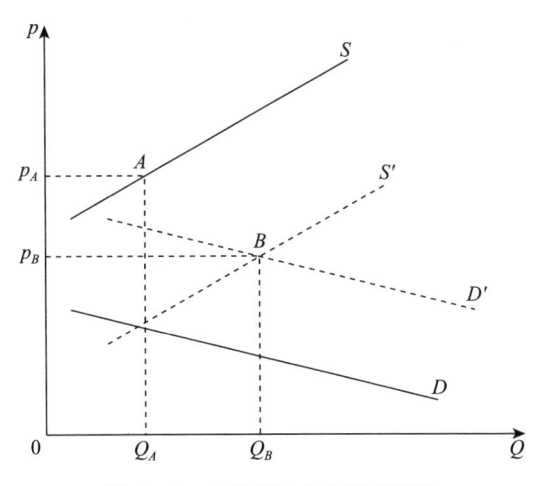

图7-1 森林保险市场供需情况

信息不对称所造成的逆向选择和道德风险以及森林保险的特殊性和复杂性等共同作用，使得一方面抑制森林经营者对森林保险的需求，另一方面也抑制保险公司对森林保险的供给，使得森林保险市场出现需求与供给曲线不能相交的局面，如图7-1中的需求曲线D和供给曲线S，使得森林保险的供需双方之间存在"价差"，即森林保险中的投保林主所愿意支付的最高保险费比保险公司所愿意承担的最低保险费还要低，这也就意味着森林经营风险不具有可保性。潘家坪（1999）就认为森林保险面临着困境：保险公司认为费率低，无利可图，而投保林主却认为保费是一项不小的负担。他提出靠市场解决这一矛盾是不可能的，政府必须给予支持，以促进森林保险的发展。

此时，如果政府对参与森林保险的森林经营者提供适当的保险费补贴，将使得投保林主实际支付的保险费降低，增加森林经营者参与森林保险的预期利益，刺激森林保险的有效需求，使得需求曲线向右移动到D'，同时，如果政府对提供森林保险业务的机构提供一定比例的业务费用补贴，免征森林保险业务的一切税费或提供税费优惠，或者对森林保险提供再保险支持，进一步降低保险公司的经营风险，降低森林保险业务的运营成本和供给成本，提高保险公司的利润，则会刺激保险公司提供森林保险的有效供给，使得森林保险供给曲线向右移动到S'，需求曲线D'和供给曲线S'相交于均衡点B，得到均衡数量为Q_B，此时弥补了市场失灵，资源配置实现了帕累托改进，促进森林保险发展。

森林保险目前所面临的困境告诉我们，森林保险的发展必须依赖于良好的需求激励机制和良好的供给激励机制，形成有效的需求和有效的供给。政府的财政补贴是进行有效需求和供给激励的机制之一。然而，市场上由于供求双方出现"价差"而不能成交的情况很多，不可能都通过补贴来促其成交。国家之所以需要对森林保险进行政府财政补贴，还有一个很重要的原因，那就是林业承担着国家的生态环境服务供给和林木产品供给的双重任务，是基础产业，也是一种公益事业。政府积极扶持，给予森林保险补贴或者减免税费优惠，发展森林保险与国家保护资源、保护环境的政策以及发展国民经济等相吻合，利国利民。

第二节 财政补贴政策与森林保险投保行为的博弈分析

在森林保险中，信息不对称及森林保险的特殊性和复杂性导致了森林经营者投保意愿低下，商业保险公司不愿意承保，森林保险业务一直停滞不前，甚至面临着萎缩的局面。政府作为森林保险制度的供给者，提供政策法规及财政补贴支持，同时对森林保险的顺利开展实施监督，政府的行为对森林保险市场的参与主体（森林经营者和保险公司）均有重大影响。在森林保险事业发展过程中，政府对森林保险法律政策的保障和经济上的补助与支持不可替代。同时，森林经营者是否投保的行为选择和保险公司是否承保的行为选择也会对政府所获得的社会福利大小产生影响，因此，政府、森林经营者和保险公司三者之间存在策略和得益相互依存的博弈关系。

在我国，关于森林保险中政府财政补贴政策与保险参与主体策略选择行为的研究文献很少，但在农业保险领域，有不少学者对政府财政补贴政策与农业保险投保行为进行研究，如龙文军、张显峰（2003），姜俊臣、乔立娟、杜英娜（2007），王韧、邓超（2008），谭中明、徐勇谋（2009），周延、王瑞玲、田青（2010）等。其中，龙文军、张显峰（2003）只分析了政府与保险公司、农民与保险公司之间的博弈关系，他们认为政府与农民之间并不存在直接的博弈关系，理由为政府是通过保险公司对农民的农业保险投保行为实施补贴的。姜俊臣、乔立娟、杜英娜（2007）则分析了政府、农民、保险公司三个主体之间的相互博弈关系，但是按照"政府——保险公司——农民"的次序进行分析的，进而构建有三个博弈方的动态博弈模型。王韧、邓超（2008）用效用曲线分析不同风险下的农民的投保行为，这种分析方法是否适合用在农业保险（抑或森林保险）中值得商榷。谭中明、徐勇谋（2009）分析不同风险程度下的各行为主体之间的博弈关系，同时分析了各级政府之间的博弈关系。万开亮、龙文军（2008）对农业保险主体风险管理行为进行研究，分析了各主体的风险管理行为对农业保险主体的影响，同时分析了农业保险政策对各主体行为的影响，对各行为主体对农业保险存在的顾虑进行阐述。如前所述，森林保险市场中，政府、森林经营者和保险公司三者之间存在策略和得益相互依存的博弈关系，因此政府和森林经营者之间存在直接的博弈关系，同时森林经营者和保险公司的决策时间可能不一致，但在签订保险合同之前，它们双方均不清楚对方的策略选择，只有当双方在森林保险合同上签字后，才表明森林经营者选择"投保"策略，保险公司选择"承保"策略，因此可以看做保险公司和森林经营者是在同时进行策略选择的。因此，下面将构建有同时选择的动态博弈模型来模拟政府、保险公司、森林经营者三个行为主体之间的策略选择，分析它们之间博弈的均衡解，分析在政府财政补贴的情况下，森林经营者和保险公司走出现阶段的森林保险困境的可能性以及政府实行财政补贴的最优边界的确定，为我国森林保险财政补贴政策提供决策的理论依据。

一 博弈模型的构建

（1）博弈参与方有三个：政府（用字母 G 表示）、保险公司（用字母 I 表示）和森林经营者（用字母 F 表示）。假定这三个博弈方均为理性的"经济人"，每个主体都希望在特定条件下实现自己的利益最大化，政府所追求的并非自身利益最大化，而是社会福利最大化，保险公司追求自身利润最大化，森林经营者也是追求自身的经济利益最大化。

（2）政府有两个可选策略（补贴、不补贴），保险公司的可选策略为（承保、不承保），森林经营者的可选策略为（投保、不投保）。

（3）关于博弈的次序：第一阶段，政府先决定是否给予森林保险财政补贴；第二阶段，保险公司和森林经营者同时选择策略。

（4）假设森林经营者所经营的森林资源价值为 W，森林遭遇风险事件的概率为 P，当出现风险事件时，会损失 L，保险公司要求的保费为 C，受损后保险公司的赔付为 Q。同时假设保险公司、森林经营者为风险中性者，假定保险公司的经营管理费用为常量 K。

在政府不补贴的情况下，如果森林经营者选择"不投保"，则其期望得益为 $P*(W-L)+(1-P)*W$；如果选择"投保"且保险公司选择"承保",则森林经营者的期望得益为 $P*(W-L-C+Q)+(1-P)*(W-C)$。保险公司选择"不承保",则得到 0;保险公司选择"承保"且森林经营者选择"投保",保险公司的期望得益为 $P*(C-Q)+(1-P)*C-K$。

在政府进行补贴的情况下,假定对投保的森林经营者补贴 X,对保险公司的经营费用的补贴为 Y,如果森林经营者选择"不投保",则其期望得益为 $P*(W-L)+(1-P)*W$;如果选择"投保"且保险公司选择"承保",则森林经营者的期望得益为 $P*(W-L-C+Q)+(1-P)*(W-C)+X$。保险公司选择"不承保",则得到 0;保险公司选择"承保"且森林经营者选择"投保",则保险公司的期望得益为 $P*(C-Q)+(1-P)*C-K+Y$。

政府在不补贴的情况下,得到的社会福利大小为 V;在补贴的情况下,政府得到的社会福利大小为 U。

它们之间的博弈关系及其得益,如图 7-2 所示。

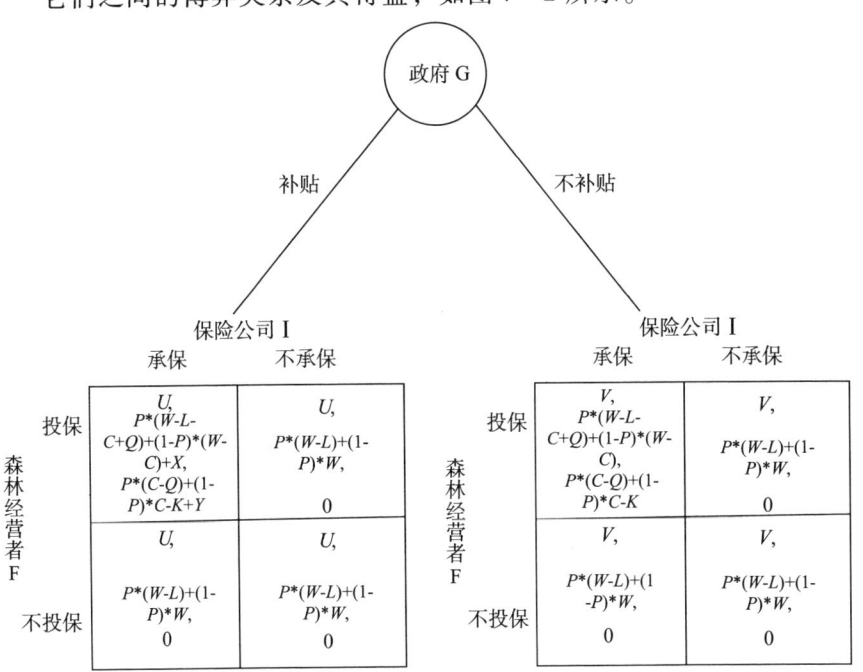

图 7-2 政府、森林经营者、保险公司三方联合博弈扩展形

图7-2中的得益数据中，第一个数字代表博弈方政府的得益，第二个数字代表博弈方森林经营者的得益，第三个数字代表博弈方保险公司的得益。

由于该博弈模型中各博弈方对得益情况均了解，即得益是它们的共同知识，属于完全信息博弈，同时由于博弈有先后次序，属动态博弈，而且是有同时选择的动态博弈，故该博弈类型为完全信息且有同时选择的动态博弈，其均衡为子博弈完美纳什均衡。

二 博弈模型的分析

（1）如果政府不给予森林保险财政补贴或其他优惠政策，则上述博弈转变为森林经营者和保险公司两个主体之间的博弈，其得益矩阵如图7-3所示。

	保险公司I 承保	不承保
森林经营者F 投保	$P*(W-L-C+Q)+(1-P)*(W-C)$, $P*(C-Q)+(1-P)*C-K$	$P*(W-L)+(1-P)*W$, 0
森林经营者F 不投保	$P*(W-L)+(1-P)*W$, 0	$P*(W-L)+(1-P)*W$, 0

图7-3 不存在财政补贴时森林经营者与保险公司之间博弈的得益矩阵

由图7-3可知，政府不对森林保险进行财政补贴，森林保险市场又存在严重的信息不对称以及由其引起的严重的逆向选择和道德风险，使得赔付率极高，森林保险的特殊性和复杂性又进一步推高保险公司的成本，保险公司亏损严重，故选择"承保"策略时的期望得益将小于选择"不承保"时的得益，即 $P*(C-Q)+(1-P)*C-K<0$；同时由于保险费高昂，加上赔付力度小，而且申请赔付的难度大，此时森林经营者会选择"不投保"，即 $P*(W-L-C+Q)+(1-P)*(W-C)<P*$

$(W-L)+(1-P)*W$,此时满足 $C>P*Q$。故在政府不对森林保险进行财政补贴的情况下,当满足保费 C 超过 $P*Q$ 的条件时,策略组合(不投保,不承保)成了该博弈的纳什均衡,此时森林经营者得益为 $P*(W-L)+(1-P)*W$,保险公司得益为 0。

(2)如果政府给予森林保险财政补贴或其他优惠政策,森林经营者与保险公司之间博弈的得益矩阵如图 7-4 所示。

		保险公司 I	
		承保	不承保
森林经营者 F	投保	$P*(W-L-C+Q)+(1-P)*(W-C)+X$, $P*(C-Q)+(1-P)*C-K+Y$	$P*(W-L)+(1-P)*W$, 0
	不投保	$P*(W-L)+(1-P)*W$, 0	$P*(W-L)+(1-P)*W$, 0

图 7-4 存在财政补贴时森林经营者与保险公司之间博弈的得益矩阵

根据政府财政补贴对象不同,分三种情况进行讨论。

第一,当 $X>0$,$Y=0$ 时,即政府仅对森林经营者进行保险费补贴,而没有对保险公司进行管理费用补贴。

如果此时 $P*(C-Q)+(1-P)*C-K>0$,表明保险公司选择"承保"策略时,可以实现利润。但如果 $P*(W-L-C+Q)+(1-P)*(W-C)<P*(W-L)+(1-P)*W$,则意味着 $C>P*Q$,即保险费太高,森林经营者在面临高昂保险费的情况下不愿意投保。所以,(投保,承保)并非该博弈的均衡策略。要实现策略组合(投保,承保)为该博弈的均衡,政府就必须给予森林经营者保险费补贴 X,使得 $P*(W-L-C+Q)+(1-P)*(W-C)+X>P*(W-L)+(1-P)*W$,即保险费补贴 X 必须满足 $X>C-P*Q$,即政府对森林经营者进行补贴应达到最低支持水平,此时(投保,承保)为该博弈的均衡策略。

第二,当 $X=0$,$Y>0$ 时,即政府对保险公司进行管理费用补贴,而没有对森林经营者进行保险费补贴。

157

如果此时满足 $P*(W-L-C+Q)+(1-P)*(W-C)>P*(W-L)+(1-P)*W$，但 $P*(C-Q)+(1-P)*C-K<0$，即意味着 $C<P*Q$，保险费不高，森林经营者有意愿选择森林保险，而保险公司经营利润却为负，这时政府就必须对保险公司的管理费用给予补贴 Y，使得 $P*(C-Q)+(1-P)*C-K+Y>0$，即 $Y>K+P*Q-C$，即政府对保险公司进行补贴应达到最低支持水平。只有这样，才能出现策略组合（投保，承保）的理想均衡。

第三，当 $X>0$，$Y>0$ 时，即政府不仅对森林经营者进行保险费补贴，而且也对保险公司进行管理费用的补贴。

如果此时满足 $P*(W-L-C+Q)+(1-P)*(W-C)<P*(W-L)+(1-P)*W$，且 $P*(C-Q)+(1-P)*C-K<0$，即意味着森林经营者不愿意投保，而且保险公司由于得不到利润，也不愿意承保。政府必须给予森林经营者保险费补贴 X，同时也给予保险公司管理费用补贴 Y，使得 $P*(W-L-C+Q)+(1-P)*(W-C)+X>P*(W-L)+(1-P)*W$，同时 $P*(C-Q)+(1-P)*C-K+Y>0$，即满足 $X>C-P*Q$ 且 $Y>K+P*Q-C$，只有这样，（投保，承保）才能作为博弈的纳什均衡出现。

虽然政府对森林保险的补贴会导致政府的财政支出增加，增加政府的负担，但森林保险的开展可以避免政府在灾害年份巨大的救济支出，同时稳定林业再生产与发展，保证了森林所带来的巨大社会效益和生态效益，从全社会来看，政府所获得的福利仍然比较大，即 $U>V$。

因此，从政府、森林经营者、保险公司三个行为主体之间的博弈关系来看，第一阶段政府采取"补贴"策略，第二阶段森林经营者选择"投保"策略，保险公司选择"承保"策略，是该完全且完美信息、有二阶段同时选择的动态博弈的子博弈完美纳什均衡解。

财政补贴政策与森林保险投保行为的博弈分析告诉我们，如果政府想摆脱现阶段森林保险所面临的困境，让森林保险发挥它应有的效应，全社会获得更大的社会福利，政府就必须提供政策性的森林保险制度，并提供实质性的支持，让森林经营者受益、让保险公司受益、让全社会群体受益。政府一旦在政策性森林保险中的主导地位不明确，推动不积极，则必然导致森林保险制度运营的低效率和全社会福利的净损失。对于政府而言，应采取如下措施。

（1）政府应积极落实有关森林保险的法律法规，将森林保险的定位、组织形式、保险条款的核定、保险金额的确定、保险费率的厘定、政府的作用、税收减免政策、财政补贴的标准以及方式等以法律的形式明确下来，消除森林经营者和保险公司对财政补贴能否持续的顾虑，为森林保险的发展提供完善的制度和法律保障。

（2）发展森林保险再保险体系。可以将森林保险再保险放在农业保险再保险的这个大体系中，通过建设政策性的农业保险再保险公司，将森林保险的风险进一步分散，有效降低保险公司的经营风险，吸引更多的商业保险公司从事森林保险业务。

（3）除财政补贴和税收优惠外，政府应从其他方面积极支持森林保险的发展。一是加大对森林保险的宣传力度，提高森林经营者的风险防范意识，明确森林保险的主要目的。二是着手建立有关森林风险的数据库。这些措施有利于解决森林保险市场的信息不对称问题。

第三节 我国森林保险财政补贴政策

一 我国森林保险财政补贴政策的演变过程

我国于2008年中央一号文件才提出应积极推进政策性森林保险。在此之前，有关森林保险的政策都是参照农业保险或种植业保险的。2004年中央一号文件首次提出政策性农业保险，此后连续几年都明确要求积极发展农业保险，建立和完善政策性农业保险体系，并提出各级财政要对参加保险的农户给予一定的保费补贴。2006年《国务院关于保险业改革发展的若干意见》（国发〔2006〕23号）提出应建立多形式经营、多渠道支持的农业保险体系，逐步建立农业保险与财政补助的机制，改变单一的、事后的财政补助救助模式。2007年《中央财政农业保险保费补贴试点管理办法》（财金〔2007〕25号）提出中央财政农业保险保费补贴的基本原则是自主自愿、市场运作、共同负担、稳步推进。所谓共同负担是指国家财政部、省级财政部门、农户以及有关各方共同承担农业保险保费，财政部给予保费补贴的前提为省级财政部门和农户分别要承担一定比率的保费。2008年《财政部关于印发〈中央财政种植业保险保费补贴管理办法〉的通知》（财金〔2008〕26号）提出具体的补贴险种和补贴比例，省级财政部门补贴保费的25%，财政部再补贴保费的35%，其余保费由农户承担，或者由农户与龙头企业、地方财政部门等共同承担，具体比例由补贴地区自主确定。这些都只是针对农业保险，对森林保险并没有触及，直到2008年才提出应推进政策性森林保险。

2009年5月财政部下发了《财政部关于中央财政森林保险保费补贴试点工作有关事项的通知》（财金〔2009〕25号），并随文下发了《中央财政森林保险保费补贴试点方案》，在江西、福建和湖南三省进行森林保险保费补贴试点。试点方案表明，中央财政补贴保费的30%，而省级财政至少补贴保费的25%。2009年12月《财政部关于中央财政森林保险保费补贴试点工作有关事项的通知》（财金〔2009〕165号）要求进一步做好森林保险工作，逐步建立和完善森林保险制度。2010年1月财政部、国家林业局、保监会下发了《关于做好森林保险试点工作有关事项的通知》，要求逐步建立和完善我国森林保险制度。2010年5月底财政部下发了《关于2010年度中央财政农业保险保费补贴工作有关事项的通知》（财金〔2010〕49号），要求在江西、福建、湖南省的基础上，增加浙江、辽宁、云南省作为中央财政森林保险保费补贴地区。对商品林保险，中央财政维持保费补贴比例30%，省级财政至少补贴25%；而对于公益林保险，中央财政保费补贴比例提高至50%，地方财政至少补贴40%的保费，其中，省级财政至少补贴25%的保费。2011年7月财政部下发《财政部关于2011年度中央财政农业保险保费补贴工作有关事项的通知》（财金〔2011〕73号），新增广东省、四川省和广西壮族自治区3个省（区）作为中央财政森林保险保费补贴试点地区。目前试点省（区）已达9个。2011年，中央财政森林保险保费补贴比例继续按商品林30%、公益林50%执行。

二 进一步完善我国森林保险补贴政策的建议

（1）遵循依法补贴的原则，完善相关政策法规体系，强化财政补贴制度的刚性，使森林经营者对森林保险制度的发展形成稳定的预期。现阶段，推进政策性森林保险工作遇到的最大问题是制度上的缺失。财政部门、保监会和林业部门发出的通知仅仅是一般性的要求，仅限于试点，真正推行这项工作，还需要财政、税收等相应配套政策支持，更需要国家的立法保障。应尽快出台《政策性森林保险条例》，对森林保险的性质、保障范围、经营模式、组织机构与运行方式、保险责任、保费水平、财政补贴标准和方式、林主负担保费比例、森林保险准备金提留与使用、监管责任、政府责任、税收政策、资金运用等作出明确规定。在条件成熟时出台《森林保险法》，以立法的形式对政策性森林保险进行明确规定，形成有关政策性森林保险的完备法律。这样有利于规范森林保险市场，保障各主体的权益，同时能够避免政府对森林保险支持的随意性，或避免因临时财政出现困难而忽视对森林保险的支持，保障森林保险体系的顺利运转，使得森林保险财政补贴政策能够真正贯彻落实。现阶段，应当制定相应的行政法规和实施办法，明确政府、保险公司在开展政策性森林保险中的职责和作用，为推进政策性森林保险提供制度保证。

（2）某些经济欠发达、相对贫困的县市，财政预算资金本身就紧张，承担相应的保费补贴有一定的困难，客观上会造成不能及时足额拨付保费补贴资金的问题，不利于森林保险工作的开展。因此，应提高中央财政和省级财政的补贴比例，降低基层财政和林农的保费承担比例，提高林农参加森林保险和基层财政开办森林保险的积极性，进一步扩大保险的覆盖面。对商品林而言，中央财政补贴比例由30%提高到50%以上，进一步降低基层财政和林农的缴费比例，缓解基层财政和林农的资金压力。鉴于公益林的特殊属性，对公益林应实行财政100%的保费补贴。

（3）森林保险的复杂性和特殊性以及保险特有的信息不对称，使得开办森林保险业务的保险公司经营成本高昂，赔付率极高，因此必须给予保险公司一定的政策扶持。在补贴方式上，应慎重使用合适的方法来分担保险公司的经营风险，因为采取经营管理费用补贴的方式极容易导致保险公司风险责任淡化，放松业务的经营管理，导致资金运作的低效率。要防止保险公司对补贴资金产生依赖，政府在进行经营管理费用补贴的操作上，一定要慎重考虑，选择合适的方法或机制。

（4）森林保险往往面临的是巨灾风险，通常的做法是商业保险公司"以险养险"以及地方政府指定1~2家保险公司进行"统保"或"共保"，以此来分散风险。但胡炳志、彭进（2009）认为，"以险养险"、"统保"或"共保"的做法会造成对保险市场的干预，降低市场效率。为了应对巨灾，更好的办法是建立再保险机制，可是我国森林保险再保险市场及相关机制尚不完善，经营森林保险业务，难以将巨灾风险分散，不仅会影响森林经营者的经营效果，也会导致保险公司无力承保，进而无法有效支持森林保险的发展，这与我国林业的重要地位不相称。因此，应积极寻求建立多层次的再保险机制，进一步分散风险。再保险补贴是由国家成立相应的再保险公司，直接对森林保险的经营主体面临巨灾时的经营亏损提供再保险，对其亏损进行补贴，是为了在更大范围内分散风险。现阶段，可以考虑建立林业巨灾风险保障基金，明确资金来源、使用范围、触发条件等内容，为推进政策性森林保险实施提供有力的支持。

（5）为了规范森林保险财政保费补贴资金管理，有效保障补贴资金安全，提高资金流转效率，应优化财政补贴资金的拨付流程和拨付时点。全国政协委员、中国人民保险集团股份有限公司董事长吴焰（2010）认为，在拨付流程上，中央财政和省级财政保费补贴资金应由省政府有关部门负责与保险经办机构省级分公司结算与拨付，不宜通过转移支付的方式下拨至县财政，以减少划拨链条，缩短划拨周期，提高资金安全。在拨付时点上，中央财政保费补贴资金实行按季结算划拨方式，并且第四季度的补贴资金应提前下拨，以减轻保险经办机构赔偿垫付和应收催收的巨大压力。

（6）进一步完善森林保险工作机制，加强对赔付资金的管理。建议由林业部门设立保险专账，保险公司对受灾林主赔付的资金，经财政部门审核后，直接存入林业部门的保险资金账户，而不是直接拨付给投保林主。受灾的投保林主在受灾林地上完成更新造林并达到一定的成活率，经林业部门验收合格，再行拨付给投保林主。如果受灾的投保林主不进行更新造林，则由林业部门组织专业队伍用受灾赔付金代行造林，林权归林农所有。这样既可以及时利用赔付款恢复森林资源，又可以有效防范个别森林经营者为了获取赔偿而故意纵火的保险欺诈行为。

（7）对政策性森林保险实行税收优惠。政策性森林保险经营主体所涉及的税种主要包括企业所得税、营业税、印花税等。政策性森林保险不以营利为目的，具有一定的公益性，为保障政策性森林保险的顺利实施，应对承担森林保险产品的保险公司进行税收优惠，切实降低保险公司的保险运营成本，增强其持续经营的能力。但目前我国的税制规定的只有免除营业税和印花税，优惠有限，力度不大（张长利，2007）。根据《营业税暂行条例》第8条规定，对农牧保险以及相关技术培训免征营业税。这样，以营业税税额为计征依据的城市维护建设税和教育附加税也因为营业税的免征而免征。同时国家税务局《关于对保险公司征收印花税有关问题的通知》（1988年12月31日国税地字第37号）明确对农林作物、牧业畜类保险合同暂不贴花，即暂时免征印花税。崔文迁、王珺、马蕴（2008）认为可以采取两类办法提供税收优惠：一类方法是应直接减免政策性森林保险业务的所得税和营业税；政策性森林保险业务应当与商业性保险严格分开，单独列账。另一类方法是允许保险公司将赢利年份的部分保费收入不计入当期利润，而是作为未来赔付的准备金放入专门账户，以备大灾之年赔付之用。他们认为，这样做既可以使保险公司的纳税得到递延，又使得大灾之年里保险公司不会遭受大的亏损。李传峰（2010）认为，我国还应规定，对保险公司经营中央财政和地方财政给予保费补贴的种植业险种业务的，可以提取不超过保费收入25%的巨灾风险准备金，准予在缴纳企业所得税前据实扣除。

第四节 财政补贴政策与森林保险投保行为的实证分析——以福建省为例

一 福建省开展森林保险补贴试点的具体形式及其做法

2009年福建省作为中央财政森林保险保费补贴试点省份，开始了有关森林保险的工作。2009年福建省林业厅和人保财险福建省分公司联合下发了《2009年福建省政策性森林火灾保险实施方案（试行）》（闽林综〔2009〕59号）及《关于做好森林火灾保险工作的补充意见》（闽林综〔2009〕141号）等有关文件。2010年，福建省在森林火灾保险的基础上实施森林综合保险，将林业生产经营过程中发生的火灾、虫灾、暴雨、暴风、洪水、泥石流、冰雹、霜冻、台风、暴雪、雨凇等自然灾害列入保险责任范围，每亩保险金额500元。生态公益林综合保险费率为2‰，商品林综合险费率为3‰，除中央和省级财政按一定比例给予保费补贴外，林权所有者还需承担一部分保费。生态公益林全部纳入森林综合保险保障范围。

二 财政补贴政策与森林保险投保行为的调查分析——以福建省为例

1. 数据来源

本研究所采用的数据主要来源于问卷调查，采取面对面访谈和电子邮件的形式，采用分层抽样和随机抽样相结合的方法选取调查样本，获取真实可靠的数据。调查对象涉及福建省内国有林场、集体林场、私人林场、森林培育专业户以及兼业农户等，调查内容涉及森林保险的财政补贴，具体情况如表7-1所示。

表 7-1 森林保险财政补贴调查问卷发放及回收情况①

调查方式	发放数量（份）			回收数量（份）			有效数量（份）			回收率（%）	有效率（%）
	企业	专业户	农户	企业	专业户	农户	企业	专业户	农户		
面对面访谈	50	80	200	50	80	200	50	80	188	100.00	96.36
电子邮件	50	20	0	43	11	0	41	8	0	77.14	70.00
合计	100	100	200	93	91	200	91	88	188	96.00	91.75

资料来源：笔者调查所得。

2. 关于保险费率高低问题

对于"现阶段商品林综合险保险费率为每亩 1.5 元，您认为此保险费率属于'偏低'、'合理'或'偏高'"这一问题，三类森林经营主体的回答如表 7-2 所示。

表 7-2 保险费率高低的调查结果

经营主体	保险费率高低（频数）		
	偏低	合理	偏高
森林培育企业	36	37	18
森林培育专业户	8	62	18
兼业农户	18	33	137

资料来源：笔者调查所得。

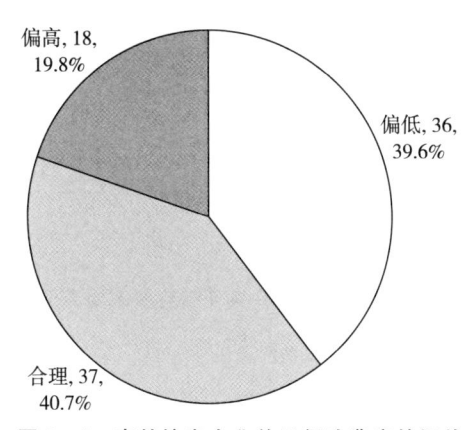

图 7-5 森林培育企业关于保险费率的评价

资料来源：笔者调查所得。

---

① 关于森林保险财政补贴的调查，与风险态度、购买意愿、支付意愿部分同时调查，合并在同一份调查问卷中，故问卷发放与回收情况与前述章节一致，只是这里将三类森林经营主体的情况纳入同一张表中。

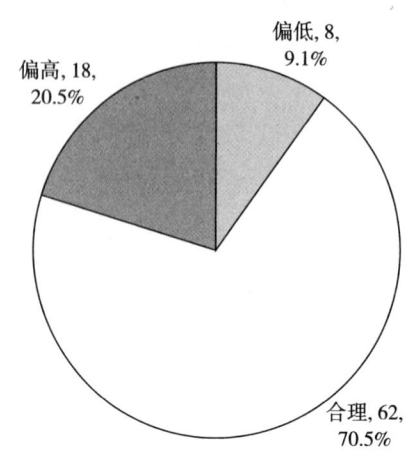

图 7-6 森林培育专业户关于保险费率的评价

资料来源：笔者调查所得。

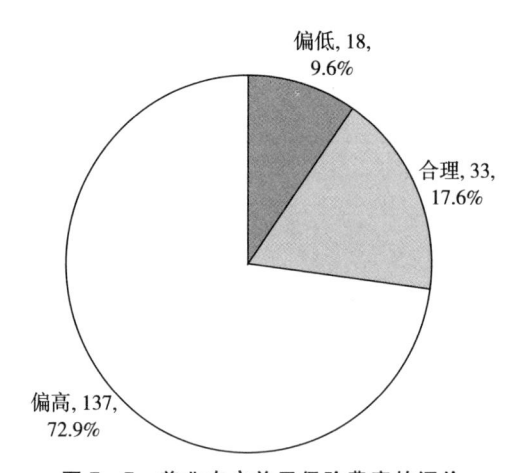

图 7-7 兼业农户关于保险费率的评价

资料来源：笔者调查所得。

表7-2、图7-5、图7-6、图7-7等表明，森林培育专业户对现有森林保险方案的保险费最为认可，70.5%的森林培育专业户受访者认为保费合理，而兼业农户对保险费最不认可，72.9%的兼业农户受访者认为保险费偏高，39.6%的森林培育企业受访者认为保费偏低。

3. 关于保险额高低问题

对于"现阶段商品林综合险的保险金额为每亩500元，您认为该保险金额属于'偏低'、'合理'或'偏高'"这一问题，三类森林经营主体的回答如表7-3所示。

表7-3 保险额高低的调查结果

经营主体	保险额高低（频数）		
	偏低	合理	偏高
森林培育企业	91	0	0
森林培育专业户	64	17	7
兼业农户	145	36	7

资料来源：笔者调查所得。

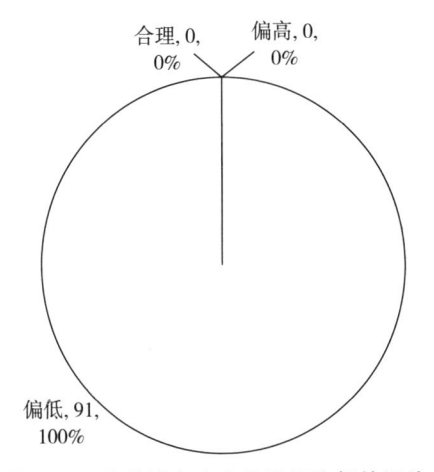

图7-8 森林培育企业关于保险额的评价

资料来源：笔者调查所得。

表7-3、图7-8、图7-9、图7-10等表明绝大多数受访者均认为500元的保险额偏低，不足以弥补森林遭受灾害造成的损失，其中森林培育企业100%、森林培育专业户72.7%、兼业农户77.1%的受访者均持这种观点。

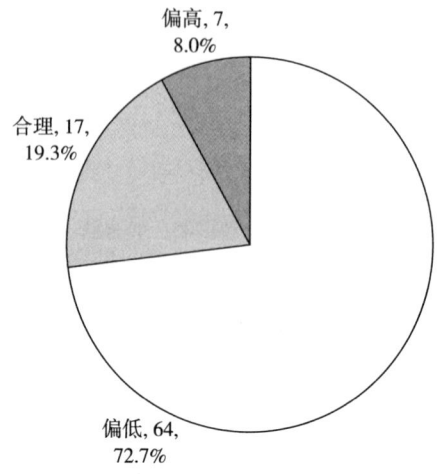

偏高, 7, 8.0%
合理, 17, 19.3%
偏低, 64, 72.7%

图 7-9　森林培育专业户关于保险额的评价

资料来源：笔者调查所得。

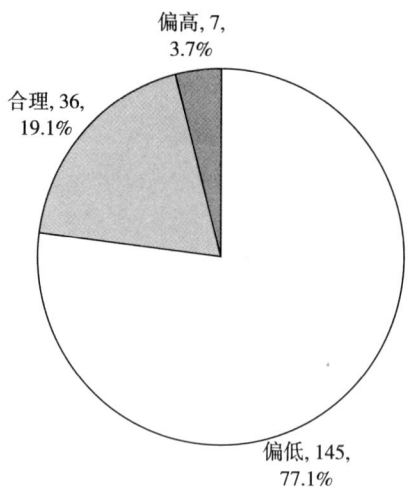

偏高, 7, 3.7%
合理, 36, 19.1%
偏低, 145, 77.1%

图 7-10　兼业农户关于保险额的评价

资料来源：笔者调查所得。

4. 关于对森林保险政府财政补贴的了解问题

对"是否知道政府对森林保险有补贴？"这一问题，三类森林经营主体的回答如表 7-4 所示。

第七章 财政补贴政策与森林保险投保行为研究

表7-4 对森林保险政府财政补贴的了解

经营主体	是否知道政府对森林保险有补贴？（频数）		
	不知道	知道，但不了解	了解
森林培育企业	10	10	71
森林培育专业户	21	21	46
兼业农户	148	25	15

资料来源：笔者调查所得。

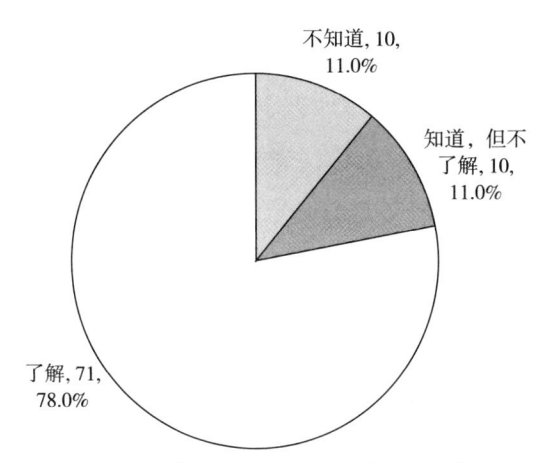

图7-11 森林培育企业对政府财政补贴的了解

资料来源：笔者调查所得。

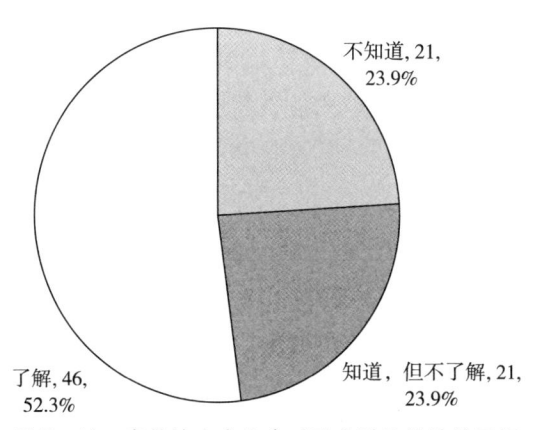

图7-12 森林培育专业户对政府财政补贴的了解

资料来源：笔者调查所得。

了解，15，
8.0%

知道，但不了解，25，
13.3%

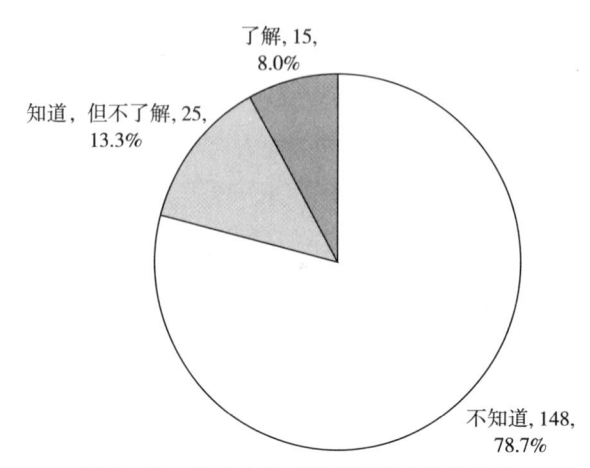

不知道，148，
78.7%

图 7-13　兼业农户对政府财政补贴的了解

资料来源：笔者调查所得。

表 7-4、图 7-11、图 7-12、图 7-13 等表明，78.0%的森林培育企业对政府财政补贴情况了解，只有 11.0%的企业对此不了解，森林培育专业户只有 52.3%的受访者了解政府财政补贴政策，相反，兼业农户中只有 8.0%的受访者表示了解政府财政补贴政策，而 78.7%的兼业农户表示不知道该政策。

5. 关于存在政府财政补贴情况下的森林保险购买意愿问题

当商品林综合险保险费率为每亩 1.5 元时，针对"不愿意购买"森林保险的受访者，在面对"如果政府对森林保险进行财政补贴，您是否愿意购买森林保险？"问题时，三类森林经营主体的回答如表 7-5 所示。

表 7-5　政府财政补贴情况下的森林保险购买意愿

经营主体	"不愿意购买"森林保险的受访者数目	如果政府对森林保险进行财政补贴，您是否愿意购买森林保险？		
		不愿意购买	意愿不明确	愿意购买
森林培育企业	12	4	5	3
森林培育专业户	11	7	2	2
兼业农户	146	78	64	4

资料来源：笔者调查所得。

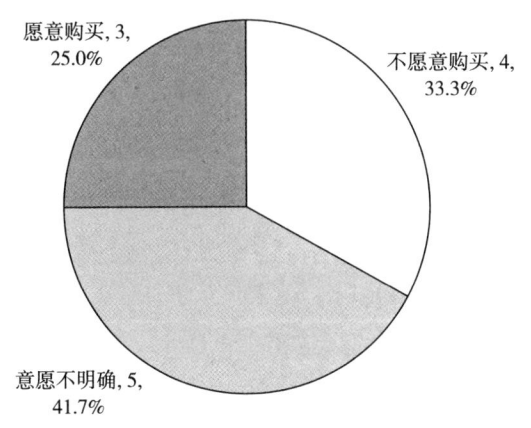

图 7-14 森林培育企业在财政补贴情况下的购买意愿

资料来源：笔者调查所得。

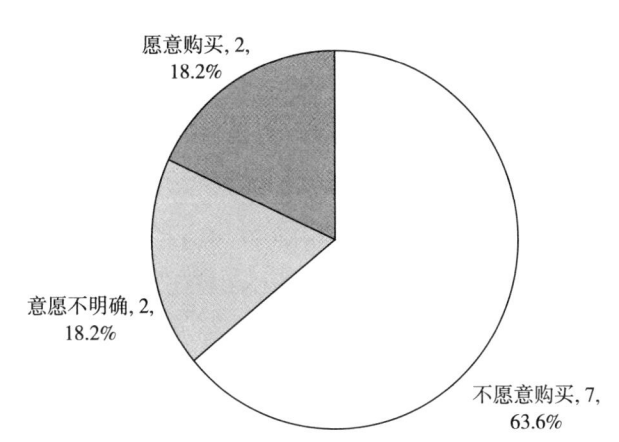

图 7-15 森林培育专业户在财政补贴情况下的购买意愿

资料来源：笔者调查所得。

表 7-5、图 7-14、图 7-15、图 7-16 等表明，即使在政府财政补贴政策的情况下，仍有 33.3% 的森林培育企业、63.6% 的森林培育专业户、53.4% 的兼业农户不愿意购买森林保险。

6. 关于对现有商品林综合保险补贴政策的态度问题

福建省现有商品林综合保险的财政补贴政策为：投保面积在 10000 亩及 10000 亩以下，中央、省、县等各级财政补贴共 70%，投保面积在 10000 亩以上，中央、省、县等各级财政补贴共 55%。三类森林经营主体对该补贴方案的态度如表 7-6 所示。

171

森林保险投保行为研究

愿意购买, 4, 2.7%

意愿不明确, 64, 43.8%

不愿意购买, 78, 53.4%

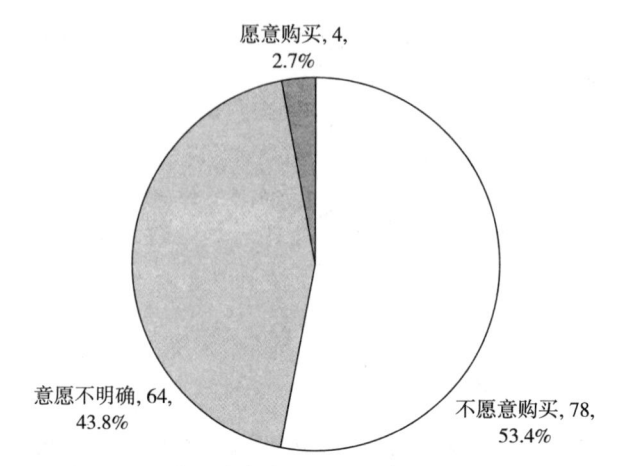

图 7-16　兼业农户在财政补贴情况下的购买意愿

资料来源：笔者调查所得。

表 7-6　对现有商品林综合保险补贴政策的态度

经营主体	对现有商品林综合保险补贴政策的态度（频数）		
	补贴偏低, 应上调	补贴合理, 就该如此	补贴偏高, 应下调
森林培育企业	87	4	0
森林培育专业户	73	11	4
兼业农户	157	23	8

资料来源：笔者调查所得。

补贴合理, 就该如此, 4, 4.4%

补贴偏高, 应下调, 0, 0%

补贴偏低, 应上调, 87, 95.6%

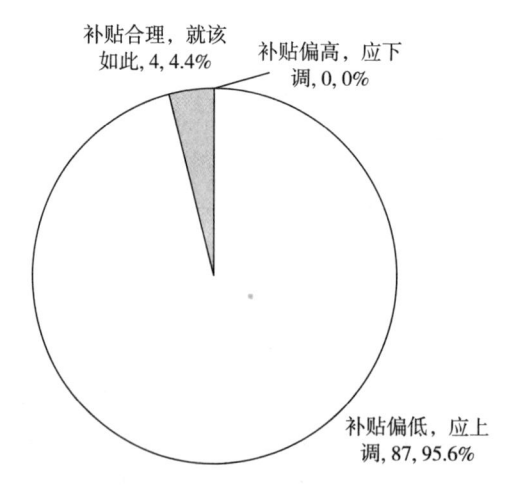

图 7-17　森林培育企业对财政补贴政策的态度

资料来源：笔者调查所得。

补贴偏高，应下
调，4，4.5%

补贴合理，就该
如此，11，12.5%

补贴偏低，应上
调，73，83.0%

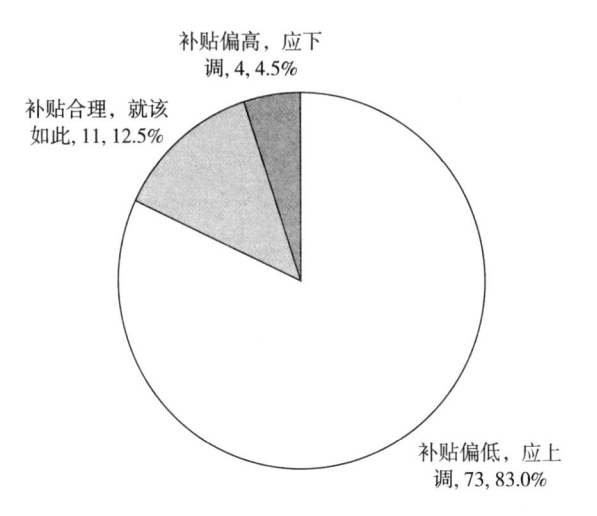

图 7-18　森林培育专业户对财政补贴政策的态度

资料来源：笔者调查所得。

补贴偏高，应下
调，8，4.3%

补贴合理，就该
如此，23，12.2%

补贴偏低，应上
调，157，83.5%

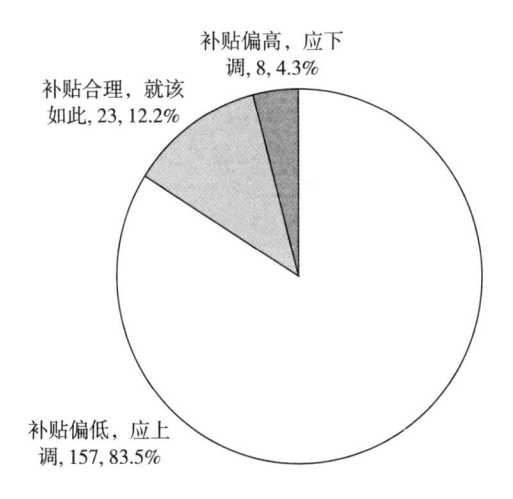

图 7-19　兼业农户对财政补贴政策的态度

资料来源：笔者调查所得。

表 7-6、图 7-17、图 7-18、图 7-19 等表明，大多数的受访者表示政府对森林保险的财政补贴偏低，应该上调，持这种观点的森林培育企业占 95.6%、森林培育专业户占 83.0%、兼业农户占 83.5%，而且只有 4.4% 的森林培育企业认为补贴合理，其比例是三类森林经营主体中最低的。

第八章
有限理性条件下森林保险投保行为机理研究

第一节 完全理性与有限理性

关于理性和有限理性有很多的界定，这里只列举一二。经济学家所论述的理性，是指亚当·斯密在1776年《国富论》中所说的"经济人"（Economic Man）理论。依据西方经济学家的理论，理性是指一种理性化的能力，能对任何选定行为结果的可能变化作出正确的评价，同时在追求自身利益时采取极大化的形式。Wen 和 He（2005）认为完全理性是指同时具有"理性意识"与"理性能力"。谢识予（2007）认为，具备理性意识、分析推理能力、识别判断能力、记忆能力和准确行为能力等的参与人才是完全理性的。传统经济学和传统博弈理论均以完全理性为理论的前提假设，并在此假设基础上展开研究。完全理性假设在理论研究及理论推理中确实有很多方便之处，但由于要求参与人具备完全理性行为，要求过高，解释现实问题的有效性常常遭到质疑。

有限理性又称为有约束的理性，对有限理性进行研究的主要有管理决策学派、新制度经济学派、进化博弈理论者和行为经济学学派。Simon Herbert（1955）首先对完全理性提出质疑，认为传统经济学忽视了人是在特定的条件限制中开展选择行为的，以效益最大化为目标的理性选择理论夸大了人的理性选择能力。他认为人的行为并非传统经济学中假设的完全理性行为，实际上人在做判断的过程中一般要受过去记忆和收集的新信息的影响，而人在回忆、收集信息及做决策的过程中都会产生偏差。霍奇逊（1993）认为，理性的"有界"不仅是指推理所根据的信息极其有限，而且指需要计算和评价的信息太多。杨小凯、黄有光（2002）认为，社会中个人决策面临"根本的不确定性"是有限理性存在的原因。Wen和He（2005）认为，有限理性就是指具有理性意识但没有足够的理性能力，那么非理性就是没有理性能力也不具备理性意识了。进化博弈理论认为，博弈方存在理性局限和犯错误的可能性，在这种情况下，对于现实中的决策行为者来说，完全理性的假设是很难满足的高要求，特别是当社会经济环境和决策问题较复杂时，人们的理性局限就非常明显。谢识予（2007）认为，理性意识、分析推理能力、识别判断能力、记忆能力和准确行为能力等多方面的完美性要求中任何一方面的不完美，就属于有限理性。有限理性的参与人的决策是一个动态的调整过程，是个不断模仿、试验，不断学习和不断创新的复杂过程，而且该过程还会遭受以往经验、社会环境等随机因素的影响。行为经济学学派用实验证明了人的理性不是完全的，而是有限的。卡尼曼和特维斯基通过精妙的实验来研究人在不确定性下的决策行为，通过大量的研究发现，个体的行为除了受到利益的驱使外，同样也受到自己的"灵活偏好"以及个性心理特征、价值观、信念等多种心理因素的影响，于是生活中出现了许多"反常现象"和"悖论"，这些现象都是对完全理性和最大化原则的挑战。

根据上述对完全理性和有限理性的界定可知，完全理性是理想状态，而有限理性是常态，完全理性是唯一的，但有限理性存在多种情况，而且理性层次高低不同，比如博弈方的理性意识和分析推理能力很强，但会犯偶然的错误；有时博弈方有很强的理性意识，但分析推理能力、理解复杂交互关系的能力较差；有时博弈方的理性意识和分析能力均有问题，既会冲动，又会犯错误；有的博弈方分析判断能力较强，但缺乏预见能力，因此能认识和改正错误。认识和改正错误的方式和调整速度也有差异,有些是简单的模仿,有些是在分析基础上的调整;有些学习速度很快,有些学习速度很慢。也就是说,博弈方的有限理性既有可能处于较高层次,也有可能处于较低层次(谢识予,2007)。

第二节 森林经营者森林保险投保行为有限理性的表现形式

一 个体风险意识低下

人们对风险的认识和态度决定了人们对保险的购买行为。长期以来,国家实行高度的计划经济,国家向城镇居民提供全面的福利补偿,导致人们风险意识薄弱。随着我国实行市场经济体制改革,国家提供保障的体系被打破,一定程度上提升了人们的风险意识,但计划经济的影响仍然存在。而且,由于森林经营长期实行的是靠天吃饭的模式,在农村中,森林经营带给农民的收入也不占主要部分,所以人们的风险意识淡薄。

二 对保险本质特征及其功能认识存在偏差

保险最本质和最基本的功能就是分散风险,但社会中相当一部分人舍本逐末,偏爱投资型保险,将保险当做投资的工具,把获取高额的收益当做保险消费的目的,而对纯粹的保障型保险往往缺乏兴趣。赵培、李四维等人于2002年对"买保险是消费还是投资"进行市场调查,结果表明:认为保险是投资的人占到72.1%,而认为保险是消费的比例达到19%,剩下的8.9%的人则认为保险既是投资又是保险。大多数人把保险当做一种投资的工具、一种有偿的回报,以储蓄、投资的观念购买保险,以投资行为替代投保行为,进而将购买保险当做赚取利润的手段(盛敏,2008)。

三 相对于保险,偏爱将银行储蓄作为风险防范的途径

银行储蓄和保险,两者均有防范风险的功能。现实选择中,人们愿意选择银行存款作为风险防范的途径,而不是通过购买保险来防范风险。究其原因,可能是相对于银行存款而言,保险对于大多数人来说是新生事物,受认可程度较低,同时由于保险行业经营不够规范,人们对保险存在很多误解,普遍评价不高,而银行存款则是大众所熟悉的风险防范途径。

四 保险购买决策简单化和盲从

相对于一般产品或服务,保险的购买决策要更为复杂,也更理性和谨慎。但目前我国保险市场的信息不对称与不完全现象严重,不仅保险公司不了解投保人的具体风险情况,而且投保人也缺乏对保险公司的信息来源和经营能力的甄别能力,大多数人对保险只具有朦胧的意识,他们的保险知识更多的是来源于保险推销人的介绍。因此,对保险的购买根本没有理性和谨慎的评估,都是自己凭借经验和他人的购买情况来进行决定的。保险市场信息的不完全性和保险购买者的有限理性共同决定了保险购买行为的盲目性特征。

五 对政府救济的过度依赖

面对风险和不确定性时,人们不是首先想到积极主动规避风险,而是相信政府、相信组织,对政府和组织的救济一味地等、靠、要。

第三节 森林经营者森林保险有限理性行为的原因分析

一 森林保险投保行为中有限理性行为的文化视角

1. 中国传统文化的影响

受中国传统文化的影响,人们养成了忍耐、安天命的习惯,也遵循

着养儿防老、风险自留的价值判断标准和相应的生活方式。在这种习惯、价值判断标准及生活方式下,当人们面临风险和不确定性时,人们往往选择除保险之外的其他方式来规避风险,如采取忌讳的态度,尽量少谈风险,抱着侥幸的心理,认为风险属于小概率事件,没有必要去投保,预防风险是杞人忧天,如果风险真的来临,也只能说明自己的运气不好,是天意,应逆来顺受;依赖于家庭成员的力量,把风险转嫁于家庭或家庭成员,家庭成员也理所当然地认为有义务和责任帮助遇到困难的成员摆脱困境。在这种情况下,基本上不会也不愿意主动去用家庭以外的力量来预防和处置可能遭遇到的风险和不确定性。这就是我国人们保险意识低下、保险观念落后、保险需求动机不强的内在传统文化原因。

随着我国市场经济体制改革的深入,市场经济对中国传统文化的冲击也在加大。财富的多少成为人们成功与否的唯一标准,保险购买行为也在这种价值判断标准的影响下倾向于投机行为,许多人希望通过购买保险达到致富目的,忽略了保险的最根本目的——分散风险。无论是储蓄心理还是投机心理,都反映出人们对保险价值及其功能的理解还有偏差。

2. 制度性文化的影响

"一方有难,八方支援"口号在自然灾害面前很有感召力,这也体现了我国社会主义制度的优越性,长此以往,人们变得依赖政府、相信组织。自然灾害发生后,人们总是期待组织和政府帮助自己渡过难关。这种等、靠、要的模糊认识,决定了我国保险市场不可能在短期内大幅度地得以拓展。特别是近年来我国政府秉持"建设和谐社会"的执政理念,"一方有难,八方支援"已经深入人心,人们面对风险时的依赖意识得到强化。

二 森林保险投保行为中有限理性的行为经济学视角

行为经济学出现于20世纪70年代,近几十年发展迅速。2002年Daniel Kahneman 和 Vernon Smith 获得了诺贝尔经济学奖,标志着行为经济学步入了主流西方经济学的行列。行为经济学以人类行为作为基本研究对象，运用实验和观察等方法对个体和群体的经济行为特征进行规律性的研究。Daniel Kahneman 和 Amos Tversky 的研究表明，在不确定性条件下的判断与传统经济学理论对理性的假定存在系统的差别，包括：①代表性经验推断造成的偏差；②后悔、认知失谐造成的偏差；③锚定现象造成的偏差；④心理间隔（心理账户）造成的偏差⑤过于自信、反应过度与反应不足造成的偏差；⑥应用失误（Errors of Applications）与分离效应（Isolation Effect）所造成的偏差（黄祖辉，2003）。

锚定现象是指当人们需要对某个事件做估测时，会将某些特征的数值作为起始值，这些起始值就像"锚"一样使估测值落于某一区域中。如果这些"锚"定的方向有误，那么估测就会产生偏差。由于种种原因，森林保险一直没有得到很好的推广，因此，对于广大森林经营者而言，森林保险是一种新兴事物，所以它首期运营情况和收益情况非常重要，可以看做"锚"，他们会以这个"锚"来确定自己是否购买森林保险。长期以来，森林保险运营情况很差，森林保险业务时断时续、时有时无，而且参加保险的经营者得不到及时的赔付，赔付程度也低，这使得森林经营者对森林保险心存戒心，强化了经营者的自救行为，这样参保率自然就低。

森林经营者不仅低估森林保险的预期价值，而且他们对自己的生产经营经验比较自信，认为相关的风险可以通过多样化种植、亲戚朋友的帮助、政府的救济等方式进行应对。这种对风险应对能力的过分自信也导致了森林保险的参保率低下。

行为经济学的前景理论价值函数图如8-1所示。左边亏损曲线比右边盈利曲线更为陡峭。这就表明人们对亏损比盈利感受更为强烈。丢失1万元所带来的痛苦比得到1万元所带来的快乐要大得多。对于购买森林保险的森林经营者而言，他们认为只有自己在购买森林保险后，真正发生风险遭受损失并获得高于自己保费的理赔款时，才觉得比较合算；但如果自己的森林没有遭受相应的风险，也不存在相应的损失时，则这笔保费就没有产生任何收益,这对于他们来说就是一笔损失,而这个损失对他们的心理刺激比获得理赔款时要大得多。

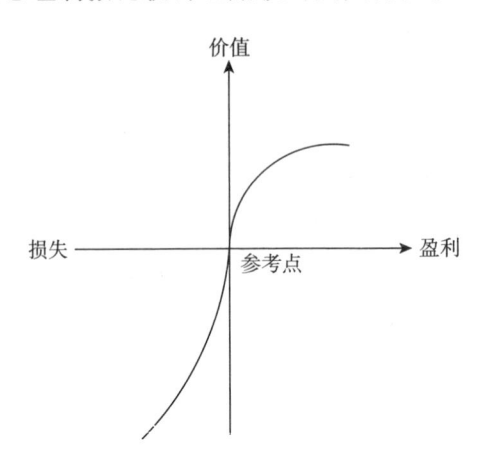

图 8-1 前景理论价值函数图

资料来源:Kahneman and Tversky (1979)。

第四节 有限理性条件下进化博弈理论分析框架

进化博弈理论于1960年由雷威丁(Lewontin)提出用以解释生态现象,之后逐渐成为现代博弈理论最重要的研究领域之一。目前,进化博弈理论的应用已经渗透到经济学领域的各个方面,如青木昌彦和奥野正宽(1999)利用进化博弈理论来分析社会经济体制形成的原因;Drew Fudenberg 和 David K. Levine(1998)利用进化博弈理论来研究社会学习过程;佩顿·杨(Peyton Young,2004)等利用进化博弈理论来研究社会习俗的形成;等等。

进化博弈理论结合博弈理论和动态演化过程,以有限理性个体作为研究出发点,以整个有限理性群体为研究对象,该理论认为个体决策并非一开始就达到最优,需要通过个体之间相互模仿、相互学习等动态过程来实现,它强调系统达到均衡的动态调整过程。

整个群体行为的动态调整过程有很多,所考虑问题的角度不同,所运用的动态调整过程也不一样。而且,由于有限理性博弈方有很多理性层次，学习和策略调整的方式和速度也不同，所以必须用不同的动态调整机制来模拟博弈方的策略调整过程。在进化博弈理论中，发展得最成熟和运用得最多的是以下两种动态调整机制。①最优反应动态机制（Best-Response Dynamics），适用于少数具有快速学习能力的有限理性博弈方之间的重复博弈和策略进化。博弈方虽然不具备准确判断力和全面预见能力，但学习能力较强，博弈方会对上次博弈结果进行分析、总结，比较其他博弈方不同策略行为选择的结果，然后向优势策略调整其行为选择。②生物进化复制动态机制（Replicator Dynamics）。所谓复制动态是指选择某纯策略的人数占整个群体比例的增长率等于该选择纯策略的人数所占比例和使用该策略时所得支付与群体平均支付之差的乘积。它由 P. D. Taylor 与 L. B. Jonker 于 1978 年首次提出，用来描述当博弈方的理性程度较低、认识错误和调整策略的能力较差时的学习和动态调整过程，它能够较好地解释有限理性个体的群体行为的变化趋势，能比较准确地预测个体的群体行为。某个群体由 n 个独立有限理性的个体组成，假定所有个体均采用纯策略进行博弈，个体可以选择的纯策略为 y，$y \in S = \{1, 2 \cdots k\}$；以 x 表示在 t 时期选择纯策略 y 的个体在群体中所占的比例，以 u_y 表示群体中选择纯策略 y 的个体的收益，以 $\bar{u}$ 表示群体的平均收益。在这里 x 不是固定不变的，它会随着时间的变化而变化，是时间的函数，可以写为 $x(t)$，其变化速度与选择 y 策略的群体大小有关，也与自身所获得的收益和群体平均收益的差异大小有关，其复制动态方程可以表示为：$\frac{dx}{dt} = x(u_y - \bar{u})$。该动态方程表明，比例 x 的变化率与比例 x 本身成正比，也与群体中选择 y 策略的个体得益和群体平均得益的差异大小成正比，用正负号来表示其动态调整方向。

进化博弈理论在理性假设上强调博弈方的有限理性，在有限理性的条件下研究博弈方的策略选择及策略均衡。它在研究方法上，应用动态调整机制，比如最优反应动态机制和生物进化复制动态机制，与传统的博弈理论所应用的按选择策略的先后次序而构成的动态的研究方法不一致。最后，在其使用的均衡概念上，不再强调纳什均衡及其精炼，而是使用了进化稳定策略（Evolutionary Stable Strategy，ESS）及其均衡，该均衡更能描述博弈方的行为选择。进化稳定策略由 Maynard Smith 和 Price、Maynard Smith 分别于 1973 年和 1974 年在研究生态演化问题时提出来（张良桥，2001），是进化博弈理论的基本概念之一。对于这个概念的定义如下：对于所有不同于 s^* 的个体策略 S，如果满足，$E(s^*,s^*) \geqslant E(S,s^*)$，则称 s^* 为单群体的进化稳定策略。这个概念的基本思想是，如果一种行为选择能够获得比突变时更高的支付，随着时间的演化，这种行为选择就能够消除任何微小的扰动，从而该选择行为就是进化稳定策略，该状态即为进化稳定均衡状态。

在三类森林经营主体中，森林培育企业有独立的、专业的经营管理班子和相对完善的内部管理制度，这些特征决定了森林培育企业具有较强的学习能力，尽管也可能决策错误；森林培育专业户尽管不具备森林培育企业的管理机构和制度，但专业户大多是植树造林能手或者为当地一些具有超前意识和经济头脑且经济实力较强的村民，而且专业户的主要收入来源均为林木收益，这使得他们把大部分的心血都投入森林经营中，他们对决策失误的调整非常迅速，其调整速度不亚于森林培育企业，甚至有的比森林培育企业更灵活、更快捷。相反，兼业农户因林地面积小，而且分散不连片，其森林经营活动是季节性的和临时性的，主要收入来源不是林业收益。而且，林区大多比较偏僻，交通不便，信息也较为闭塞，农户中参与森林经营的个体大多文化程度较低，学习和模仿能力均较低，对自身决策失误的调整往往比较缓慢，处于较低的理性层次。因此，根据上述的有限理性条件下进化博弈理论分析框架，森林培育企业和森林培育专业户的森林保险投保行为可以用最优反应动态机制来加以分析，而兼业农户的森林保险投保行为则用生物进化复制动态机制来加以解释。

第五节 基于最优反应动态机制的森林保险投保行为博弈分析

该模型用以分析理性层次较高的森林培育企业和森林培育专业户的森林保险投保行为。本部分将构建一个群体较小的具有快速学习能力的有限理性的森林经营者之间的重复博弈以分析其策略的演化。

一 博弈模型的构建

(1) 假定博弈群体较小,只有5个森林经营者进行博弈,而且5个森林经营者所选择的树种、种植的面积、种植的方式、林地地理位置及其成本收益等情况相似。

(2) 每个森林经营者都有两个可选策略:投保(用字母 A 表示)、不投保(用字母 B 表示)。

(3) 对于两个独立的森林经营者之间进行博弈,如果双方都选择"投保(A)"策略,则分别获得收益 a;如果双方都选择"不投保(B)"策略,则各自获得收益 b;如果一方采取"投保(A)"策略,另一方采取"不投保(B)"策略,则双方得益均为0。因为投保的一方很可能因为投保而产生道德风险,他对森林防火、防盗等不再像以前那样关心,因此对于没有投保的一方而言风险大增,而且由于森林火灾、自然灾害等均具有外部性、大面积受灾等特征,"城门失火,殃及池鱼",所以一方投保,另一方不投保,得益都为0。如果森林经营者均不参加森林保险的投保,为了规避风险,必然要采取更多的额外措施进行防范,比如防火隔离带的建设、多样化种植、防护人工的投入等,此时森林经营者的成本开支将大增,其最终得益 b 将小于森林经营者均参加森林保险投保得益 a,即 $a>b$。

两个独立的森林经营者之间进行博弈所面临的得益矩阵如图 8-2 所示。

(4) 假定所有的森林经营者均为有限理性个体,但具有快速学习

	森林经营者2 投保 (A)	森林经营者2 不投保 (B)
森林经营者1 投保 (A)	a, a	0, 0
森林经营者1 不投保 (B)	0, 0	b, b

图8-2 森林经营者面临2×2博弈的得益矩阵

能力，能根据博弈结果进行事后评估，并相应作出较快的调整。

二 博弈模型的分析

根据森林经营者所面临的得益矩阵，该博弈存在两个纯策略纳什均衡 (A, A) 和 (B, B)。但由于得益 $a>>b$，可以得出 (a, a) 明显帕累托优于 (b, b)，根据经典博弈理论的分析，最后的均衡策略应该为 (A, A)。但如果有博弈方选择 B 策略，或者博弈双方相互怀疑对方可能采用 B 策略或者博弈双方对风险比较敏感，则 (B, B) 就是相对于 (A, A) 的风险上策均衡。

既然假定各博弈方（森林经营者）为有限理性的个体，则在初次进行博弈时，每个森林经营者既有可能采用 A 策略，也有可能采用 B 策略。各有限理性的森林经营者所必须遵循的策略调整机制为最优反应动态机制，即虽然各经营者在初次博弈时缺乏分析交互动态关系和预见能力，没有进行理性的决策，但能对博弈结果进行分析、评估和总结，并快速作出策略调整。

根据经营者所处的博弈位置的不同可以分为两种情况加以分析，一是圆周分布；二是随机分布。

情况一：博弈方位置为圆周分布时的最优反应动态

假定5个森林经营者沿一个圆周分布（可以理解为5个森林经营者所经营的森林首尾相接连成一片），如图8-3所示的5个位置上，每个经营者都与各自的左右邻居反复博弈。由于各森林经营者均为有限理性

第八章 有限理性条件下森林保险投保行为机理研究

的个体，所以各自均无法对相邻经营者将选取的本期策略进行预测，而只能对其前期策略做出最优反应。

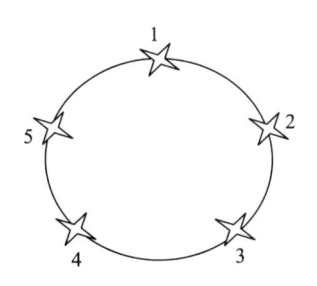

图 8-3 各森林经营者的圆周分布

假设 $x_i(t)$ 为在第 t 时期与经营者 i 相邻的经营者中采用 A 策略的数量，其只有 3 个可能值：0、1、2。采用 B 策略相邻经营者的数量相应为 $2-x_i(t)$，它也有 3 个可能值：0、1、2。针对第 t 时期 $x_i(t)$ 的相关情况，经营者 i 采用 A 策略的得益为 $a*\frac{x_i(t)}{3}+0*\frac{[2-x_i(t)]}{3}$，即 $a*\frac{x_i(t)}{3}$；采用 B 策略则得益为 $0*\frac{x_i(t)}{3}+b*\frac{[2-x_i(t)]}{3}$，即 $b*\frac{[2-x_i(t)]}{3}$。因此，根据最优反应动态机制的策略调整法则，当 $a*\frac{x_i(t)}{3}+0*\frac{[2-x_i(t)]}{3}>0*\frac{x_i(t)}{3}+b*\frac{[2-x_i(t)]}{3}$ 时，经营者 i 在 $t+1$ 时期会采取 A 策略，即当 $x_i(t)>\frac{2b}{a+b}$ 时，森林经营者 i 将在第 $t+1$ 时期采取 A 策略。而当 $a*\frac{x_i(t)}{3}+0*\frac{[2-x_i(t)]}{3}<0*\frac{x_i(t)}{3}+b*\frac{[2-x_i(t)]}{3}$ 时，经营者 i 在第 $t+1$ 时期会采取 B 策略，即当 $x_i(t)<\frac{2b}{a+b}$ 时，森林经营者 i 将在第 $t+1$ 时期采取 B 策略。

由于 $x_i(t)$ 只能取 3 个整数值，即 0、1、2，且 $a>b$，因此，若某经营者 i 不与采取 A 策略的经营者相邻，则满足 $x_i(t)=0<\frac{2b}{a+b}$，根据最

优反应动态机制,经营者 i 将在第 $t+1$ 时期选择 B 策略;若某经营者 i 与采取 A 策略的 1 个经营者相邻,则满足 $x_i(t) = 1 > \dfrac{2b}{a+b}$,根据最优反应动态机制,经营者 i 将在第 $t+1$ 时期将策略调整为 A 策略;当经营者 i 与两个采取 A 策略的经营者相邻时,满足 $x_i(t) = 2 > \dfrac{2b}{a+b}$,根据最优反应动态机制,经营者 i 将在第 $t+1$ 时期将策略调整为 A 策略。值得注意的是,经营者 i 在第 $t+1$ 时期与在第 t 时期的策略选择没有必然的直接关系。因为这 5 个森林经营者被假定为相似的,所以上述法则适用于他们。

因为 5 个森林经营者均表现为有限理性,所以初次博弈时各经营者既有可能采用 A 策略,也有可能采用 B 策略。根据采用 A 策略经营者的数量和位置分布,总共有 0 个 A 策略、1 个 A 策略、不相邻 2 个 A 策略、相邻 2 个 A 策略、3 个 A 策略、不相邻 3 个 A 策略、4 个 A 策略、5 个 A 策略 8 种情况有实质性的差异。接下来要分别讨论这 8 种有实质性差异的情况。

(1) 初次博弈有 0 个 A 策略的情况。初次博弈时,若所有博弈方均采用 B 策略,即此时 $x_i(t) = 0 < \dfrac{2b}{a+b}$,则根据最优反应动态机制,只要不出现意外扰动,博弈的均衡策略在以后时期将保持不变。

(2) 初次博弈只有 1 个森林经营者采用 A 策略的情况。根据最优反应动态机制,图 8-4 给出策略调整的全部过程,其中 5 个森林经营者经过 4 个时期的反复策略调整,最终收敛到所有经营者都采用 A 策略的稳定状态。

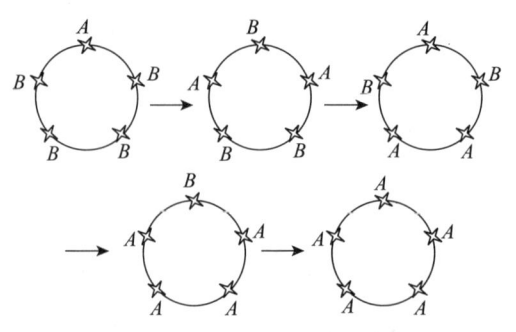

图 8-4 森林经营者初次博弈为 1 个 A 策略的最优反应动态

（3）初次博弈中有 2 个相邻经营者采用 A 策略的情况。其最优反应动态调整过程如图 8-5 所示。

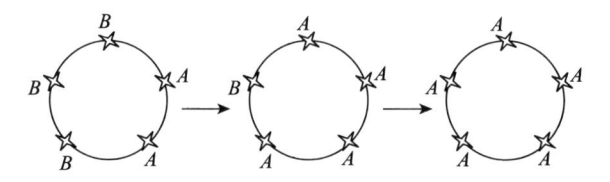

图 8-5　森林经营者初次博弈为相邻 2 个 A 策略的最优反应动态

（4）初次博弈中有 2 个不相邻经营者采用 A 策略的情况。只需 3 个时期的动态调整就能收敛到所有经营者都采用 A 策略的稳定状态，其最优反应动态调整过程如图 8-6 所示。

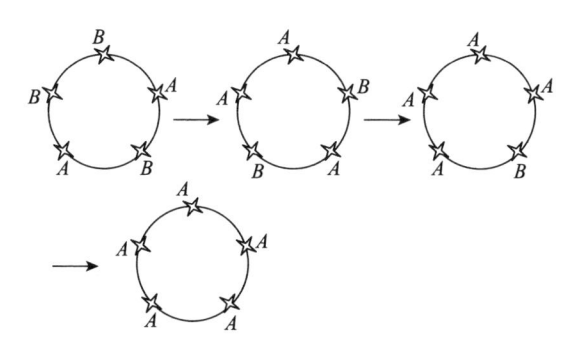

图 8-6　森林经营者初次博弈为不相邻 2 个 A 策略的最优反应动态

（5）初次博弈中有 3 个相邻经营者采用 A 策略的情况。只需 1 个时期的动态调整就能收敛到所有经营者都采用 A 策略的稳定状态，其最优反应动态调整过程如图 8-7 所示。

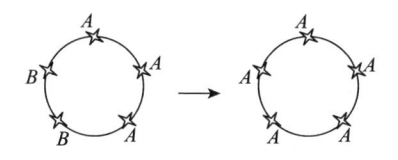

图 8-7　森林经营者初次博弈为相邻 3 个 A 策略的最优反应动态

（6）初次博弈中有 3 个不相邻经营者采用 A 策略的情况。只需 2 个时期的动态调整就能收敛到所有经营者都采用 A 策略的稳定状态，其最优反应动态调整过程如图8-8所示。

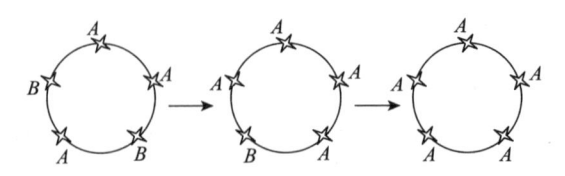

图8-8　森林经营者初次博弈为不相邻3个A策略的最优反应动态

（7）初次博弈中有4个经营者采用A策略的情况。只需1个时期的动态调整就能收敛到所有经营者都采用A策略的稳定状态，其最优反应动态调整过程如图8-9所示。

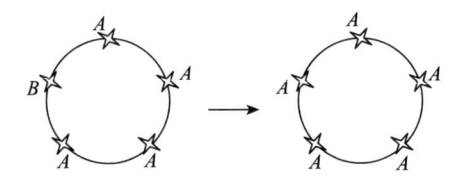

图8-9　森林经营者初次博弈为4个A策略的最优反应动态

（8）初次博弈中所有森林经营者都采用A策略的情况。根据最优反应动态机制可知，本博弈的均衡策略将保持这一稳定状态不变。

综上论述，除了初次博弈时所有森林经营者均采用B策略这一种情况外，其余所有情况，经过最优反应动态法则的调整，最终都会收敛到所有经营者都采用A策略的稳定状态，所不同的是策略调整所经历的时期有的多、有的少。即使是初次博弈时所有经营者都采用B策略，只要在任一期间有微小的扰动发生，博弈最终将收敛于所有博弈方都采用A策略的状态。

情况二：博弈方位置为随机分布时的最优反应动态

如果森林经营者位置为随机分布时，博弈的均衡稳定策略将会有所变化。假定各经营者的位置分布不再仅限于相邻双方，而是包括了所有其余四方，如图8-10所示，这种博弈分布比较贴近现实情况。其他基本假设如前所述，各经营者所遵循的动态策略调整机制同样也为最优反应动态。

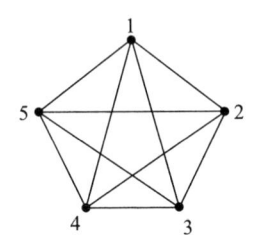

图 8-10 各森林经营者的随机分布

假定 $x_i(t)$ 为第 t 时期某森林经营者 i 所面临的博弈对象中采用 A 策略的数量，该数量只可能有 5 个值：0、1、2、3、4。采用 B 策略的博弈对象的数量为 $4-x_i(t)$，它也只可能有 5 个值：0、1、2、3、4。针对第 t 时期的 $x_i(t)$ 的情况，经营者 i 采用 A 策略的得益为 $a*\dfrac{x_i(t)}{5}+0*\dfrac{[4-x_i(t)]}{5}$，即 $a*\dfrac{x_i(t)}{5}$；采用 B 策略则得益为 $0*\dfrac{x_i(t)}{5}+b*\dfrac{[4-x_i(t)]}{5}$，即 $b*\dfrac{[4-x_i(t)]}{5}$。根据最优反应动态机制，当 $a*\dfrac{x_i(t)}{5}+0*\dfrac{[4-x_i(t)]}{5}>0*\dfrac{x_i(t)}{5}+b*\dfrac{[4-x_i(t)]}{5}$ 时，即 $x_i(t)>\dfrac{4b}{a+b}$ 时，经营者 i 将在第 $t+1$ 时期采用 A 策略；当 $a*\dfrac{x_i(t)}{5}+0*\dfrac{[4-x_i(t)]}{5}<0*\dfrac{x_i(t)}{5}+b*\dfrac{[4-x_i(t)]}{5}$ 时，即 $x_i(t)<\dfrac{4b}{a+b}$ 时，经营者 i 将在第 $t+1$ 时期采用 B 策略。

由于 $a>b$，同时假定 $a\leqslant 2b$（注意：得益 a 与 b 之间的差距某种程度上取决于森林保险制度的效率高低），使得 $1<\dfrac{4b}{a+b}<2$，所以当 $x_i(t)=2$、3 或 4 时，满足 $x_i(t)>\dfrac{4b}{a+b}$，此时该博弈方在第 $t+1$ 时期采用 A 策略；而 $x_i(t)=0$ 或 1 时，满足 $x_i(t)<\dfrac{4b}{a+b}$，此时该博弈方在第 $t+1$ 时期采用 B 策略。该学习和策略调整法则就是各经营者在

长期的反复博弈中所必须遵循的。由于5个经营者假定为相似的,因此上述法则对每一个经营者均是适用的。

根据采用 A 策略经营者的数量差异(这里不考虑位置差异,因为这里假定经营者为随机分布,不受地理位置约束),初次博弈总共有 0 个 A 策略、1 个 A 策略、2 个 A 策略、3 个 A 策略、4 个 A 策略和 5 个 A 策略 6 种情况有实质性的差异。

(1)初次博弈时有 0 或 1 个经营者选择 A 策略的情况。根据上述的最优反应动态机制,初次博弈时若所有经营者均选择 B 策略或只有 1 个经营者选择 A 策略,则各经营者在第 $t+1$ 时期均选择 B 策略。初次博弈只有 1 个经营者选择 A 策略时的最优反应动态调整过程如图 8-11 所示。

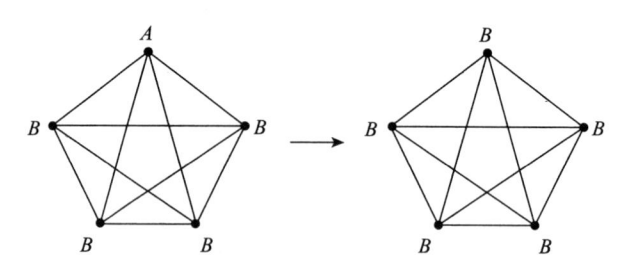

图 8-11 森林经营者初次博弈为 1 个 A 策略的最优反应动态

(2)初次博弈时有 2 个、3 个、4 个经营者选择 A 策略的情况。其各自的动态调整过程分别如图 8-12、图 8-13、图 8-14 所示。

(3)初次博弈时有 5 个经营者选择 A 策略的情况。很明显,初次博弈所有经营者都选择 A 策略的均衡状态将始终保持不变。

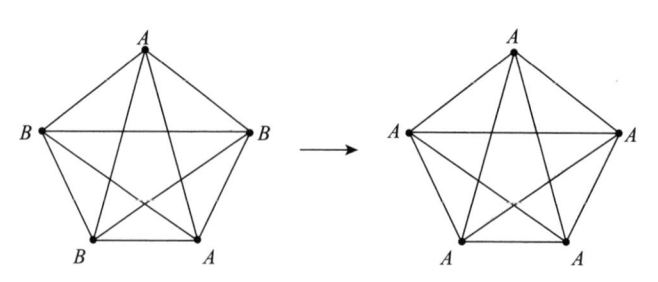

图 8-12 森林经营者初次博弈为 2 个 A 策略的最优反应动态

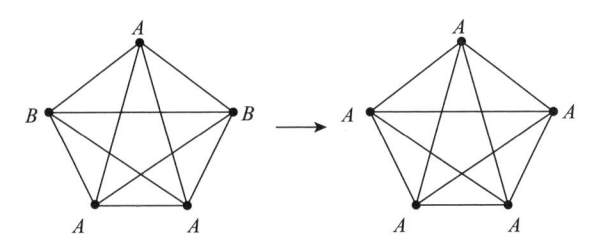

图 8-13　森林经营者初次博弈为 3 个 A 策略的最优反应动态

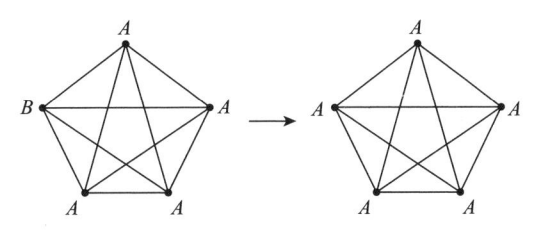

图 8-14　森林经营者初次博弈为 4 个 A 策略的最优反应动态

通过以上分析，在经营者的博弈位置为随机分布的情况下，存在两种均衡状态，一是所有经营者都采用 A 策略，二是所有经营者都采用 B 策略，这两种均衡状态都能抵抗微小的扰动，是真正的稳定状态，属于进化稳定策略。

三　小结

对森林培育企业和森林培育专业户，运用最优反应动态机制对其森林保险投保行为进行博弈分析，得出如下几个结论。

（1）通过最优反应动态机制分析可知，博弈均衡的结果与博弈调整速度（或者说是调整所需时期数）不仅与森林经营者的理性层次高低程度有关，还与森林经营者的分布方式有关。当分布为圆周分布时，调整速度快，只需要 1 个时期；而随机分布时，所需要的时期数更多。

（2）在所有可能的初次博弈中，最终的结果是，要么稳定于所有经营者都采取不投保（B）策略的状态，要么稳定于所有经营者都采取投保（A）策略的状态。所有经营者都采用投保（A）策略和所有经营者都采用不投保（B）策略都是有限理性的森林经营者进行博弈的均衡策略，但前一种稳定状态更重要，因为经营者的策略调整收敛到这种情况的机会要大大高于后一种情况。

（3）如果所有经营者通过学习、模仿都已经收敛到采取 A 策略后某个经营者犯错误而偏离 A 策略，根据以上分析，最优反应动态机制会使该经营者的策略很快回到都采取 A 策略的状态。因此，所有经营者都采取 A 策略的稳定状态是稳健的。类似的，所有经营者都采取 B 策略的均衡状态也是稳健的，因为一旦某个经营者偏离 B 策略，那么最优反应动态机制会使该经营者的策略收敛到所有经营者均采取 B 策略的均衡状态。

博弈的收敛性和扰动性分析表明，所有经营者都采取 A 策略的均衡和所有经营者均采取 B 策略的均衡，均是博弈的进化稳定策略。

第六节　基于生物进化复制动态机制的森林保险投保行为博弈分析

该模型用以分析理性层次较低、学习和模仿能力较弱的兼业农户的森林保险投保行为。本部分将构建一个由较大群体组成且群体成员之间随机配对的博弈模型，将博弈理论和动态演化过程相结合，从个体兼业农户出发，以整个兼业农户群体为研究对象，模拟个体兼业农户之间模仿、学习等动态调整过程。

一　博弈模型的构建

（1）假定各个兼业农户所选择的树种、种植的面积、种植的方式、林地地理位置及其成本收益等情况相似。

（2）假定兼业农户之间进行随机配对博弈。

（3）每个兼业农户都有两个可选策略：投保（用字母 A 表示）、不投保（用字母 B 表示）。

（4）对于两个独立的兼业农户进行博弈，如果双方都选择"投保（A）"策略，则分别获得收益 a；如果双方都选择"不投保（B）"策略，则各自获得收益 b；如果一方采取"投保（A）"策略，另一方采取"不投保（B）"策略，则双方得益均为 0。因为投保的一方很可能因为投保而产生道德风险，他对森林防火、防盗等不再像以前那样关心，对于没有投保的一方而言风险大增，而且由于森林火灾、自然灾害等均具有外部性、大面积受灾等特征，"城门失火，殃及池鱼"，所以一方投保，另一方不投保，得益都为 0。同时，如果兼业农户均不参加森林保险的投保，为了规避风险，必然要采取更多的额外措施进行防范，比如防火隔离带的建设、多样化种植、防护人工的投入等，此时兼业农户的成本开支将大增，其最终获得的收益 b 将小于兼业农户均参加森林保险投保所获得的收益 a，即 $a>b$。

两个独立的兼业农户之间进行博弈所面临的得益矩阵如图 8-15 所示。

	兼业农户2 投保（A）	兼业农户2 不投保（B）
兼业农户1 投保（A）	a, a	0, 0
兼业农户1 不投保（B）	0, 0	b, b

图 8-15 兼业农户面临 2×2 博弈的得益矩阵

由于假定兼业农户是有限理性的，且理性程度较低，所以农户进行投保决策时，需要不断学习和调整自己的策略选择，才能逐步达到均衡。有时即使达到均衡，也可能因为自己的非理性行为而再次偏离均衡。

二 博弈模型的分析

依图 8-15 得益矩阵可知，（a, a）明显帕累托优于（b, b），如果兼业农户为完全理性的，则最后的均衡策略应该为（A, A）。但如果某兼业农户选择 B 策略，或者兼业农户双方相互怀疑对方可能采用 B 策略或者农户双方对风险比较敏感，则（B, B）就是相对于（A, A）的风险上策均衡。由于兼业农户理性层次较低，因此，在建立森林保险制度过程中，除非财政全额补贴或者政府推行强制保险，否则所有的农户不可能一开始就选择"投保（A）"策略。更一般意义上的情况是，既有部分兼业农户选择"投保（A）"策略，也有部分兼业农户选择"不投保（B）"策略。在这种情况下，假设整个兼业农户群体中选择"投保（A）"策略类型的农户比例是 x，则选择"不投保（B）"策略类型的农户的比例为 $1-x$。因为农户之间进行随机配对博弈，每个农户均有可能与自己类型相同或相异的博弈方进行博弈，[①] 故兼业农户的得益不仅取决于自己的类型，也取决于随机配对所面临的农户的类型。

可得出，"投保（A）"和"不投保（B）"类型兼业农户的期望得益 U_A 和 U_B 分别为：

选择"投保（A）"策略的期望得益为 $U_A = x*a + (1-x)*0 = x*a$；选择"不投保（B）"策略的期望得益为 $U_B = x*0 + (1-x)*b = (1-x)*b$。

因此，群体中个体兼业农户的平均得益为：

$$\overline{U} = x*U_A + (1-x)*U_B = x^2*a + (1-x)^2*b$$

在这个博弈中，兼业农户两种类型比例 x 和 $1-x$ 为时间 t 的函数，会随时间的变化而变化，且类型比例的动态变化速度取决于兼业农户之间相互学习、模仿的速度。在通常情况下，可供模仿的对象数量与被模仿对象的成功程度决定了兼业农户之间的学习模仿速度。可供模仿数量的多少可用相应类型农户的比例表示，被模仿对象的成功程度则可用其得益超过平均得益的幅度表示。

根据生物进化复制动态机制，选择"投保（A）"策略农户比例的动态变化速度可用动态微分方程 $F(x)$ 或者 $\dfrac{dx}{dt}$ 来表示（变化方向可由 $\dfrac{dx}{dt}$ 的正负号来表示），该方程就是 P. D. Taylor 与 L. B. Jonker 于 1978 年提出的生物进化复制动态机制：

[①] 由于兼业农户群体较大，可忽略所考察农户对其他类型农户比例的影响。

$$F(x) = \frac{dx}{dt} = x(U_A - \overline{U}) = x * (1 - x) * [(a + b) * x - b]$$

其中，x 表示"投保（A）"类型农户的比例，U_A 表示采取"投保（A）"策略的期望得益，$\overline{u}$ 为所有兼业农户的平均得益，$\frac{dx}{dt}$ 为采取"投保（A）"策略类型农户比例随时间的变化率。该动态微分方程表明，"投保（A）"类型农户比例的变化率为该类型农户的比例和该类型农户的期望得益大于所有农户的平均得益的幅度的递增函数。可以模仿的对象越多，模仿就变得越容易；"投保（A）"的期望收益超过平均收益的幅度越大，对模仿的激励就越大。

三 讨论

为了得出该博弈的均衡及进化稳定策略，令 $F(x) = 0$ 或者 $\frac{dx}{dt} = 0$，得出复制动态方程的 3 个稳态解：$x^* = 0$，$x^* = 1$ 和 $x^* = \frac{b}{a+b}$。由于 $a > b > 0$，所以 $0 < \frac{b}{a+b} < 1$。

对 $F(x)$ 求导可得：$F'(x) = (1 - x)[(a + b)x - b] + x[b + (1 - 2x)(a + b)]$，同时根据 $F'(x)$ 函数，可以求得 $F'(0) < 0, F'(1) < 0$，$F'(\frac{b}{a+b}) > 0$。通过这些函数特征，可以画出该博弈的相位图，如图 8 - 16 所示。

根据微分方程的稳定性原理，进化稳定策略落在与水平轴相交且交点的切线斜率为负的点上，从相位图中，可看出 $x^* = 0$ 和 $x^* = 1$ 满足稳定性原理，此时它们的切线的斜率均小于 0。而在 $x^* = \frac{b}{a+b}$ 时，则不满足微分方程的稳定性定理，即在 $x^* = \frac{b}{a+b}$ 时，复制动态方程的切线的斜率大于 0。

进化稳定策略也可以通过对该博弈进行扰动分析得出。令该博弈收

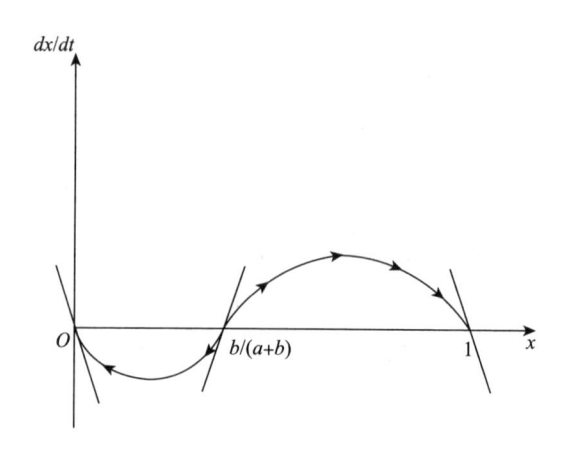

图 8-16 兼业农户 2×2 博弈复制动态方程相位图

敛于 $x^* = 1$ 时出现比例为 ε 的少数农户的非理性行为而偏离 $x^* = 1$，此时选择"投保（A）"策略的比例为 $1 - \varepsilon$。选择"投保（A）"的期望得益为 $U_A = (1 - \varepsilon) * a + \varepsilon * 0 = (1 - \varepsilon) * a$，选择"不投保（B）"的期望得益为 $U_B = (1 - \varepsilon) * 0 + \varepsilon * b = \varepsilon * b$，整个兼业农户群体的平均得益为 $\overline{U} = (1 - \varepsilon) * U_A + \varepsilon * U_B = (1 - \varepsilon)^2 * a + \varepsilon^2 * b$，由于 ε 较小，非理性农户的得益小于理性农户的得益，也小于整个兼业农户群体的平均得益。因此，非理性选择的农户会修正错误选择，最终收敛于 $x^* = 1$，即所有农户都选择"投保（A）"策略。同理可以证明，在所有农户通过学习、模仿都已经收敛到"不投保（B）"策略的情况下，由于种种原因，某个农户选择"投保（A）"，偏离了均衡点，该机制也能保证该农户回到"不投保（B）"策略的选择上来。也就是说，稳定状态 $x^* = 1$ 和 $x^* = 0$ 对于少量"犯错误"的干扰具有稳健性，即 $x^* = 1$ 和 $x^* = 0$ 是进化稳定均衡策略。

以上表明，当初始的 x 水平落在区间 $(0, \dfrac{b}{a+b})$ 时，博弈将收敛于稳定状态 $x^* = 0$，即所有兼业农户均选择"不投保（B）"策略。而当初始的 x 水平落在区间 $(\dfrac{b}{a+b}, 1)$ 时，博弈将收敛于稳定状态 $x^* =$

1，即所有兼业农户都选择"投保（A）"策略。如果初次博弈时农户选择"投保（A）"和"不投保（B）"的比例在[0，1]区间上平均分布，那么$x^*=0$和$x^*=1$这两种均衡的效率的高低，取决于$\frac{b}{a+b}$的大小，换句话说，两种均衡的效率的高低，取决于得益a和b差额的大小，而a和b差额的大小取决于森林保险制度效率的高低。

如果森林保险制度是有效率的，则$a>>b$，各兼业农户通过复制动态实现$x^*=1$的进化稳定策略的机会更大。相反，如果森林保险制度是缺乏效率的，则得益b与a的差距不是很大，则各兼业农户通过复制动态实现$x^*=1$的进化稳定策略的机会就没有那么大。政府作为森林保险制度的提供者，为促进森林保险的健康稳定发展，必须保证$a>>b$，即制度必须要有效率。只有这样，才能使森林保险对投保主体具备吸引力，才会增加收敛于$x^*=1$均衡状态的机会。

四 小结

（1）由于兼业农户的理性层次低，学习速度慢，犯错误的概率较高，因此调整速度也就慢得多。博弈均衡的结果及博弈调整的速度（或者说是调整所需要的时期数）不仅与博弈方的理性层次有关，还与博弈的分布方式有关。当随机分布时，所需要的时期数要更多；而当分布为圆周分布时，调整速度快，只需要1个时期，当然所面临的机制就不再是复制动态机制了。

（2）博弈调整结果存在两种情况，要么收敛于所有农户都选择"投保（A）"策略，要么所有农户都选择"不投保（B）"策略。各种情况的可能性有多大，完全取决于森林保险制度的效率。只要森林保险制度是有效率的，即使最开始的时候，只有少数的农户选择"投保（A）"，但未参加投保的农户会在潜在利益的驱动下，模仿已经投保的农户开始投保。而且，随着参加投保对象越来越多，观察和模仿变得越来越容易，最终，所有的农户也会选择"投保（A）"策略。如果森林保险制度缺乏效率，则即使一开始有农户选择"投保（A）"策略，也会在潜在利益的驱动下,放弃"投保(A)"策略,广大的农户会模仿未参加投保的对象,进而不再投保,即便政府一开始采取强制性森林保险,也会最终收敛于"不投保(B)"策略。

(3) 通过兼业农户特性和博弈的进化稳定策略的分析,可以得知任由兼业农户自主选择森林保险的制度安排将缺乏效率,需要政府的干预。这告诉我们:森林保险为政策性保险,需要为森林保险制度提供政府财政补贴和税收的实质性支持,使森林保险制度变得有效率,只有这样才能提升森林保险的参与率。

第九章

信息不对称条件下森林保险投保行为研究

传统经济学理论是建立在完全理性和完全信息的假设基础上的，完全信息意味着所有的信息是公开和透明的，信息的搜寻成本为零，同时信息传递渠道畅通，不存在任何障碍。然而现实的情况是，信息搜寻是需要成本的，有时候信息搜寻成本还是很高的，而且信息的传递也是经常处于不顺畅状态，所以现实中，信息几乎就是不对称的。在信息经济学中，所谓信息不对称（Asymmetric Information）"是指这样一种情况，缔约当事人一方知道而另一方不知道，甚至第三方也无法验证，即使能够验证，也需要花费很大的物力、财力和精力，在经济上是不划算的"（科斯、哈特、斯蒂格利茨等，1999）。

第一节　森林保险信息不对称的表现形式

并非只有森林保险市场存在大量的信息不对称现象，事实上保险市场的信息不对称是客观存在的。信息不对称现象的广泛存在对保险市场市场化的有效运转产生了不可低估的负面影响。

对于森林保险而言，林地分散，灾害所涉及的林主众多，各自的风险特征差异很大，林主居住又相对比较分散且均在户外作业，这些特性决定了森林保险市场的信息不对称问题更为突出，这对森林保险市场的有效开展影响甚大。

1. 对森林经营者私人信息了解程度的信息不对称

在森林经营者的家庭财产状况、风险意识大小、自保能力、风险偏好、林木收入占财富总额的比重、投保目的、诚信程度、道德水平等私人信息获取方面,森林保险公司和森林经营者相比,森林经营者处于信息优势,而保险公司处于信息劣势。每个森林经营者都会根据自己以往的经验和自身的特点等大概情况了解森林火灾、病虫害等受灾概率。但是由于关于林区风险的各方面统计资料缺失严重,保险公司不完全知道火灾、病虫害等灾害的受灾概率。

如果购买了森林保险后,保险公司难以监管森林经营者改变经营方式、控制风险规避损失的努力程度等,那么这在保险公司和森林经营者之间同样会造成很严重的信息不对称。

2. 对保险知识、保险技术的了解程度的信息不对称

保险知识的专业性和技术性很强,需要经过系统的学习和培训才能对其加以掌握,保险公司拥有受过专业训练的大量技术人才,在保险知识方面的优势大大高于森林保险投保人。大多数的森林保险投保者由于地处偏僻山区,受教育程度普遍不高,加上没有经过保险知识的专门培训,不具备深厚的理论基础,也不具备丰富的实践经验,对纷繁复杂且晦涩难懂的保险合同条款,他们是不可能深刻理解的。

另外,保险合同的制定有很强的技术性。保险合同属于格式合同,合同中的内容一般是由保险公司单方面制定的,投保人只能同意或者不同意,或者以附加条款的方式接受。由于保险条款复杂,不易理解和掌握,因此保险费率的高低、承保条件及赔偿方式等在一定程度上是由保险公司决定的。同时,森林灾害发生后,在理赔过程中,保险公司需要对保险标的进行勘查、检验、估损、理赔等活动。这些活动也具有很强的技术性,保险公司有可能想方设法利用技术性的处理推卸或者减轻自己的赔偿责任,投保人很难对保险公司确定的理赔结果提出自己的想法,再加上投保人对保险合同中的免责条款理解不够透彻,在理赔纠纷中,往往处于劣势地位。

森林保险投保人购买森林保险，很多是通过自己观察其他参保林主的投保情况决定或购买保险时受乡村干部、保险代理人鼓动的，并不是出自自身真实意愿。

3. 对保险公司经营信息了解程度的信息不对称

保险公司的实力大小和信誉度的高低等均与其经营管理水平高度正相关，但对保险公司经营管理信息的了解也存在严重的信息不对称现象。这种信息不对称主要存在如下三种情况，一是监管机构与保险公司之间的信息不对称，二是保险机构与投保人之间的信息不对称，三是保险投保人和保险公司之间的信息不对称。

监管机构根据保险公司上交的营业报告、财务会计报告、精算报告及其他记载保险业务情况的有关文件、报表和资料等公司信息来了解保险公司的运营状况，但监管机构仅根据这些文件和报告，不能完全了解保险公司的经营情况、偿付能力、资产负债质量等情况。而这些方面的信息，保险公司自己心知肚明。同样的，保险投保人对保险公司的运营情况、公司实力及公司诚信程度等信息也缺乏了解。在这方面与保险公司相比，保险投保人处于信息劣势，而保险公司处于信息优势。另外，如果保险投保人很希望从保险监管机构来获得更多关于保险公司的信息，但有时候监管部门出于某些原因，不可能全部公开关于保险公司的所有信息，因为某些不利的经营信息会引起保险市场的动荡与不稳定，扰乱保险市场秩序。因此，相对于对保险公司的了解，保险投保人与保险监管机构相比，监管机构处于信息优势，而保险投保人处于信息劣势。

第二节　森林保险市场信息不对称的原因

造成森林保险严重信息不对称的原因有如下几个方面。

1. 高昂的信息搜寻成本造成了森林保险市场的信息不对称

森林经营者地处偏僻山区，居住比较分散，保险公司要想直接一对一地详细了解投保林主需要花费大量的成本。同时森林保险标的比较复杂与特殊，保险标的按其发挥的效益不同，可以分为人工林和生态公益林；按其林龄分类，可分为幼龄林、中龄林、近熟林、成熟林和过熟林等。它们所遭受的灾害种类和频率以及受损强度都不相同，其价值难以准确地评估。而且，由于保险林木是不断增值的，加上森林市场价格又一直在波动中，所以保险金额难以确定。加上许多林区都是山区，交通不便，地势险恶，到林区考察变得十分困难。森林灾害具有面积大、危害程度大的特点，风险事故发生后，对其损失及残值的测定比较困难。

如果保险公司需要对投保人的信息加以了解，对森林保险标的的价值更加进行准确的评估，则需要投入大量的专业技术人才，这使得保险公司的信息搜寻成本变得高昂。

2. 投保人的有限理性造成了森林保险市场的信息不对称

森林经营者工作在偏僻山区，信息闭塞，受教育程度低，他们是有限理性的，而不是完全理性的，不具备对各种信息进行提炼的能力，甚至不能对复杂的保险条款进行透彻的理解。同时保险系一种无形商品，比较特殊，不像普通消费品一样，消费者可以通过现场近距离的观察、比较就可以拥有较充分的信息。保险商品的这种特殊性，进一步加剧了投保人的有限理性，导致了信息不对称。周延（2005）认为保险商品知识含量较高，保险人对其了解和认知程度要远远高于投保人。在这种情况下，森林经营者处于典型的信息劣势一方。

3. 保险公司披露信息成本的存在造成了森林保险市场的信息不对称

对于保险公司而言，需要投入一定的人力、物力和财力来完成经营状况信息的分类整理，然后寻找相关的渠道发布相应的信息；但某些敏感信息的披露可能会引起保险公司商业机密的泄露，与此同时，信息披露还会遭遇来自那些正享受"灰色收益"的高层管理人员的阻碍。所有这些直接或间接的成本，都会影响到保险公司所披露的信息的透明度，从而导致了保险公司与投保林主、保险公司与保险监管机构之间的信息不对称。

第三节　信息不对称对森林保险市场的影响

著名的信息经济学家阿罗于 1953 年就指出，信息不对称是"妨碍保险机制顺利运转的主要障碍"（孙祁祥、孙立明，2002）。我国从 20 世纪 80 年代初开始出现森林火灾保险业务的试点，但由于种种原因，保险公司与森林经营者之间的博弈始终不能带来共赢的局面，一方面，保险公司经营效率低，赔付率高，亏损严重；另一方面，森林经营者投保意识薄弱，森林保险投保率低。20 世纪 90 年代以来森林保险长时间处于停滞不前的状态，甚至出现了森林保险业务不断萎缩的现象，其中一个很重要的原因就是森林保险市场中存在严重的信息不对称，它成了我国大力发展森林保险，推进林业现代化的主要障碍之一。

1. 抑制森林保险投保意愿，降低森林保险的有效需求

逆向选择的发生是森林保险市场信息不对称的一个结果，同时也给森林保险市场带来了巨大的影响。所谓逆向选择[①]（Adverse Selection）泛指在各种市场交易中，由于双方的信息不对称，在合同签订时，一方为追求自身经济效用的最大化，通过隐藏其私人信息，作出有利于自己利益而损害他方利益的选择（张秀全，2008）。

理论上讲，如果保险公司理性和科学地制定保险费率和赔付标准的话，保险公司应该按照不同的森林经营者和林分所处的不同地区、不同树种、不同林龄、不同价值的差异性来分别确定不同的保险费率和保额。这样就既能保证保险公司的赔付能力，也能保证森林经营者的承受能力。但森林保险技术的复杂性和特殊性[②]以及森林保险市场的各类信息的不对称特性，共同决定了保险费率是根据所有投保林主的平均损失率来确定的，但森林经营者的各种差异性特征，导致森林保险市场中存在两类潜在的客户：高风险和低风险。而面对这两种类型的客户群体，

[①] 保险市场中的逆向选择包括投保人的逆向选择和保险人的逆向选择，本书只分析投保人的逆向选择。

[②] 有关森林保险特殊性和复杂性的分析，参考本书第七章的分析。

由于保险市场的信息不对称，保险公司并不了解各具体投保林主所经营的森林的受灾概率，没办法清晰区分它们分别隶属于哪一种风险类型，而森林经营者对自身的风险水平高低却有清晰的认识。这样必然导致受灾概率大的高风险森林经营者选择积极投保，而受灾概率较小的低风险森林经营者更可能放弃投保。具体而言，森林经营者只选择火灾隐患大或者发生灾害可能受损大的林分进行投保，如靠近村边、路边、田边的林地，杉木或松木等树种而非阔叶林或毛竹等，中幼林等（崔文迁、王珺、马菁蕴，2008）。这样必然导致高风险的森林经营者把低风险的森林经营者"驱逐"出森林保险市场，类似于货币市场中的"劣币驱逐良币"的原理。市场上只剩下高风险的投保林主，这必然导致森林保险的赔付率过高，恶化保险公司的财务状况。保险公司为了不至于出现亏损，不得不进一步提高保险费率，高昂的费率使得收入相对较低且经营更加谨慎的森林经营者对森林保险望而却步，转向通过多元化种植、防火道的建设等措施规避风险，进一步抑制了对森林保险的有效需求。

2. 进一步降低对森林保险的认可程度

森林保险市场发展缓慢，市场化程度也较低。对于大多数森林经营者而言，由于保险知识和保险技术的专业性和复杂性，对保险公司经营信息了解程度的渠道很有限，而且了解到的信息也不全面，加上森林经营者自身教育水平的限制，导致了他们对森林保险的认识和了解相对于保险公司而言是极其有限的。当投保林主对森林保险的基本知识缺乏了解时，规模较小的森林经营者就会谨慎地对待投保问题或持无所谓的观望态度或者干脆敬而远之。调查显示，许多森林经营者对森林保险缺乏了解，是其对森林保险认可度较低的主要原因之一。

3. 加大保险公司的运营成本，抑制森林保险的供给意愿

由于逆向选择的存在，森林保险市场上集中了大量的高风险的森林经营者，使得大量的低风险的森林经营者被排除在森林保险之外，使得风险单位减少，不能大面积承保进行损失分摊，难以满足大数法则要求。保险的数理原理就是概率论中的大数法则，只有存在大量的风险单

位才有可能分散风险，而如果承保面过于狭小，必然导致保险公司所面临的风险集中。由于面对的是高风险的投保群体，保险公司赔付率高，这些都使得保险公司的财务状况恶化。

在保险市场，道德风险同样是不可避免的，它是森林保险面临的又一个难题。所谓道德风险（Moral Hazard）通常指交易双方由于目标的不一致和信息非对称，在契约签订后处于信息劣势的一方难以监测或监督处于信息优势的另一方的行动，而导致偏离最优契约执行结果的风险，是交易一方不完全承担契约后果时所采取的自身效用最大化的机会主义行为（张秀全，2008）。森林保险市场中存在道德风险，这是因为森林保险合同的签订本身可能会投保林主的投保动机和行为。保险合同签订后，森林经营者会由于投保而放松对风险的警惕和控制，不再像合同签订之前那样认真地做好防火防灾措施，从而改变风险事故发生的概率和规模，导致灾害发生的概率提高。而在没有投保时，投保林主会对各种森林经营风险采取措施加以防范，而在投保的情况下，由于有保险合同的保障，可能对各种可能出现的森林经营风险疏于防范，于是产生了道德风险。同时在风险事故发生后，由于有保险合同的保障，也会疏于抢救，不积极参与救灾，保险公司对这些行为缺乏有效的监督，或者说有效监督的成本非常高昂，或者在技术上根本就不可能进行有效的控制，导致灾害造成的损失也进一步增加。这都会使得保险公司的财务状况恶化。而在没有进行森林保险投保的情况下，一旦发生森林火灾，经营者会全力抢救，尽量减少灾害损失。

保险公司为了尽量减少因森林保险市场的信息不对称给其带来的不利影响，一方面，必须投入大量的人力、物力和财力来厘定保险费率和赔付标准；另一方面，在风险事故发生后，森林保险的复杂性和特殊性使得理赔时的调查费用居高不下。

由于信息的不对称，某些森林经营者会利用保险公司对其私人信息的不完全了解或利用保险公司对风险事故的勘查、核损难度大的特点，采取故意行为骗保，实施保险欺诈。

这些情况均会增加保险公司的运营成本。运营成本的上升，使森林保险的经营陷入了"两难"的困境：如果森林保险费按照市场化运营收取，则保费高，森林经营者不愿意投保；但如果将保险费降低至森林经营者愿意接受的程度，则由于收益低、风险大，保险公司根本赔付不起。这样就造成了森林保险经营"多干多赔、少干少赔、不干不赔"的状况。因此，森林保险市场的信息不对称，使得很多商业保险公司都不敢轻易进入森林保险市场领域，进一步抑制森林保险的有效供给。

信息不对称所造成的严重的逆向选择、道德风险以及保险欺诈行为，抑制了森林保险的需求，也抑制了森林保险的有效供给，最终导致了森林保险市场的萎缩和整个社会资源配置的无效率，保险水平也就不可能达到信息对称情况下的最优水平，不能适应林业市场化、产业化的进程，也在一定程度上影响了林业和林业经济的持续、健康、稳定发展。

如图9-1所示，信息不对称使得需求曲线和供给曲线均向左移动，需求曲线由原来的 D_1 向左移到 D_2，供给曲线由原来的 S_1 向左移动到 S_2，结果造成了森林保险市场的高保费以及保险市场的萎缩，最终因风险保单太少，且高风险投保林主集中，导致保险公司无以为继，无法形成一种有效的风险转移机制。

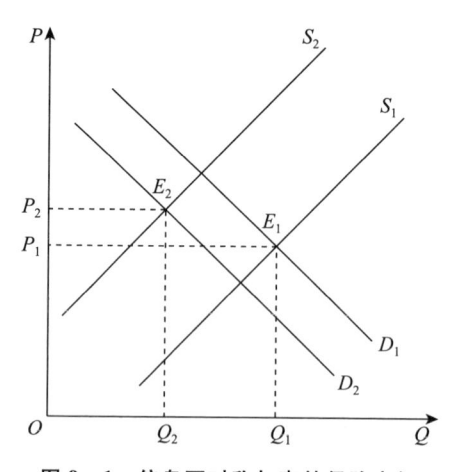

图9-1 信息不对称与森林保险市场

第四节 基于信号传递模型的森林保险逆向选择行为博弈分析

Michael Spence（1973）对劳动力市场的逆向选择现象进行分析，从而成为信号传递理论的奠基人。由于森林保险市场信息不对称现象严重，因此保险公司对森林保险投保人的私人信息不了解，导致了严重的逆向选择，大大降低了森林保险市场的运作效率。现拟以保险费率作为森林经营者的风险识别信号，建立不完全信息的信号传递博弈模型，研究森林保险中的逆向选择行为。

一 博弈模型的构建

（1）引入一个虚拟的"自然"博弈方，可称为"博弈方N"。它的作用在于为投保林主按随机方式选择它们的类型。除了"自然"博弈方外，还有投保林主和保险公司等博弈方，其中投保林主为信号发送方，用博弈方1来表示，而保险公司为信号接收方，用博弈方2来表示。

（2）假设投保林主的风险类型有低风险（用 θ_0 表示）和高风险（用 θ_1 表示）两种，即投保林主的风险类型空间 $\theta = \{\theta_0, \theta_1\}$，当 $\theta = \theta_0$ 时表示投保林主属于低风险类型，当 $\theta = \theta_1$ 时表示投保林主属于高风险类型。投保林主知道自己的风险类型，但保险公司不知道 θ 的具体取值，却知道 $P\{\theta = \theta_0\} = \alpha$ 和 $P\{\theta = \theta_1\} = 1 - \alpha$ 的概率分布。

（3）$S = \{C_0, C_1\}$ 是投保林主的信号空间，这里价格 C_0、C_1 为投保费率，假设 $C_1 > C_0$。

（4）$A = \{a_0, a_1\}$ 为保险公司的行动空间，a_0 表示保险公司不承保，a_1 表示保险公司承保。

（5）博弈的次序：第一阶段，"自然"投保林主的类型；第二阶段，投保林主了解到自己的风险类型后，选择保险费率作为信号，即 $m(\theta) = C_k \in S$，$k = 0, 1$；第三阶段，保险公司观察到信号 C_k（其中

$k=0,1$)后形成关于 θ 的判断:$p\{\theta_j | C = C_k\}$,$j=0,1$;$k=0,1$。

各种情况下的得益以及该博弈的扩展模型如图9-2所示。

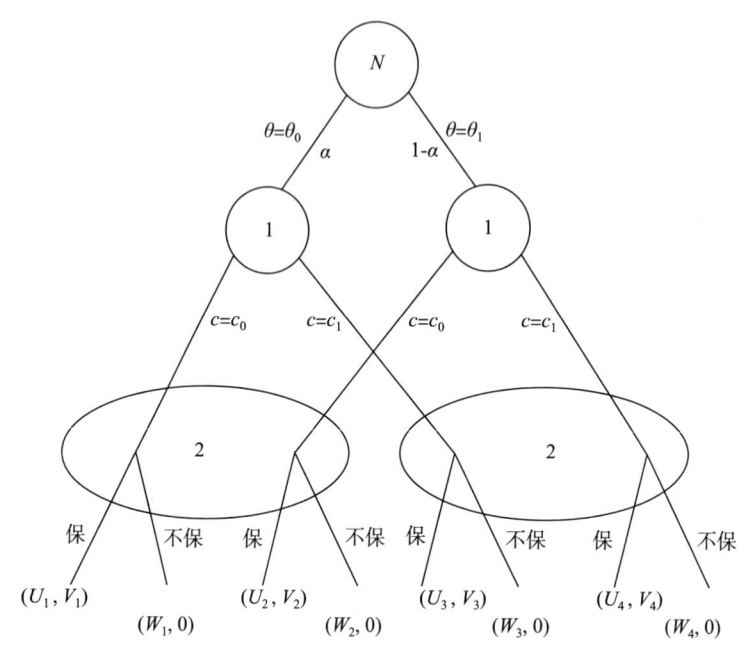

图9-2 森林保险市场信号传递博弈模型

二 完美贝叶斯均衡的求解

根据已知信息可知道,这是一个完全信息但不完美的动态博弈,其均衡策略为完美贝叶斯均衡。

根据逆推归纳法,首先从博弈方2开始分析。

若 $C = C_0$,则如果保险公司选择"承保",则其得益为:

$$V_1 * P(\theta = \theta_0 | C = C_0) + V_2 * P(\theta = \theta_1 | C = C_0)$$
$$= (V_1 - V_2) * P(\theta = \theta_0 | C = C_0) + V_2$$

如果保险公司选择"不承保"策略,则其得益为0。

所以对于保险公司而言,

如果 $V_1 * P(\theta = \theta_0 | C = C_0) + V_2 * P(\theta = \theta_1 | C = C_0) > 0$,即

$P(\theta=\theta_0|C=C_0) < \dfrac{V_2}{V_2-V_1}$ 时,"承保"策略优于"不承保"策略,此时,选择"承保";当 $P(\theta=\theta_0|C=C_0) \geqslant \dfrac{V_2}{V_2-V_1}$ 时,选择"不承保"。

若 $C=C_1$,则如果保险公司选择"承保",则其得益为:

$$V_3 * P(\theta=\theta_0|C=C_1) + V_4 * P(\theta=\theta_1|C=C_1)$$
$$= (V_3 - V_4) * P(\theta=\theta_0|C=C_1) + V_4$$

如果保险公司选择"不承保"策略,则其得益为0。

所以对于保险公司而言,

如果 $V_3 * P(\theta=\theta_0|C=C_1) + V_4 * P(\theta=\theta_1|C=C_1) > 0$,即 $P(\theta=\theta_0|C=C_1) < \dfrac{V_4}{V_4-V_3}$ 时,"承保"策略优于"不承保"策略,此时,选择"承保";当 $P(\theta=\theta_0|C=C_1) \geqslant \dfrac{V_4}{V_4-V_3}$ 时,选择"不承保"。

其次,分析博弈方1(即投保林主)的行为策略选择。

情况1:当 $P(\theta=\theta_0|C=C_0) < \dfrac{V_2}{V_2-V_1}$,且 $P(\theta=\theta_0|C=C_1) < \dfrac{V_4}{V_4-V_3}$ 时,满足保险公司的参与约束,投保林主可知保险公司一定会选择"承保"策略。

若 $\theta=\theta_0$ 时,即如果投保林主属于低风险类型的投保人,如果选择 C_0,则在保险公司承保的条件下,得益为 U_1;相反,若选择 C_1,得益为 U_3。很显然,低风险投保林主购买低保费保险所获得的收益肯定大于低风险投保林主购买高保费保险所获得的收益,即 $U_1 > U_3$,因此,对于低风险投保林主而言,选择"C_0(低保费)"策略优于选择"C_1(高保费)"策略。

若 $\theta=\theta_1$ 时,即如果投保林主属于高风险类型的投保人,如果选择 C_0,则在保险公司承保的条件下,得益为 U_2;相反,若选择 C_1,得益

为 U_4。显然，高风险投保林主购买低保费保险所获得的收益肯定小于高风险投保林主购买高保费保险所获得的收益，即 $U_2 < U_4$，因此，对于高风险投保林主而言，选择"C_1（高保费）"策略优于选择"C_0（低保费）"策略。

从以上分析可知，此时存在该博弈的分离均衡（Separating Equilibrium）：

（1）低风险类型投保林主购买低保费保险 C_0，高风险类型投保林主购买高保费保险 C_1；

（2）保险公司选择"承保"策略，只要投保林主投保；

（3）保险公司的判断是：

$$P(\theta = \theta_0 | C = C_0) < \frac{V_2}{V_2 - V_1}, P(\theta = \theta_0 | C = C_1) < \frac{V_4}{V_4 - V_3}$$

该策略组合满足以下四个要求：

（1）保险公司在观察到投保林主的信号 C_i 后，有关于投保林主风险类型的判断。

（2）给定保险公司的判断 $P\{\theta_j | C = C_k\}$，$j = 0，1；k = 0，1$ 和信号 C_k 后，保险公司选择"承保"行为，使得保险公司的期望得益最大。

（3）给定保险公司的"承保"策略，投保林主的选择 C_k，必须使得投保林主的得益最大。

（4）对于每一个 $C_k \in S$，如果存在 $\theta_i \in \theta$，使得 $C = C_k$，则保险公司对应的信息集处的判断符合投保林主的策略和贝叶斯法则。

故该策略均衡系该博弈的完美贝叶斯均衡，是一个分离均衡。此时，保险公司可以根据投保林主选择的保费的高低，来推断投保林主风险的类型，保费在这里起着投保人风险类型的信号传递的作用。在这种情况下，由于保险公司能够区分投保林主的风险类型，不存在信息的不对称，因此也就不存在逆向选择问题。

情况2：当 $P(\theta = \theta_0 | C = C_0) < \dfrac{V_2}{V_2 - V_1}$，且 $P(\theta = \theta_0 | C = C_1) \geqslant$

$\frac{V_4}{V_4-V_3}$时，当投保林主选择C_0时，保险公司选择"承保"策略；当投保林主选择C_1时，保险公司选择"不承保"策略。

对于投保林主而言，若$\theta=\theta_0$时，即如果投保林主属于低风险类型的投保人，如果选择C_0，则在保险公司承保的条件下，得益为U_1；相反，若选择C_1，此时保险公司选择"不承保"策略，投保林主得益为W_3。显然，对于低风险投保林主来说，购买低保费保险所获得的收益要大于没参加保险所获得的收益，即$U_1>W_3$，因此，毕竟风险还是存在的，理性的情况下低风险投保人购买低保费保险，高风险投保人购买高保费保险，这样才符合理性经济人原则。因此，对于低风险投保林主而言，选择"C_0（低保费）"策略优于选择"C_1（高保费）"策略。

若$\theta=\theta_1$时，即如果投保林主属于高风险类型的投保人，如果选择C_0，则在保险公司承保的条件下，得益为U_2；相反，若选择C_1，此时保险公司选择"不承保"策略，得益为W_4。显然，高风险投保林主购买低保费保险所获得的收益要大于高风险投保林主没参加保险的得益，即$U_2>W_4$。因为风险很高，意味着发生风险事故的概率高，此时购买保险，即使是只有部分保障的低保费保险，仍然能起到一定的保障作用。因此，对于高风险投保林主而言，选择"C_0（低保费）"策略优于选择"C_1（高保费）"策略。

此时的策略均衡组合为：

（1）低风险类型投保林主购买低保费保险C_0，高风险类型投保林主购买高保费保险C_0；

（2）保险公司选择对部分投保林主"承保"；

（3）保险公司的判断是：

$$P(\theta=\theta_0\mid C=C_0)<\frac{V_2}{V_2-V_1},P(\theta=\theta_0\mid C=C_1)\geqslant\frac{V_4}{V_4-V_3}$$

该策略组合同样满足完全但不完美信息动态博弈均衡的四个要求，属于完美贝叶斯均衡，而且属于混同均衡（Pooling Equilibrium）。也就是说，无论投保林主属于低风险类型还是高风险类型，都选择低保费保险，此时保险公司不能将保费作为信号来推断投保人的风险类型，此时保险公司对投保林主的私人风险信息缺乏了解渠道，保险公司和投保林主之间存在信息不对称，也就存在逆向选择问题。

情况3：当 $P(\theta=\theta_0 \mid C=C_0) \geq \dfrac{V_2}{V_2-V_1}$ ，且 $P(\theta=\theta_0 \mid C=C_1) < \dfrac{V_4}{V_4-V_3}$ 时，当投保林主选择 C_0 时，保险公司选择"不承保"策略；当投保林主选择 C_1 时，保险公司选择"承保"策略。

而对于投保林主而言，若 $\theta=\theta_0$ 时，即如果投保林主属于低风险类型的投保人，如果选择 C_0，则由于保险公司选择"不承保"策略，得益为 W_1；相反，若选择 C_1，此时保险公司选择"承保"策略，投保林主得益为 U_3。显然，对于低风险投保林主来说，购买高保费保险所获得的收益比保险公司不承保所获得的收益要小，即 $U_3<W_1$。因此，对于低风险投保林主而言，选择" C_0（低保费）"策略优于选择" C_1（高保费）"策略。

若 $\theta=\theta_1$ 时，即如果投保林主属于高风险类型的投保人，如果选择 C_0，则在保险公司"不承保"的条件下，得益为 W_2；相反，若选择 C_1，此时保险公司选择"承保"策略，得益为 U_4。显然，高风险投保林主购买高保费保险所获得的收益要大于高风险投保林主没有参加保险的收益，即 $U_4>W_2$，因为，此时投保林主风险很大，意味着发生风险事故的概率高。因此，对于高风险投保林主而言，选择" C_1（高保费）"策略优于选择" C_0（低保费）"策略。

此时的策略均衡组合为：

（1）低风险类型投保林主购买低保费保险 C_0，高风险类型投保林主购买高保费保险 C_1；

（2）保险公司选择对部分投保林主"承保"；

（3）保险公司的判断是：

$$P(\theta=\theta_0 \mid C=C_0) \geq \dfrac{V_2}{V_2-V_1}, P(\theta=\theta_0 \mid C=C_1) < \dfrac{V_4}{V_4-V_3}$$

该策略组合同样满足完全但不完美信息动态博弈均衡的四个要求，属于完美贝叶斯均衡，但属于分离均衡（Separating Equilibrium）。也就是说，低风险类型投保林主发出购买低保费保险的信号，而高风险类型的投保林主发出购买高保费保险的信号，保险公司可以根据投保林主选择保单保费的高低来推断投保林主的风险类型，保险公司和投保林主之间不存在信息不对称，也就不存在逆向选择问题。

情况4：当 $P(\theta = \theta_0 \mid C = C_0) \geqslant \dfrac{V_2}{V_2 - V_1}$，且 $P(\theta = \theta_0 \mid C = C_1) \geqslant \dfrac{V_4}{V_4 - V_3}$ 时，此时无论投保林主选择 C_0 策略还是选择 C_1 策略，保险公司都选择"不承保"策略。由于保险公司不承保，投保林主选择高价格还是低价格保单也就不能给保险公司任何有意义的信号。在这种情况下，无论投保林主选择什么策略，对于保险公司而言，风险都很大，都会面临亏损，保险公司也就不会关注投保林主对保单的选择了。故这种情况意义不大，不予考虑。

第五节　森林保险市场信息不对称问题的解决对策

（1）经营主体的创新。曹冰玉、詹德平（2009）提出应实行相互制保险①，同时通过在农村市场从事金融业务的商业银行、信用社、村镇银行、邮政储蓄银行等金融机构与相互制农业保险经营者合作，优化信息分配，有效地控制逆向选择和道德风险。冯文丽、苏晓鹏（2009）指出，Halcrow 于 1949 年提出了区域产量保险（Area Yield Insurance）的办法，以降低农业保险交易中的不对称程度，进而有效控制逆向选择和道德风险。

---

① 相互制保险是一种特殊的保险组织形式，投保人通过投保取得公司业主或东家的资格，投保人交纳的纯保险费形成保险基金，以投保人之间互相共济的方式实现被保险人的人身或财产风险损失补偿。相互制保险不以营利为目的，主要通过互相共济为投保人提供风险保障（曹冰玉、詹德平，2009）。

(2) 设计多样化的费率体系，满足不同风险类型的投保林主的需要。Rothschild 和 Stiglitz（1976）认为保险公司只有提供保费与投保人风险水平相对应的保险合同，供投保人选择，才能实现对投保人风险状况进行甄别，实现比较高效率的分开均衡。比如，如果投保人属于高风险类型，则收取高保费；如果投保人属于低风险类型，则收取低保费。但这里的前提是，要设计一套机制，足以甄别投保人的风险水平高低，然后才能收取与风险相对应的保费。

(3) 多渠道提高森林经营者的投保率，比如强制保险、政府补贴，抑或是实行森林保险与林业信贷捆绑的机制。强制保险虽好，但与《农业法》规定的"农业保险实行自愿原则"的精神相违背，会遭到部分森林经营者的反对，尤其在农村。政府的补贴，也会受到政府财力的限制。在目前的林权抵押贷款业务中，要求贷款与森林保险挂钩，该办法一方面提高了贷款人的资本安全保障，另一方面也提高了森林保险的投保率，因此不失为一个可取的好办法。

(4) 实行风险分担（Risk Sharing）方案，使得保险公司与投保主体之间能激励相容。免赔额（Deductible）和共保条款（Coinsurance Clause）是对保险标的提供非全额保险，差额由投保人自己承担，这样投保人在签订合同之后，就不隐瞒或者较少隐瞒自己的行为，有助于增强投保人的谨慎程度，可以在一定程度上降低投保林主产生道德风险的概率。或者采取给予无赔款费率优待、采用经验费率等方法。为了降低道德风险，还可以设计无赔款优待条款，这样可以降低低风险的投保林主的实际保险费率，降低其逆向选择的可能性，通过这种激励机制，也会降低其道德风险。

(5) 加大森林保险的宣传力度。保险公司要大力宣传森林保险的目的和意义，将保险与服务紧密结合，避免单一抓保险和借政府行为搞强迫购买保险，应通过广泛的宣传，提升森林经营者对森林保险的了解程度及其风险意识，使森林保险深入林区，同时通过及时认真的理赔服务，树立保险公司自身良好的形象，取信于民，提高他们对保险公司提供的森林保险产品的接受程度。社会公众越了解保险，就会越接受保险，商业保险存在和发展的基础就会越坚实。

（6）规范信息披露，并形成有效的监督管理。矫正信息不对称的重要手段和机制之一就是信息披露，但前提条件是必须提供真实的信息，并以规范的形式给予广泛披露。保险监管机构要站在公正、客观的立场上，严格规范保险公司的信息披露，同时对保险条款进行有效的监督，对不利的保险条款要进行完善、充实和修改，使保险条款更好地保障投保人的权益。同时对其财务状况进行有效的监督，并定期向社会进行披露，建立投保人信息搜寻和信息共享平台，从而最大程度地消除信息不对称，增强其信息的透明度，降低保险双方的信息搜寻成本。

总之，森林保险市场中的逆向选择和道德风险是不可能消失的，只能通过设计不同的合同、采用不同的机制来规范和减少。

第六节　小结与讨论

在解决森林保险市场中客观存在的信息不对称问题方面，有很多对策。Rothschild 和 Stiglitz（1976）也证明了实行多样化的保单可以提高森林保险的效率，但从上文关于森林保险逆向选择的信号传递博弈模型的分析中，可以看出，即使是实行多样化、多层次的保单（比如高、低保费的保单），保险公司也不能完全依据多样化保单推断投保林主的风险类型，信号传递需要一定的条件。为了减少逆向选择行为产生的保单面小的问题，森林保险补贴是一个提高森林保险参保率的好办法，但是必须注意的是，补贴会被保险公司利用，引发保险公司的道德风险，这还有待于进一步的研究。

在解决道德风险问题的对策中，免赔额和共保条款是解决该问题很好的办法，可以实现保险公司和投保人的激励相容，但是免赔额过高则可能会影响投保林主的投保积极性，因此，免赔额的选择就显得非常的关键。还有其他对策，比如采用经验费率或者给予无赔款费率优待，但该对策的不足之处在于，经验费率需要长期的投保数据的积累，但目前没有这种数据支撑。同时无赔款费率优待在保险意识和承受能力均较弱的市场作用甚微,只能起辅助作用。

因此,森林保险市场信息不对称现象所产生的逆向选择和风险道德问题的解决,还必须依赖其他手段,比如保险经营主体的创新、有关森林保险的法律法规的完善以及大力宣传森林保险,提高森林经营者的风险意识水平,最大限度地减少森林保险市场的信息不对称,促进森林保险市场的持续、健康、稳定发展,这对我国林业产业现代化有着非常重要的意义。

第十章

总结与展望

第一节 总结

森林保险市场的主体主要有森林经营者、保险公司、政府等，它们分别在森林保险市场中扮演不同的角色，森林经营者是投保主体，保险公司是保险人，政府则是森林保险制度的提供者、监督者和干预者。对森林保险市场投保行为的研究，只是立足于森林保险市场的需求一方，即以投保主体视角进行对森林保险市场的研究。关于森林保险市场投保行为的研究，有利于深入理解有效需求不足的内在经济机理，并为保险公司业务设计奠定微观分析基础，界定政府对森林保险市场的最优干预边界，提高政府对森林保险市场的干预效率。

从森林经营现实看，森林经营主体具有差异性，既有组织相对完善、经营能力强、经营规模大的企业，也有以家庭为基础，经营能力较强、经营规模较大的大户，还有以农业为主、兼顾林业的普通农户。企业与大户、普通农户界限明确，较好区分，但大户和普通农户在边缘地带较模糊，不容易区分。但它们的经济特征和行为特征存在明显的差异，而且这种差异性可能导致其投保行为的差异。根据不同森林经营主体在种植规模、经营管理能力、风险态度、理性程度、劳动力雇佣情况、对林业收入依赖程度等方面的差异，将森林经营主体分为森林培育企业、森林培育专业户和兼业农户三种类型，并分别对这三种类型主体的投保行为进行理论和实证分析。这也为我们进行森林保险投保行为的深入研究提供了一个新的思路和分析框架。有关森林保险投保主体的风险态度、购买意愿、支付意愿、理性程度等投保行为方面的研究，均可以从森林培育企业、森林培育专业户和兼业农户这三类主体着手分开进行论述。

根据风险态度测定方法和理论可知，风险等值法无法区分三类森林经营主体风险态度的差异。李克特量表法和经济学实验的测定结果均表明森林培育企业和森林培育专业户的风险态度属于风险厌恶，但森林培育企业对风险的厌恶程度大于森林培育专业户，而兼业农户的风险态度则属于风险偏好。森林培育企业的风险态度主要受年龄、文化程度、所有制性质以及是否了解森林保险等变量影响，森林培育专业户的风险态度主要受年龄、需负担的老人和学生数、林业收入占家庭年度总收入比重等因素的影响，而兼业农户的风险态度主要受年龄、从事森林培育活动年限、受周围群体投保情况影响等变量的影响。对三类森林经营主体风险态度的实证分析证实了森林培育企业、森林培育专业户和兼业农户的风险态度的确具有一定的差异性，而且风险态度因子的差异性打破了以往研究均假定森林经营主体的风险态度为风险厌恶的假定，有利于进一步深入理解森林经营主体的森林保险投保行为。

森林保险购买意愿与支付意愿是森林保险投保行为的两个主要方面，购买意愿衡量在当前保费情况下，森林经营主体是否愿意购买森林保险；而支付意愿则是衡量货币收入等各种约束条件下森林经营主体愿意以什么价格购买森林保险，它衡量支付的有效水平。通过问卷调查的实证分析可知，79.1%的森林培育企业表示愿意购买森林保险，76.14%的森林培育专业户表示愿意购买森林保险，11.17%的兼业农户表示愿意购买森林保险。森林培育企业和森林培育专业户的购买意愿程度接近，均大于兼业农户的购买意愿程度。影响森林经营主体购买意愿的影响因素很多，如保费、个体经济特性、种植规模、风险态度、风险意识、保险额、以往受灾状况和程度、其他风险分散机制的替代作用等变量。这些因素都不同程度地影响着森林经营主体的森林保险购买意愿。调查数据的 Logit 模型分析表明，森林培育企业的购买意愿主要受保费、风险态度两个解释变量影响；森林培育专业户和兼业农户的购买意愿主要受保费、风险态度、风险意识三个解释变量影响。在分析购买意愿时，考虑了林区现实，增加了"意愿不明确"的分析，事实证明这样做是正确的，克服了以往研究文献的粗线条归类的弊端。经调查问卷分析可知，森林培育企业中有 7.7% 的受访者对森林保险的购买意愿不明确，森林培育专业户中有 11.36% 的受访者对森林保险的购买意愿不明确，同样的，兼业农户中有 11.17% 的受访者对森林保险购买意愿不明确。森林培育企业中有 13.2% 的受访者表示不愿意购买森林保险，其主要原因为保费太高、保额太低、理赔困难、信不过保险公司和自己承担风险等；森林培育专业户中有 12.50% 的受访者表示不愿意购买森林保险，其原因也是保费太高、保额太低、理赔困难、信不过保险公司和自己承担风险等；兼业农户中有 77.66% 的受访者不愿意购买森林保险，其原因除了保费太高、保额太低、理赔困难、信不过保险公司等外，还有 88.36% 的受访者表示从来没有听说过森林保险。

对森林保险最大支付意愿的衡量运用了国际认可的支付意愿引导技术——条件价值评估法。结合林区实际以及考虑最大程度减少各种各样的偏误，采用了开放式出价法与三分选择法相结合的办法来引导森林经营主体的森林保险最大支付意愿。影响森林经营主体森林保险支付意愿的因素很多，如个体经济特性、种植规模、风险态度、风险意识、保险额、以往受灾状况和受灾程度等变量。这些因素都在不同程度地影响着森林经营主体的森林保险支付意愿水平。通过对支付意愿引导技术的精确选择和调查问卷的精心设计，对各类森林经营主体的森林保险支付意愿水平进行实证分析。调查所得数据表明，森林培育企业的平均支付意愿水平为 2.09 元/亩，森林培育专业户的平均支付意愿水平为 1.64 元/亩，兼业农户的平均支付意愿水平为 0.28 元/亩，森林培育企业的支付意愿水平最高，而兼业农户的支付意愿水平最低。在所调查的森林培育企业样本中，还有 10 位受访者选择了零支付，其原因依次为森林保险条款不合理、理赔复杂、政府应全额支付保费、不信任保险公司或政府等；森林培育专业户中有5位受访者选择零支付，其主要原因依次为受灾不严重、森林保险并不重要、政府应全额支付保险费、森林保险条款不合理、理赔复杂等；兼业农户中选择零支付的受访者最多，有99位，其主要原因依次为政府应全额支付保费、受灾不严重、森林保险不重要、理赔复杂等。运用Logit模型对三类森林经营主体的支付意愿水平进行实证分析，得出三类森林经营主体的森林保险支付意愿的主要影响因素存在差异。森林培育企业支付意愿水平主要受风险态度因子影响，风险态度越趋向于风险厌恶，支付意愿水平越高，反之越低；森林培育专业户的支付意愿水平主要受是否了解森林保险这个解释变量影响，对森林保险的了解程度越高，越趋向于高的支付意愿，反之，则支付意愿水平越低；而兼业农户的森林保险支付意愿，则主要受风险态度、是否了解森林保险这两个解释变量联合影响，风险态度、是否了解森林保险均与支付意愿水平的高低成正比关系，风险态度越趋向于风险厌恶，支付意愿水平越高；越了解森林保险，支付意愿水平越高。

　　森林保险市场的信息不对称、森林保险的特殊性、森林保险的复杂性和艰巨性等是造成森林保险市场失灵的主要原因。财政补贴政策与森林保险投保行为的博弈分析告诉我们，如果政府想走出森林保险的困境，让森林保险发挥它应有的效应，实现更大的社会福利，则政府必须提供政策性森林保险制度，并对它提供实质性的支持。通过问卷调查发现，森林培育企业、森林培育专业户对现阶段森林保险的保费认可度较高，而兼业农户最不认可现阶段森林保险保费，72.9%的受访者认为保费偏高；三类森林经营主体均认为保险额偏低，不足以弥补灾害所造成的损失。同时也应加强对森林保险补贴政策的宣传，因为有接近78.7%的兼业农户缺乏对该政策的了解；还应提高补贴的比率，三类森林经营主体均认为目前的补贴比率偏低，应该上调。

　　因传统文化或制度性文化等方面的原因，森林经营者在森林保险投保过程中不可能表现出完全理性，而是存在广泛的有限理性，如风险意识低下、决策简单且盲从、对政府救济的过度依赖等。根据各类森林经营者的理性程度的差异，将其分为理性程度较高的森林培育企业、森林培育专业户和理性程度较低的兼业农户两类,并对它们采取不同的策略调整和决策行为演化机制。对于森林培育企业和森林培育专业户,运用最优反应动态机制对其森林保险投保行为进行博弈分析;对于兼业农户,则运用生物进化复制动态机制来对其投保行为进行博弈分析。分析得出如下结论。①博弈均衡的结果与博弈调整速度(或者说是调整所需时期数)不仅与森林经营者的理性层次高低程度有关,还与森林经营者的分布方式有关。当分布为圆周分布时,调整速度快,只需要一个时期,而分布随机时,所需要的时期数要更多。②任由森林经营者自主选择森林保险的制度安排将缺乏效率,需要政府的干预。这告诉我们:森林保险为政策性保险,需要为森林保险制度提供政府财政补贴和税收的实质性支持,使森林保险制度变得有效率,只有这样才能提升森林保险的参与率。该结论从另一个侧面论证了森林保险市场失灵的原因,森林保险是政策性保险,需要政府的积极干预。

任何保险市场均存在信息不对称现象,森林保险市场也不例外。信息不对称的存在抑制了森林保险的投保意愿,降低了森林保险的有效需求,也降低了对保险的认可程度,同时加大了保险公司的运营成本,抑制了森林保险的供给意愿。为了减少逆向选择行为产生的问题,森林保险补贴是一个提高森林保险参保率的好办法。在解决道德风险问题的对策中,免赔额和共保条款是解决该问题的很好的办法,因此免赔额的选择就显得非常的关键。当然,逆向选择和道德风险问题的解决,还必须依赖其他手段,如保险经营主体的创新,以及有关森林保险的法律法规的完善等。

通过将森林经营主体科学合理分类,并分别对其风险态度、购买意愿、支付意愿、财政补贴政策情况下的投保行为、理性程度对投保行为的影响、信息不对称情况下的投保行为等方面研究,加深了我们对作为投保主体的森林经营者的森林保险投保行为的认识,从经济学的角度进一步论证了森林保险是政策性保险,需要政府进行适当的干预,提高森林经营主体的购买意愿和支付意愿,促进森林保险市场健康、稳定、持续的发展。

第二节 研究的不足及进一步研究的方向

由于选题、研究能力和研究经费所限，本书尚存诸多的缺点和不足，本书的出版绝不意味着研究的结束，而仅仅是研究的开始，书中诸多的不足也就成了下一步深入研究的方向。

（1）本书将森林经营主体分为森林培育企业、森林培育专业户和兼业农户三类，这是一个新的分析框架，较之前文献能够更深入地研究森林保险问题。但随着研究的深入却发现，企业与企业之间也是层次多样，差异很大，专业户和普通农户之间的模糊地带也并没有很好地给予区分，在一些主要区分指标上也需要在广泛征求专家意见和再次充分调查的基础上进行选择。

（2）关于调查问卷，尽管在正式调查之前经过多次论证，并进行了预调研，但因能力有限，对于有些问题考虑欠周全，如：没有界定清楚森林培育企业职工人数和生产技术人员人数的统计口径，结果导致所采集数据失效；风险态度部分的问题的表述过于学术化和书面化，没有充分考虑受访者的阅读能力和理解能力；对森林培育专业户和兼业农户的调查均用同一份调查问卷，对其在种植规模、年度收入、林业收入占家庭年度总收入的比重等特征上的差异性认识不足，分类没有体现出各组内的巨大差异性，导致这些指标无法体现其对森林保险投保行为的影响。关于调查问卷的设计，在以后的进一步深入研究中，需要在广泛征求意见的基础上仔细推敲，以求更完善，能体现出组内的特征差异性。最后，因本次调查分四部分，内容多，大大增加了调查工作实施的难度，使得受访者的耐性受到影响，有可能导致其应付答卷，以至于数据失真。调查问卷应主要集中在一个内容即可。

（3）关于风险态度的度量方法和理论，需要进一步深入研究，使其能够准确区分各个体的风险态度。同时还应该考虑风险态度随着某因素变化而发生变化的情况。

（4）在对"财政补贴政策与森林保险投保行为研究"的章节中，

第十章 总结与展望

没有进一步对森林保险财政补贴的效果以及补贴的社会福利影响进行分析。同时,森林保险财政补贴的形式有保费补贴、管理费用补贴、税收优惠和再保险补贴。由于数据的缺失,以及研究经费所限,本书主要只研究保费补贴这一财政支持形式,其余形式有待进一步深入研究。

(5) 关于有限理性的程度对森林经营者投保行为的影响的研究,除了运用最优反应动态机制和生物进化复制动态机制外,还可以考虑运用其他的动态调整机制来对不同类型森林经营者的有限理性行为进行分析,并对不同机制作静态比较,甚至可以考虑对不同类型森林经营主体的有限理性行为进行实证研究。

(6) 在"信息不对称条件下森林保险投保行为研究"这一章节的分析中,只对森林保险逆向选择行为运用信号博弈模型进行分析,而忽视了对森林保险投保人的道德风险以及其保险欺诈等方面的分析。这是由于分析道德风险问题的委托代理模型过于复杂,而且要求数学功底深厚。再者,由于调查经费、学识水平和分析能力有限,没有对逆向选择、道德风险及保险欺诈行为进行调查实证分析,这也要留待以后进一步研究。

参考文献

英文文献（按字母顺序排列）

[1] Ahsan, Ali and Kurian., "Toward a Theory of Agricultural Insurance," *American Journal of Agricultural Economics*, Vol. 64. No. 3. Aug., 1982, 64 (3).

[2] Arrow, K. J., "Aspects of the Theory of Risk Bearing," *Yrjo Jahnsson Lecture*, Helsinki, 1965.

[3] Arrow, K. J., *Essays in the Theory of Risk Bearing*, Chicago Markham Publishing Company, 1971.

[4] Arrow, K. J., *The Economics of Information*, Washingtong D. C.: Basil Blackwell Limited, 1974.

[5] Arrow, K. J., "Uncertainty and the Welfare Economics of Medical Care," *American Economics Review*, 1963, 53: 941 – 969.

[6] Arrow K., Solow R., Portney R. P., et al., "Report of the NOAA Panel on Contingent Valuation," *Federal Register*, 1993, 58: 4602 – 4614.

[7] Babcock B. and Hart C. A., "Second Look at Subisidies and Supply," *Lowa Agriculture Review*, 2000, 6 (1): 3.

[8] Berg, J., Dickhout, J. and Reitz, T., "On the Performance of the Lottery Procedure for Controlling Risk Preferences," *Working Draft*, Forthcoming, 2003.

[9] Bishop, R. C. Heberlein, T. A., "Measuring Values of Extra-Market

Goods: are Indirect Measures Biased?" *American Journal of Agricultural Economics*, 1979, 61 (5): 926-930.

[10] Binswanger, H. P., Attitudes towards Risk: Implications for Economic and Psychological Theories of Behavior under Risk of an Experiment in Rural India, New Haven, Conn, Economic Growth Center Disc, 1978c.: 286.

[11] Binswanger, H. P., "Attitude Towards Risk: Experimental Measurement in Rural India," *American Journal of Agricultural Economics*, 1980 (62): 395-407.

[12] Binswanger, H. P., "Risk Attitudes of Rural Households in Semi-Arid Tropical India," *Econ. and Polit*, 1978b, Weekly 12: 49-62.

[13] B. J. Sherrick et al., "Factors Influence Farmers Crop Insurance Decisions," *American Journal of Agricultural Economics*, 2004, 86 (1): 103-114.

[14] Borch, K., "The Safety Loading of Reinsurance Premiums," *Scandinavian Actuarial Journal*, 1960, 43: 163-184.

[15] Borch, K., "Equlilibrium in a Reinsurance Market," *Economietrica*, 1962, 30: 424-444.

[16] Borch, K., "The Utility Concept Applied to the Theory of Insurance," *ASTIN Bull*, 1961: 245-255.

[17] Bosch-Domenech, A. and Silvestre, J., "Does Risk Aversion or Attraction Depend on Income? An Experiment," *Economics Letters*. 1999, 65 (3): 265-273.

[18] Briys, E. and Louberge, H., "On the Theory of Rational Insurance Purchasing," *Journal of Finance*, 1985, 40: 577-581.

[19] Carson, R. T., Mitchell, R. C., Hanemann, W. M., et al., Contingent Valuation and Lost Passive Use: Damages from the Exxon Valdez, Working paper, Resources for the Future, 1994.

[20] Ciriacy-Wantrup, S. V., "Capital Returns from Soil Conservation

Pratices," *Journal of Farm Economics*, 1947, 29: 1181 - 1196.

[21] Cooper, R., "Hayes. Multi-period Insurance Contracts," *Intenational Journal of Industrial Organization*, 1987, 5: 211 - 231.

[22] Cramer, J. S., Hatog, J., Jonker, N. and Van Praag, C. M., "Low Risk Aversion Encourages the Choice for Entrepreneurship: An Empirical Test of a Truism," *Journal of Economic Bahavior and Organization*, 2002, 48: 29 - 36.

[23] Crocker, K. J. and Snow, A., "The Efficiency of Competitive Equilibria in Insurance Markets with Adverse Selection," *Journal of Public Economics*, 1985, 26: 207 - 119.

[24] David Hillson and Ruth Murray-Webster., *Uderstanding and Managing Risk Attitude*, Gower Publishing Company, 2005.

[25] Davis, R. K., "Recreation planning as an economic problem," *Natural Resources Journal*, 1963, 3: 239 - 249.

[26] Dillon, J. L., "Risk Attitude of Subsistence Farmers in Northeast Barzil: A Sampling Approach," *American Journal of Agricultural Economics*, 1978, 63 (3): 425 - 435.

[27] Dillon, John L., and Pasquale L. Scandizzo., "Risk Attitudes of Subsistence Farmers in Northeast Brazil: A Sampling Approach," *Amer. J. Agr. Econ*, 1978, 60: 425 - 35.

[28] Dionne, C., "Lasserre. Adverse Selection, Repeated Insurance Contracts and Announcement Strategy," *Review of Economic Studies*, 1985, 52: 719 - 723.

[29] Dionne, G. and Doherty, N., "Adverse Selection, Commitment and Renegotiation with Application to Insurance Markets," *Journal of Political Economy*, 1994: 209 - 235.

[30] Dionne, G., "Moral Hazard and State-dependent Utility Function," *Journal of Risk and Insurance*, 1982, 49: 405 - 423.

[31] Drew Fudenberg and David K. Levine., *The Theory of Learning in*

Games, Cambridge: The MIT Press, 1998: 51 – 100.

[32] Esuola et al., "Evaluating the Effects of Asymmetric Information in a Model of Crop Insurance," *Agricultural Finance Review*, 2007, 67 (2): 341 – 356.

[33] Eckel, C. C., and Grossman, P. J., "Sex Differences and Statistical Stereotyping in Attitudes," *Evolution and Human Behavior*, 2002, 23 (8): 281 – 295.

[34] Eichberger, J., Guth, W., Muller, W., "Attitudes Towards Risk: An Experiment," *Metroeconomica*, 2003, 54 (1), 89 – 124.

[35] Eillis, F., *Peasant Economics*, Cambridge University Press, 1988.

[36] Frank Cancian., *Economic Behavior in Peasant Communities in Risk and Uncertainty in Tribal and Peasant Economics*, Ecashdan Boulder Westview Press, 1989.

[37] Stigler, G. J., "The Economics of Information," *Journal of Political Economy*, 1961, 71 (3): 213 – 215.

[38] Glauber and Collins. "Crop Insurance, Disaster Assistance, and the Role of the Federal Government in Providing Catastrophic risk protection," *Agricultural Finance Review*, 2002, 63 (1): 82 – 103.

[39] Goodwin and Smith., *The Economics of Crop Insurance and Disaster Aid*, The AEI Press, 1995.

[40] Guiso, L. and Paiella, M., The Role of Risk Aversion in Predicting Individual Behaviors, CEPR Discussion Paper, 2004: 4591.

[41] Haimlevy, A., "Absolute and Relative Risk Aversion: An Experimental Study," *Journal of Risk and Uncertainty*, 1994 (8): 289 – 306.

[42] Harrison, G. W., Lau, M. I., "Rutstrom E E. Estimating Risk Attitudes in Denmak: A Field Experiment," *Scandinavian Journal of Economics*, 2007, 109 (2): 341 – 368.

[43] Hartog, J., Carbonell, F. I., Jonker, N., "Linking Measured Risk Aversion to Individual Characteristics," *Kyklos*, 2002, 55: 3 – 26.

[44] Hammack, J., Brown, G. M. Jr., *Waterfowl and Wetlands: Toward Bioeconomic Analysis*, Johns Hopkins University Press, 1974.

[45] Hanemann, W. M., Loomis, J. B. and B. J. Kaninnen, B. J., "Statistical Efficiency of Double Bounded Dichotomous Choice Contingent Valuation," *Amer. J. Agr. Econ.*, 1991, 73: 1255 – 1263.

[46] Hiruma, F. and Tsutsui, Y., "Are People Really Risk-averse? An Experimental Study," *Osaka Economic Papers*, 2005, 55 (2): 43 – 68.

[47] Hoehn, J. P. and Randall, A., "A Satisfactory Benefit Cost Indicator from Contingent Valuation," *Journal of Environmental Economics and Management*, 1987, 14 (3): 1226 – 1247.

[48] Holmstrom, B., "Moral Hazard and Observability," *Bell Journal of Economics*. 1979, 10: 74 – 91.

[49] Hoy, M., "Categorizing Risks in the Insurance Industy," *Quarterly Journal of Economics*, 1982, 97: 321 – 336.

[50] Joop, H., et al., "Linking Measured Risk Aversion to Individual Characteristics," *Kylos*, 2002, 55: 3 – 26.

[51] Kachelmeier, S. J., and Shehata., M., "Examining Risk Preference under High Monetary Incentives: Experimental Evidence from the People's Rupublic of China," *American Economic Review*, 1992, 82 (5): 1120 – 1141.

[52] Kahneman, D. and Tversky, A., "Prospect Theory: An Analysis of Decision under Risk," *Econometrica*, 1979, 47 (2): 263 – 291.

[53] Kaylen, Loehman and Preckel., "Farm Level Analysis of Agricltural Insurance," *Agricultural Systems*, 1989, 30 (3): 235 – 244.

[54] Knight, F., *Risk, Uncertainty and Profit*, Houghton Miflin, Boston, 1921.

[55] Knight, T. O., and Coble, K. H., "Suvey of U. S. Multiple Peril Crop Insurance Literture Since 1980," *Review of Agricultural Economics*, 1997: 128 – 156.

[56] Levy, M., Levy. H., "Testing for Risk Aversion: A Stochastic Dominance Approach," *Economic Letters*, 2001, 71: 233 – 240.

[57] Lex Borghans, Angela Lee Duckworth, James J. Heckman, Bas ter Weel., The Economics and Psychology of Personality Traits, NBER Working Paper: 13810, 2008.

[58] Marshal, J. M., "Moral Hazard," *American Economic Review*, 1976, 66: 880 – 890.

[59] Mayers, D. and Smith, C. W., "The Interdependence of Individual Portfolio Decisions and the Demand for Insurance," *Journal of Political Economy*, 1983, 91: 304 – 311.

[60] Michael Spence., "Job Market Signaling", *Quart. J. Econ*, 1973, 87 (3): 355 – 379.

[61] Mishra, Pramod, K., "Agriculture Risk, Insurance and Income: A Study of the Impact and Design of India's Comprehensive Crop Insurance Scheme," *Avebury*, 1996: 256.

[62] Mossin, J., "Aspects of Rational Insurance Purchasing," *Journal of Political Economy*, 1968a, 79: 553 – 568.

[63] Moffet, D., "Optimal Deductible and Consumption Theory", *Journal of Risk and Insurance*, 1977, 44: 669 – 683.

[64] Nelson, C. and Loehman, E., "Further Toward a Theory of Agricultural Insurance," *American Journal of Agricultural Economics*, 1987, 69 (3): 523 – 531.

[65] Nicholson, N., and Soave, E., "Domain-specific Risk Taking and Personality," *Journal of Risk Research*, 2005, 8 (2): 157 – 176.

[66] Pauly, M, "Overinsurance and Public Provision of Insurance: The Role of Moral Hazard and Adverse Selection," *Quarterly Journal of Economics*, 1974, 88: 44 – 62.

[67] Portney, P. R., "The Contingent Valuation Debate: Why Economists Should Care," *Journal of Economic Perspectives*, 1994, 8 (4): 32 – 15.

[68] Pratt, J. W. , "Risk Aversion in the Small and in the Large," *Econometrica*, 1964 (32): 122 - 136.

[69] Rothschild, M. and Stiglitz, J. , "Equilibrium in Competitive Insurance Market: The Economics of Markets with Imperfect Information," *Quarterly Journal of Economics*, 1976, 90: 629 - 649.

[70] Roumasset, J. A. , *Rice and Risk: Decision Making Among Low Income Farmers*, North Holland. Amsterdam, 1976.

[71] Serra, Goodwin, "Featherstone. Modeling Changes in the U. S. Demand for Crop Insurance During the 1990s," *Agricultural Finance Review*, 2003, 63 (2): 109 - 125.

[72] Shavell, S. , "On Moral Hazard and Insurance," *Quarterly Journal of Economics*, 1979, 93: 541 - 562.

[73] Shavit, S. , and Benzion. , U. , "A Comparative Study of Lotteries-evaluation in Class and on the Web," *Journal of Economic Psychology*, 2000, 22: 483 - 491.

[74] Siamwalla and Valdes. *Should Crop Insurance be Subsidized? In Crop Insurance for Agricultural Development*, John Hopkings Press, 1986.

[75] Simon Herbert, "A Behavioral Model of Rational Choice," *Quarterly Journal of Economics*, 1955, 69: 99 - 118.

[76] Skees, Hazell and Miranda. , New Approaches to Crop Yield Insurance in Developing Countries, EPTD Discussion Paper, No. 55, Environment and Production Technology Division, OECD, 1999.

[77] Smith, V. L. , "Optimal Insurance Coverage," *Journal of Political Economy*, 1968, 79: 68 - 77.

[78] Steven, J. K. and Mohamed. , S. , "The Endowment Effect, Loss Aversion and Status Bias," *Journal of Economic Perspectives*, 1992, 174 (5): 193 - 206.

[79] Talip Kilic, Calogero Carletto, Juna Miluka, et al. , "Rural Nonfarm Income and Its Impact on Agriculture—Evidence from Albania," *Agri-

cultural Economics, 2009, 40 (2): 139 – 160.

[80] Taylor, P. D. and Jonker., L. B., "Evolutionarily Stable Stratety and Game Dynamics," Math Biosci, 1978, 40: 145 – 156.

[81] Thaler, R. H., Johnson, E. J., "Gambling with the House Money and Trying to Break Even: the Effects of Prior Outcomes on Risky Choice," Management Science. 1990, 36 (6): 643 – 660.

[82] Turnbull, S., "Additional Aspects of Rational Insurance Purchasing," *Journal of Business*, 1983, 56: 217 – 229.

[83] Tversky, A., and Kahneman, D., "Adances in Propect theory: Cumulative Representation of Uncertainty," *Journal of Risk and Uncertainty*, 1992, 5: 297 – 323.

[84] Von Neumann, J. O., *Morgenstern. Theory of Games and Economic Bahavior*, Princeton N J. Princeton University Press, 1944.

[85] Willig, R. D., "Consumer's Surplus Without Apology," *Amer. Econ. Rev.*, 1976, 66 (4): 589 – 597.

[86] Winter, R. A., *Moral Hazard and Insurance Contracts in Contributions to Insurance Economics*, G. Dionne (ed), Kluwcr Academic Publishers, 1992: 61 – 96.

[87] Wright, B. D., and Hewitt., J. D., *All Risk Crop Insurance: Lessons From Theory and Experience*, Giannini Foundation, California Agricultural Experiment Station, 1990.

[88] Wu, P.-T and M-T. Su., Design of an Efficient and Complete Elicitation Decision Process in Contingent Valuation Method: Benefit Evalvation of Kenting National Park in Taiwan, Paper Presented at the Second World Congress of Environmental and Resource Economics, 2002, June: 24 – 27.

中文文献（按拼音顺序排列）

[89] 蔡书凯、周葆生：《农业保险中的信息不对称问题及对策》，《金

融保险》2005年第4期。

[90] 曹冰玉、詹德平：《逆选择、道德风险与农业保险经营主体创新》，《长沙理工大学学报》（社会科学版）2009年第6期。

[91] 陈玲芳：《我国森林保险发展的现状、问题与对策研究》，《福建农林大学学报》（哲学社会科学版）2005年第4期。

[92] 陈璐：《政府扶持农业保险发展的经济学分析》，《财经研究》2004年第6期。

[93] 陈盛伟、薛兴利：《林业标准化促进林业保险发展的机理分析》，《林业经济问题》2006年第2期。

[94] 陈亚鹏：《福建林区林农林业收入构成演变及影响因素分析——基于顺昌县的调查》，福建农林大学学位论文，2009。

[95] 陈妍、凌远云等：《农业保险购买意愿影响因素的实证研究》，《农业技术经济》2007年第2期。

[96] 陈泽育、凌远云：《农户对农业保险支付意愿的影响因素分析及支付意愿测算——以湖北省兴山县烟叶保险为例》，《管理世界》2008年第9期。

[97] 程振源：《保险市场若干非对称信息问题的博弈分析》，厦门大学博士论文，2003。

[98] 崔文迁、王珺、马菁蕴：《我国森林保险的市场失灵与政策建议——基于福建省森林保险工作的研究》，《林业经济》2008年第11期。

[99] 丁小浩、孙毓泽、Joop Hartog：《风险态度与教育和职业选择行为——一个实验方法的研究案例》，《北京大学学报》（哲学社会科学版）2009年第1期。

[100] 董玲、王鹏：《农户对能繁母猪保险支付意愿的实证分析》，《农村经济》2010年第7期。

[101] 杜晓君、徐娴英：《车险市场的信号甄别和激励模型》，《经济问题》2002年第12期。

[102] 樊毅、张宁：《我国林业保险问题透视及其对策》，《保险职业学

院学报》2008年第6期。

[103] 费友海:《我国农业保险发展困境的深层根源——基于福利经济学角度的分析》,《金融研究》2005年第3期。

[104] 冯文丽、林宝清:《农业保险短缺的经济分析》,《福建论坛》(经济社会版)2003年第6期。

[105] 冯文丽、苏晓鹏:《农业保险市场中的信息不对称及化解机制》,《农村金融研究》2009年第7期。

[106] 高海霞:《基于消费者风险态度的赋权价值购买模型》,《中大管理研究》2010年第1期。

[107] 官兵:《农业保险是公共物品吗?——既有理论的反思与修正》,《财经科学》2008年第4期。

[108] 胡炳志、彭进:《政策性农业保险补贴的最优边界与方式探讨》,《保险研究》2009年第10期。

[109] 黄丽君、赵翠薇:《基于支付意愿和受偿意愿比较分析的贵阳市森林资源非市场价值评价》,《生态学杂志》2011年第2期。

[110] 黄宗煌:《游憩资源稀少性之测定方法——有效价格之分析》,《台湾土地金融季刊》1989年第4期。

[111] 黄祖辉、胡豹:《经济学的新分支:行为经济学研究综述》,《浙江社会科学》2003年第2期。

[112] 黄祖辉、钱锋燕:《技术进步对我国农民增收的影响及对策分析》,《中国农村经济》2003年第12期。

[113] 黄祖梅、李萍、孙慧:《森林保险市场的信号甄别和激励机制》,《湖北工业大学学报》2006年第12期。

[114] 霍奇逊:《现代制度主义经济学宣言》,向以斌等译校,北京大学出版社,1993。

[115] 姜俊臣、乔立娟、杜英娜:《农业保险中主体行为的博弈分析》,《安徽农业科学》2007年第9期。

[116] 靳乐山、郭建卿:《农村居民对环境保护的认知程度及支付意愿研究——以纳板河自然保护区居民为例》,《资源科学》2011年

第 1 期。

[117] 科斯、哈特、斯蒂格利茨等：《契约经济学》，拉斯·沃因、汉斯·韦坎德编，经济科学出版社，1999。

[118] 李伯华、窦银娣、刘沛林：《欠发达地区农户人居环境建设的支付意愿及影响因素分析——以红安县个案为例》，《农业经济问题》2011 年第 4 期。

[119] 李超显：《湘江流域生态补偿的支付意愿价值评估——基于长沙的 CVM 问卷调查与实证分析》，《湖南行政学院学报》2011 年第 3 期。

[120] 李传峰：《完善我国政策性农业保险财税政策的思考》，《中国保险》2010 年第 5 期。

[121] 李丹、曹玉昆：《中国森林保险理论与实践研究评述》，《东北林业大学学报》2008 年第 6 期。

[122] 李剑峰、徐联仓：《企业经理风险决策行为的实证分析》，《中国管理科学》1996 年第 3 期。

[123] 李劲松、王重鸣：《风险偏好类型与风险判断模式的实验分析》，《人类工效学》1998 年第 3 期。

[124] 李军：《农业保险的性质、立法原则及发展思路》，《中国农村经济》1996 年第 1 期。

[125] 李周、许勤：《林业改革 30 年的进展与评论》，《林业经济》2009 年第 1 期。

[126] 李涛、郭杰：《风险态度与股票投资》，《经济研究》2009 年第 2 期。

[127] 铃木尚夫编著《现代林业经济论——林业经济研究入门》，中国林业出版社，1989。

[128] 刘畅、曹玉昆：《关于进一步拓展森林保险业务的研究》，《林业经济问题》2005 年第 4 期。

[129] 刘红梅、周小寒、王克让：《加快发展我国林业保险的研究》，《经济体制改革》2007 年第 1 期。

[130] 刘亮:《基于博弈论的财产保险市场隐蔽信息问题研究》,中国科技大学博士论文,2006。

[131] 刘京生:《中国农村保险制度论纲》,中国社会科学出版社,2000。

[132] 李祖贻:《关于森林保险问题的探讨》,《林业经济问题》1989年第4期。

[133] 龙文军、张显峰:《农业保险主体行为的博弈分析》,《中国农村经济》2003年第5期。

[134] 孔繁文、刘东生:《关于森林保险的若干问题》,《绿色中国》1985年第4期。

[135] 马剑鸿、施建锋:《风险偏好特征的实验研究》,《应用心理学》2002年第3期。

[136] 马菁蕴、王珺、宋逢明:《国外森林保险制度综述及对我国的启示》,《林业经济》2007年第11期。

[137] 马歇尔:《经济学原理(下卷)》(第1版),陈良璧译,商务印书馆,1981。

[138] 毛华配:《温州民营企业主风险偏好研究》,《温州大学学报》2003年第12期。

[139] 毛华配:《温州民营企业主风险偏爱群体内比较研究》,《温州大学学报》2005年第6期。

[140] 聂荣、Holly H. Wang:《辽宁省农户参与农业保险意愿的实证研究》,《数学的实践与认识》2011年第2期。

[141] 宁满秀、苗齐、邢鹂、钟甫宁:《农户对农业保险支付意愿的实证分析——以新疆玛纳斯河流域为例》,《中国农村经济》2006年第6期。

[142] 宁满秀、邢鹂、钟甫宁:《影响农户购买农业保险决策因素的实证分析——以新疆玛纳斯河流域为例》,《农业经济问题》2005年第6期。

[143] 潘家坪:《森林保险中合理确定保险费率的探讨》,《林业资源管

理》1999年第5期。

[144] 潘家坪、常继锋：《中国森林保险政府介入模式研究》，《生态经济》2010年第3期。

[145] 潘勇辉：《蕉农对香蕉保险的支付意愿分析和支付能力测度——来自海南省1167户蕉农的经验证据》，《中国农业科学》2008年第11期。

[146] 佩顿·杨：《个人策略与社会结构》，上海人民出版社，2004。

[147] 秦国伟等：《林改中农户参与林业保险的意愿研究——以江西省宜春市为例》，《林业经济问题》2010年第2期。

[148] 青木昌彦、奥野正宽：《经济制度的比较制度分析》，中国发展出版社，1999。

[149] 任韬：《基于适应性主体的保险市场经济动态模拟研究》，《理论与当代》2009年第12期。

[150] 任郑杰、周锋：《E-V效用函数及沪市风险态度度量》，《河南科学》2006年第8期。

[151] 盛敏：《我国保险消费选择行为的经济分析》，经济科学出版社，2008。

[152] 施红：《财政补贴对我国农户农业保险参保决策影响的实证分析——以浙江省为例》，《技术经济》2008年第9期。

[153] 石焱等：《我国森林保险发展缓慢的深层次原因及对策分析》，《林业经济》2008年第12期。

[154] 孙祁祥、孙立明：《保险经济学研究述评》，《经济研究》2002年第5期。

[155] 孙香玉：《农业保险补贴的福利研究及参保方式的选择——对新疆、黑龙江与江苏农户的实证分析》，南京农业大学博士论文，2008。

[156] 孙香玉：《保险认识、政府公信度与农业保险需求——江苏省淮安农户农业保险支付意愿的实证检验》，《南京农业大学学报》（社会科学版）2008年第1期。

[157] 孙香玉、钟甫宁：《对农业保险补贴的福利经济学分析》，《农业经济问题》2008年第2期。

[158] 孙香玉、钟甫宁：《农业保险补贴效率的影响因素分析——以新疆、黑龙江和江苏省农户的支付意愿数据为例》，《广东金融学院学报》2009年第4期。

[159] 孙妍、徐晋涛：《集体林权制度改革绩效实证分析》，《林业经济》2011年第7期。

[160] 唐增、徐中民：《条件价值评估法介绍》，《开发研究》2008年第1期。

[161] 谭中明、徐勇谋：《政策性农业保险参与主体博弈分析及风险防范策略》，《保险研究》2009年第11期。

[162] 庹国柱、王国军：《中国农业保险与农村社会保障制度研究》，首都经济贸易大学出版社，2002。

[163] 王灿雄、简盖元、谢志忠：《福建政策性森林保险需求的实证分析》，《中南林业科技大学学报》（社会科学版）2011年第1期。

[164] 王丹等：《我国森林保险的现状、问题与对策》，《沈阳农业大学学报》（社会科学版）2005年第3期。

[165] 王海青：《我国农业保险补贴初探》，《陕西财经税务专科学校学报》2005年第8期。

[166] 王尔大、于洋：《农户多保障水平下的作物保险支付意愿分析》，《农业经济问题》2010年第7期。

[167] 万开亮、龙文军：《农业保险主体风险管理行为分析》，《江西财经大学学报》2008年第3期。

[168] 王珺、高峰、宋逢明：《保险市场逆向选择的模拟研究》，《保险研究》2008年第1期。

[169] 王韧、邓超：《基于我国农业保险补贴行为的博弈分析》，《财经理论与实践》2008年第4期。

[170] 王瑞雪、颜廷武：《条件价值评估法本土化改进及其验证——来自武汉的实证研究》，《自然资源学报》2006年第11期。

［171］吴佩瑛、刘哲良、苏明达：《受访金额在开放选择条件评估支付模式的作用——引导或是误导》，《农业经济》2005年第77期。

［172］吴佩瑛、苏明达：《垦丁国家公园资源经济效益评估——兼论资源保育之哲学观与资源价值之内涵》，《国家公园学报》2001年第11期。

［173］吴希熙、刘颖：《森林保险市场供求失衡的经济学分析》，《林业经济问题》2008年第10期。

［174］吴焰：《逐步完善中央财政农业保险补贴政策》，《中国金融家》2010年第4期。

［175］小哈罗德·斯凯博等：《国际风险管理——环境管理分析》，荆涛等译，机械工业出版社，1999。

［176］谢家智、蒲林昌：《政府诱导性农业保险发展模式研究》，《保险研究》2003年第11期。

［177］谢科范：《风险与决策行为》，《武汉汽车工业大学学报》2000年第4期。

［178］谢识予：《经济博弈论》（第三版），复旦大学出版社，2007。

［179］谢识予等：《两次风险态度实验研究及其比较分析》，《金融研究》2007年第11期。

［180］肖芸茹：《保险需求与风险态度分析》，《南开经济研究》2000年第4期。

［181］邢鹂、黄昆：《政策性农业保险保费补贴对政府支出和农民收入的模拟分析》，《农业技术经济》2007年第3期。

［182］许谨良主编《风险管理》，中国金融出版社，2003。

［183］亚当·斯密：《国民财富的性质和原因的研究（下卷）》，郭大力等译，商务印书馆，1974。

［184］鄢和平等：《森林保险的可行性研究》，《黑龙江生态工程职业学院学报》2008年第3期。

［185］杨江帆、刘宝玉、管曦：《福州市消费者有机茶支付意愿及其影响因素分析——基于CVM的实证研究》2011年第3期。

[186] 杨美琴、龚日朝、刘玲：《保险市场基于保费信号的信号传递博弈模型分析》，《湖南科技大学学报》（社会科学版）2008 年第 6 期。

[187] 杨小凯、黄有光：《不完全信息和有限理性的差别》，《开放时代》2002 年第 3 期。

[188] 尹海员、李忠民：《个体特质、信息获取与风险态度——来自中国股民的调查分析》，《经济评论》2011 年第 2 期。

[189] 尹敬东：《投资者风险偏好条件下的最优投资组合分析》，《预测》2000 年第 1 期。

[190] 曾小波、常亮、贾金荣：《我国农户购买农业保险的影响因素分析》，《南方金融》2009 年第 7 期。

[191] 曾小波、修凤丽、贾金荣：《陕西农户奶牛保险支付意愿的实证分析》，《保险研究》2009 年第 8 期。

[192] 曾寅初、刘媛媛、于晓华：《分层模型在食品安全支付意愿研究中的应用——以北京市消费者对月饼添加剂支付意愿的调查为例》，《农业技术经济》2008 年第 1 期。

[193] 曾郁仁、王俪玲、何素兰：《风险趋避程度增加对市场保险和自我保险的需求分析》，《风险管理学报》1999 年第 2 期。

[194] 张欢：《中国社会保险逆向选择问题的理论分析与实证研究》，《管理世界》2006 年第 2 期。

[195] 张良桥：《进化稳定均衡与纳什均衡：兼谈进化博弈理论的发展》，《经济科学》2001 年第 3 期。

[196] 张眉、刘伟平：《公益林生态效益价值居民支付意愿实证分析——以福州市为例》，《福建省社会主义学院学报》2011 年第 1 期。

[197] 张眉、刘伟平：《公益林生态效益价值居民支付意愿实证分析——以广州市为例》，《江西农业大学学报》（社会科学版）2011 年第 1 期。

[198] 张维迎编《詹姆斯·莫里斯论文精选——非对称信息下的激励

理论》（第 1 版），商务印书馆，1997。

[199] 张晓云：《外国政府农业保险补贴的方式及其经验教训》，《财政研究》2004 年第 9 期。

[200] 张秀全：《保险客户逆向选择与道德风险的界定》，《中国商法年刊》，2009。

[201] 张跃华、顾海英、史清华：《农业保险需求不足效用层面的一个解释及实证研究》，《数量经济技术经济研究》2005 年第 4 期。

[202] 张跃华、何文炯、施红：《市场失灵、政策性农业保险与本土化模式——基于浙江、上海、苏州农业保险试点的比较研究》，《农业经济问题》2007 年第 6 期。

[203] 张跃华、史清华、顾海英：《农业保险需求问题的一个理论研究及实证分析》，《数量经济技术经济研究》2007 年第 4 期。

[204] 张长利：《论政策性农业保险的税收优惠问题》，《江南大学学报》（人文社会科学版）2010 年第 2 期。

[205] 张志强：《条件价值评估法的发展与应用》，《地球科学进展》2003 年第 6 期。

[206] 中华人民共和国国家统计局编《中国统计年鉴2010》，中国统计出版社，2010。

[207] 周龙升：《不确定下的风险行为选择》，《科技资讯》2006 年第 10 期。

[208] 周式飞、黄和亮、雷娜：《森林保险成本和价格与供求失衡分析》，《林业经济问题》2010 年第 2 期。

[209] 周延：《信息不对称对保险业产生的影响及其治理措施》，《济南金融》2005 年第 1 期。

[210] 周延、王瑞玲、田青：《我国政策性农业保险主体有效合作的博弈分析》，《西南金融》2010 年第 4 期。

附录 1

调查问卷（适合森林培育企业）

问卷编号：_____

一 森林培育企业基本情况［请您在（　　）中打√，或在横线上填写］

1. 贵企业属于：
   ①国有（　　）； ②集体（　　）；
   ③股份合作制（　　）； ④私有（　　）。
2. 贵企业成立的时间：
   ①3 年以内（　　）； ②3~5 年（　　）；
   ③5~10 年（　　）； ④10 年以上（　　）。
3. 贵企业职工人数：_____人。
4. 贵企业生产技术人员数：_____人。
5. 贵企业有购买森林保险吗？
   ①有购买（　　）； ②没有购买（　　）。
6. 若没有购买森林保险，原因是（**注：本项目单选、多选均可**）：
   ①保险费太高（　　）；
   ②保险额太低（　　）；
   ③买保险的程序及保险条款太复杂（　　）；
   ④理赔困难（　　）； ⑤信不过森林保险（　　）；

⑥想投但没渠道（　　）；　　　⑦没听说过（　　）；

⑧其他（　　）。

注：选题 6～12 "性别" "年龄" "文化程度" 及关于森林保险的认知，均指贵企业负责人的性别、年龄、文化程度及其认知程度。

7. 您的性别：

　　①男（　　）；　　　　　　②女（　　）。

8. 您的年龄：

　　①30 岁以下（　　）；　　　②30～40 岁（　　）；

　　③40～50 岁（　　）；　　　④50 岁以上（　　）。

9. 您的文化程度：

　　①小学及小学以下（　　）；　②初中（　　）；

　　③高中（　　）；　　　　　　④大学以上（　　）。

10. 您对森林保险试点的了解程度：

　　①不知道（　　）；　　　　　②知道，但不了解（　　）；

　　③比较了解（　　）；　　　　④非常清楚（　　）。

11. 您对森林保险的了解程度：

　　①不知道（　　）；　　　　　②知道，但不了解（　　）；

　　③比较了解（　　）；　　　　④非常清楚（　　）。

12. 您认为森林保险重要吗？

　　①不重要，保不保无所谓（　　）；

　　②比较重要（　　）；

　　③非常重要，很需要森林保险（　　）。

13. 贵企业所经营的森林面积（**注：这里指商品林的面积**）：

　　①5000 亩以下（　　）；

　　②5000～10000 亩（　　）；

　　③10000 亩以上（　　）。

14. 近 2 年来，贵企业年度总收入（元/年）：

　　①50 万及以下（　　）；　　②50 万～200 万（　　）；

　　③200 万以上（　　）。

15. 贵企业林业收入占年度总收入的比重:

①30%以下（　　）;　　　　②30%~60%（　　）;

③60%~80%（　　）;　　　　④80%以上（　　）。

16. 近 2 年来,贵企业所经营的森林是否曾经遭受森林灾害?

①有（　　）;　　　　　　　②没有（　　）。

17. 近 2 年来,贵企业所经营的森林所遭受森林灾害是否严重?**(注:以损失是否超过年度收入的 10% 为界,如果损失超过年度收入的 10%,则属于损失严重;如果损失低于年度收入的 10%,则属于损失不严重。)**

①严重（　　）;　　　　　　②不严重（　　）。

18. 当森林遭受严重风险时,政府是否有救助?

①有（　　）;　　　　　　　②没有（　　）。

二　森林培育企业风险态度的调查［请您在（　　）中打√,或在横线上填写］

1. 假如让您花钱玩一个游戏,让您在一个装有 100 个球（其中 50 个红球,50 个黑球）的罐子中随意取出一个球,如果它是红球,您可以获得 2500 元;如果它是黑球,您将一无所有。

您最多愿意花_____元玩一次这个游戏?

2. 我对新生事物充满好奇,想尝试。

①不同意（　　）;　　　　　②有点不同意（　　）;

③一般（　　）;　　　　　　④有点同意（　　）;

⑤同意（　　）。

3. 为了成功,我愿赌上一把。

①不同意（　　）;　　　　　②有点不同意（　　）;

③一般（　　）;　　　　　　④有点同意（　　）;

⑤同意（　　）。

4. 他人采用新树种、新种植技术成功后,我才会采用。

①不同意（　　）;　　　　　②有点不同意（　　）;

③一般（　　）;　　　　　　④有点同意（　　）;

⑤同意（　　）。

5. 为了保证森林资产安全，我会积极采取各种防范措施。
　　①不同意（　　）；　　　　②有点不同意（　　）；
　　③一般（　　）；　　　　　④有点同意（　　）；
　　⑤同意（　　）。

6. 面临森林经营决策时，我会慎重、会再三考虑清楚。
　　①不同意（　　）；　　　　②有点不同意（　　）；
　　③一般（　　）；　　　　　④有点同意（　　）；
　　⑤同意（　　）。

7. 假设现在扔一枚硬币（只扔一次），若出现正面，则得到 $x_j(1)$ 元，若出现反面，则得到 $x_j(2)$ 元，具体情况如下表：

选择项	出现正面，得 $x_j(1)$ 元	出现反面，得 $x_j(2)$ 元
A	500	500
B	450	950
C	400	1200
D	300	1500
E	100	1900
F	0	2000

上表6种情况中，您会选择哪个选项？
　　①A（　　）；　　　　　　②B（　　）；
　　③C（　　）；　　　　　　④D（　　）；
　　⑤E（　　）；　　　　　　⑥F（　　）。

三　森林保险购买意愿与支付意愿调查［请您在（　　）中打√，或在横线上填写］

1. 目前商品林综合保险方案为：保险金额每亩500元，保险费率为3‰，保险费每亩1.5元，贵企业愿意购买森林保险吗？
　　①愿意（　　）；　　　　　②意愿不明确（　　）；
　　③不愿意（　　）。

如果选择"不愿意",则请回答:

在现有条款下,不愿意购买森林保险的原因是(**注:本项目单选、多选均可**):

①保险费太高(　　); 　　②保险额太低(　　);

③买保险的程序及保险条款太复杂(　　);

④理赔困难(　　); 　　⑤信不过森林保险(　　);

⑥没听说过(　　); 　　⑦自己承担(　　);

⑧没有余钱(　　);

⑨受灾时,政府有救济(　　);⑩其他(　　)。

2. 当保险费为每亩 1.5 元时,如果选择"**意愿不明确**",贵企业对森林保险保费最高愿意付_____元/亩。(**注:若第 1 题中选择"愿意"或"不愿意",则不用回答此题。**)

3. 当保险费为每亩 1.5 元时,如果选择"**愿意**",当每亩保费为 2 元时,贵企业还愿意买吗?(**注:若第 1 题中选择"不愿意"或"意愿不明确",则不用回答此题。**)

①愿意(　　); 　　②意愿不明确(　　);

③不愿意(　　)。

贵企业对森林保险保费最高愿意付_____元/亩。

4. 当保险费为每亩 1.5 元时,如果选择"**不愿意**",当每亩保险费为 1 元时,贵企业还愿意买吗?(**注:若第 1 题中选择"愿意"或"意愿不明确",则不用回答此题。**)

①愿意(　　); 　　②意愿不明确(　　);

③不愿意(　　)。

贵企业对森林保险保费最高愿意付_____元/亩。

5. 如果您的意愿支付选择 0 值支付,请回答原因(**注:若最高意愿支付选择非 0,则不用回答此题;本题单选、多选均可**):

①支付不起森林保险费(　　);

②受灾不严重,森林保险并不重要(　　);

③应该由政府全额支付森林保险费(　　);

④森林保险条款不合理（　　）；

⑤不信任保险公司或政府（　　）；

⑥理赔困难（　　）；　　　　⑦其他理由（　　）。

6. 现阶段商品林综合保险费率为每亩1.5元，贵企业认为此保险费率：

①偏低（　　）；　　　　　②合理（　　）；

③偏高（　　）。

7. 现阶段商品林综合保险的保险金额为每亩500元，贵企业认为此保险金额：

①偏低（　　）；　　　　　②合理（　　）；

③偏高（　　）。

四　森林保险财政补贴调查［请您在（　　）中打√］

1. 您是否知道政府对森林保险有补贴？

①不知道（　　）；　　　　②知道，但不了解（　　）；

③了解（　　）。

2. 如果政府对森林保险进行财政补贴，贵企业是否愿意购买森林保险？（注：当商品林综合险保险费率为每亩1.5元时，选择"不愿意购买"选项才需要回答此题，如果选择"愿意购买"或"意愿不明确"，则不用回答此题。）

①愿意购买（　　）；　　　②意愿不明确（　　）；

③不愿意购买（　　）。

3. 贵企业对现有商品林综合保险的补贴政策（投保面积在10000亩及10000亩以下，中央、省、县等各级财政补贴共70%，投保面积在10000亩以上，中央、省、县等各级财政补贴共55%）评价如何？

①补贴偏低，应上调（　　）；

②补贴合理，就该如此（　　）；

③补贴偏高，应下调（　　）。

附录2

调查问卷（适合森林培育专业户、兼业农户）

问卷编号：_____

一 答卷人基本情况［请您在（　）中打√］

1. 您属于：

①森林培育专业户（　　）；　②兼业农户（　　）。

注：这里兼业农户特指Ⅰ兼型农户，即以农业收入为主、林业收入为辅的农户。

2. 您有购买森林保险吗？

①有购买（　　）；　②没有购买（　　）。

3. 若没有购买保险，原因是（**注：本项目单选、多选均可**）：

①保险费太高（　　）；　②保险额太低（　　）；

③买保险的程序及保险条款太复杂（　　）；

④理赔困难（　　）；

⑤信不过森林保险（　　）；

⑥想投但没渠道（　　）；　⑦没听说过（　　）；

⑧其他（　　）。

4. 您的性别：

①男（　　）；　②女（　　）。

5. 您的年龄：

①30 岁以下（　）；　　　　②30～40 岁（　）；

③40～50 岁（　）；　　　　④50 岁以上（　）。

6. 您的文化程度：

①小学及小学以下（　）；　　②初中（　）；

③高中（　）；　　　　　　　④大学以上（　）。

7. 您从事森林培育活动的年限：

①1 年以内（　）；　　　　　②1～3 年（　）；

③3～5 年（　）；　　　　　 ④5 年以上（　）。

8. 您家庭需要负担的老人和学生共有：

①2 人及 2 人以下（　）；　　②3～4 人（　）；

③5 人以上（　）。

9. 是否为村干部？（**注：包括现在担任村干部、曾经担任村干部或者家庭中有人担任或曾担任村干部。**）

①是（　）；　　　　　　　　②否（　）。

10. 您所经营的森林面积有：

①大于 200 亩；　　　　　　　②小于或等于 200 亩。

11. 近 2 年来，您家庭年度总收入为（元/年）：

①3 万及以下（　）；　　　　②3 万～10 万（　）；

③10 万～15 万（　）；　　　 ④15 万以上（　）。

12. 林业收入占您家庭年度总收入的比重：

①30% 以下（　）；　　　　　②30%～60%（　）；

③60%～80%（　）；　　　　 ④80% 以上（　）。

13. 您对森林保险试点的了解程度：

①不知道（　）；　　　　　　②知道，但不了解（　）；

③比较了解（　）；　　　　　④非常清楚（　）。

14. 您对森林保险的了解程度：

①不知道（　）；　　　　　　②知道，但不了解（　）；

③比较了解（　）；　　　　　④非常清楚（　）。

15. 您认为森林保险重要吗？

① 不重要，保不保无所谓（　　）；

② 比较重要（　　）；

③ 非常重要，很需要森林保险（　　）。

16. 近 2 年来，您所经营的森林是否曾经遭受森林灾害？

① 有（　　）；　　　　　　② 没有（　　）。

17. 近 2 年来，您所经营的森林所遭受森林灾害是否严重？**（注：以损失是否超过年度收入的 10% 为界，如果损失超过年度收入的 10%，则属于损失严重；如果损失低于年度收入的 10%，则属于损失不严重。）**

① 严重（　　）；　　　　　② 不严重（　　）。

18. 当森林遭受严重风险时，政府是否有救助？

① 有（　　）；　　　　　　② 没有（　　）。

19. 如果这时候推行森林保险，您会参考以下人购买情况而再决定是否购买吗？

① 干部买不买（　　）；

② 亲戚、兄弟买不买（　　）；

③ 村里的大多数人买不买（　　）；

④ 自己决定，不受别人影响（　　）。

20. 如果您原来不是很愿意购买森林保险，会因为村干部上门来宣传和动员而购买森林保险吗？

① 会（　　）；

② 不会（　　）。

二　森林经营者风险态度的调查〔请您在（　　）中打√，或在横线上填写〕

1. 假如让您花钱玩一个游戏，让您在一个装有 100 个球（其中 50 个红球，50 个黑球）的罐子中随意取出一个球，如果它是红球，您可以获得 2500 元；如果它是黑球，您将一无所有。

您最多愿意花_____元玩一次这个游戏？

2. 我对新生事物充满好奇，想尝试。
　　①不同意（　　）；　　　　②有点不同意（　　）；
　　③一般（　　）；　　　　　④有点同意（　　）；
　　⑤同意（　　）。

3. 为了成功，我愿赌上一把。
　　①不同意（　　）；　　　　②有点不同意（　　）；
　　③一般（　　）；　　　　　④有点同意（　　）；
　　⑤同意（　　）。

4. 他人采用新树种、新种植技术成功后，我才会采用。
　　①不同意（　　）；　　　　②有点不同意（　　）；
　　③一般（　　）；　　　　　④有点同意（　　）；
　　⑤同意（　　）。

5. 为保证森林资产安全，我会积极采取各种防范措施。
　　①不同意（　　）；　　　　②有点不同意（　　）；
　　③一般（　　）；　　　　　④有点同意（　　）；
　　⑤同意（　　）。

6. 面临森林经营决策时，我会慎重、会再三考虑清楚。
　　①不同意（　　）；　　　　②有点不同意（　　）；
　　③一般（　　）；　　　　　④有点同意（　　）；
　　⑤同意（　　）。

7. 假设现在扔一枚硬币（只扔一次），若出现正面，则得到 $x_j(1)$ 元，若出现反面，则得到 $x_j(2)$ 元，具体情况如下表：

选择项	出现正面，得 $x_j(1)$ 元	出现反面，得 $x_j(2)$ 元
A	500	500
B	450	950
C	400	1200
D	300	1500
E	100	1900
F	0	2000

上表 6 种情况中，您会选择哪个选项？

①A（   ）；   ②B（   ）；

③C（   ）；   ④D（   ）；

⑤E（   ）；   ⑥F（   ）。

三　森林保险购买意愿与支付意愿调查［请您在（   ）中打√，或在横线上填写］

1. 目前商品林综合保险方案为：保险金额每亩 500 元，保险费率为 3‰，保险费每亩 1.5 元，您愿意购买森林保险吗？

   ①愿意（   ）；   ②意愿不明确（   ）；

   ③不愿意（   ）。

   如果选择"不愿意"，则请回答：

   在现有条款下，不愿意购买森林保险的原因是（**注：本项目单选、多选均可**）：

   ①保险费太高（   ）；   ②保险额太低（   ）；

   ③买保险的程序及保险条款太复杂（   ）；

   ④理赔困难（   ）；   ⑤信不过森林保险（   ）；

   ⑥没听说过（   ）；   ⑦自己承担（   ）；

   ⑧没有余钱（   ）；

   ⑨受灾时，政府有救济（   ）；

   ⑩其他（   ）。

2. 当保险费为每亩 1.5 元时，如果选择"**意愿不明确**"，您对森林保险保费最高愿意付_____元/亩。（**注：若第 1 题中选择"愿意"或"不愿意"，则不用回答此题。**）

3. 当保险费为每亩 1.5 元时，如果选择"**愿意**"，当每亩保费为 2 元时，您还愿意购买吗？（**注：若第 1 题中选择"不愿意"或"意愿不明确"，则不用回答此题。**）

   ①愿意（   ）；   ②意愿不明确（   ）；

   ③不愿意（   ）。

   您对森林保险保费最高愿意付_____元/亩。

4. 当保险费为每亩 1.5 元时，如果选择"不愿意"，当每亩保险费为 1 元时，您还愿意购买吗？（注：若第 1 题中选择"愿意"或"意愿不明确"，则不用回答此题。）

①愿意（　　　）；　　　　　②意愿不明确（　　　）；

③不愿意（　　　）。

您对森林保险保费最高愿意付＿＿＿＿元/亩。

5. 如果您的意愿支付选择 0 值支付，请回答原因（注：若最高意愿支付选择非 0，则不用回答此题；本题单选、多选均可）。

①支付不起森林保险费（　　　）；

②受灾不严重，森林保险并不重要（　　　）；

③应该由政府全额支付森林保险费（　　　）；

④森林保险条款不合理（　　　）；

⑤不信任保险公司或政府（　　　）；

⑥理赔困难（　　　）；　　　　⑦其他理由（　　　）。

6. 现阶段商品林综合保险费率为每亩 1.5 元，您认为此保险费率：

①偏低（　　　）；　　　　　②合理（　　　）；

③偏高（　　　）。

7. 现阶段商品林综合保险的保险金额为每亩 500 元，您认为此保险金额：

①偏低（　　　）；　　　　　②合理（　　　）；

③偏高（　　　）。

四　森林保险财政补贴调查［请您在（　　　）中打√］

1. 是否知道政府对森林保险有补贴？

①不知道（　　　）；　　　　②知道，但不了解（　　　）；

③了解（　　　）。

2. 如果政府对森林保险进行财政补贴，您是否愿意购买森林保险？（注：当商品林综合险保险费率为每亩 1.5 元时，选择"不愿意购买"选项才需要回答此题，如果选择"愿意购买"或"意愿不明确"，则不用回答此题。）

①愿意购买（　　）；　　　　　②意愿不明确（　　）；
③不愿意购买（　　）。
3. 您对现有商品林综合保险的补贴政策（**投保面积在 10000 亩及 10000 亩以下，中央、省、县等各级财政补贴共 70%，投保面积在 10000 亩以上，中央、省、县等各级财政补贴共 55%**）评价如何？
①补贴偏低，应上调（　　）；
②补贴合理，就该如此（　　）；
③补贴偏高，应下调（　　）。

附录3

2009年福建省森林火灾保险方案

一、保险范围：全省。

二、保险标的：生长和管理正常的商品林。

三、保险责任：在保险期间内，因火灾和扑救火灾造成保险林木的损毁，保险公司按照本保险的赔偿标准负责赔偿。

四、保险金额：每亩500元。

五、保险费率：2‰。

六、赔偿标准：

（一）每次火灾事故，投保面积500亩以下（含）的免赔率为3%；投保面积500亩以上的免赔15亩。

（二）投保面积≤500亩的赔款计算

赔款＝每亩保险金额×（全损亩数－投保亩数×3%）

全损：被烧毁、烧死的保险林木。

全损亩数＝受灾面积×亩均全损株数/亩均正常株数

（三）投保面积＞500亩的赔款计算

赔款＝每亩保险金额×（全损亩数－15亩）

（四）投保面积小于实际面积时，如无法区分未保险面积部分，则按投保面积与实际面积的比例赔偿。

七、承保方式：投保人自愿投保。

八、政府扶持政策：

（一）投保面积≤500亩的种植户（不得分解），省级财政补贴保费的40%，种植户承担60%。

（二）投保面积500~10000亩的种植户，省级财政补贴保费的20%，种植户承担80%。

（三）投保面积在10000亩以上的，政府不再给予保费补贴。

（四）省级财政建立300万元风险赔偿金，当人保财险公司当年赔付率超过80%时，启动风险赔偿金，人保财险公司与省财政厅按照1:1比例承担。

附录 4

2010 年福建省森林综合保险方案

一、保险标的：生长和管理正常的省级以上生态公益林和商品林。

二、被保险人：林木所有权者。

三、保险期间：1 年。

四、保险责任：在保险期间内，发生火灾、虫灾、暴雨、暴风、洪水、泥石流、冰雹、霜冻、台风、暴雪、雨淞等灾害，导致保险林木受损，保险公司按照本方案的赔偿标准负责赔偿。

五、保险金额：每亩 500 元。

六、保险费率、保险费和财政补贴政策：

（一）生态公益林：保险费率为 2‰，每亩保险费 1 元，其中中央财政补贴 30%，省级财政补贴 25%，县级财政补贴 15%，林权所有者承担 30%（从省财政厅、省林业厅下拨的省级生态公益林补偿基金中缴纳）。

（二）商品林：保险费率为 3‰，每亩保险费 1.5 元。对于投保面积在 10000 亩以下（含 10000 亩）的，中央财政补贴 30%，省级财政补贴 25%，县级财政补贴 15%，林权所有者承担 30%；对于投保面积在 10000 亩以上的，中央财政补贴 30%，省级财政补贴 25%，林权所有者承担 45%。

七、赔偿标准与赔偿处理：

（一）受害面积≤100 亩，免赔 10%。

赔款＝每亩保险金额×受害面积×90%

（二）受害面积＞100亩，免赔10亩。

赔款＝每亩保险金额×（受害面积－10亩）

（三）受灾户超过1户的，各户赔款按各户受害面积占总受害面积的比例计算。

八、风险补偿金。省级财政建立2000万元的森林综合保险风险补偿金。上年度结余结转下年度使用，年度总额保持2000万元。当年全省森林综合保险赔付率超过90%时，启动省级森林综合保险风险补偿金，赔付由人保财险公司与省级森林综合保险风险补偿金按1:1比例承担。省级风险补偿金以2000万元为限，超过部分由人保财险公司全额承担。

九、承保方式：尊重投保人参保意愿。省级以上的生态公益林以县为单位统一参保，林权所有者承担的保费从省财政厅、省林业厅下拨的省级生态公益林补偿基金中支付。商品林投保采取多种组织形式，对经营面积较大的国有林场、林业企业、林农专业合作组织和种植大户单独投保；对经营面积较小的一般种植户可单独参保，也可以村或乡为单位统一参保。

图书在版编目(CIP)数据

森林保险投保行为研究/冯祥锦著 . —北京:社会科学文献出版社,2015.7

(福建省社会科学规划博士文库项目)
ISBN 978 - 7 - 5097 - 7598 - 1

I.①森… II.①冯… III.①林业 - 财产保险 - 研究 - 中国 IV.①F842.66

中国版本图书馆 CIP 数据核字(2015)第 123298 号

·福建省社会科学规划博士文库项目·

森林保险投保行为研究

著　者 / 冯祥锦

出 版 人 / 谢寿光
项目统筹 / 王　绯
责任编辑 / 单远举

出　　版 / 社会科学文献出版社·社会政法分社(010)59367156
　　　　　　地址:北京市北三环中路甲 29 号院华龙大厦　邮编:100029
　　　　　　网址:www.ssap.com.cn
发　　行 / 市场营销中心 (010) 59367081　59367090
　　　　　　读者服务中心 (010) 59367028
印　　装 / 三河市东方印刷有限公司
规　　格 / 开　本:787mm × 1092mm　1/16
　　　　　　印　张:17.25　字　数:253 千字
版　　次 / 2015 年 7 月第 1 版　2015 年 7 月第 1 次印刷
书　　号 / ISBN 978 - 7 - 5097 - 7598 - 1
定　　价 / 68.00 元

本书如有破损、缺页、装订错误,请与本社读者服务中心联系更换

▲ 版权所有 翻印必究